U0840289

国家出版基金项目
NATIONAL PUBLICATION FOUNDATION

（蒙汉合璧）蒙古文历史文献汉译

内齐托音一世传

（清）额尔德尼毕利衮达赖 著
成崇德 申晓亭 译注

内齐托音二世传

（清）达磨三谟陀罗 著
乌力吉图 译注

内蒙古大学出版社

图书在版编目(CIP)数据

内齐托音一世传/(清)额尔德尼毕力衮达赖著;成崇德,申晓亭译注.内齐托音二世传/(清)达磨三谟陀罗著;乌力吉图译注.—呼和浩特:内蒙古大学出版社,2014.2

ISBN 978-7-5665-0326-8

Ⅰ.①内… ②内… Ⅱ.①额… ②达… ③成… ④申… ⑤乌… Ⅲ.①内齐托音一世(1557~1653)—传记—蒙古语(中国少数民族语言)、汉语 ②内齐托音二世(1671~1703)—传记—蒙古语(中国少数民族语言)、汉语 Ⅳ.①B949.92

中国版本图书馆CIP数据核字(2014)第032764号

书名	内齐托音一世传　内齐托音二世传
著者	(清)额尔德尼毕力衮达赖　(清)达磨三谟陀罗
译注者	成崇德　申晓亭　乌力吉图
责任编辑	王晓俊
封面设计	雷青　黄曼
出版	内蒙古大学出版社 呼和浩特市昭乌达路88号(010010)
发行	内蒙古新华书店
印刷	北京彩虹伟业印刷有限公司
开本	710mm×1000mm　1/16
印张	17.25
字数	253千
版期	2014年2月第1版　2014年2月第1次印刷
标准书号	ISBN 978-7-5665-0326-8
定价	68.00元

本书如有印装质量问题,请直接与出版社联系

出版说明

内蒙古大学出版社有限责任公司于2014年倾力出版的《(蒙汉合璧)蒙古文历史文献汉译》丛书,共8册10种书,分别是《蒙古秘史》《蒙古源流》《蒙古黄金史纲》《大蒙古国根本黄金史》《蒙古黄史》《蒙古博尔济吉忒氏族谱》《阿勒坦汗传》《阿萨喇克其史》《内齐托音一世传》《内齐托音二世传》。

本丛书所选的十部蒙古文史著为自13世纪到19世纪在中国和东西方众多国家广为流传的蒙古文史书,国内外已经有了多种文字的翻译本,但至今为止还没有出现"汉译丛书"的出版规模。我们组织出版了这套汉译丛书,希望能弥补这个遗憾。

该套丛书坚持以学术研究为先导,注重历史文献的大众普及,在原本译注的基础上,增加了蒙文原文版本的影印件,突出了"蒙汉合璧"的出版价值。希望这套丛书的出版,能为保护优秀民族文化遗产尽绵薄之力,同时也能为国内外学术同仁提供富有学术价值和参考价值的第一手资料。

由于水平有限,难免会有疏漏和不尽如人意的地方,我们期待广大读者不吝指教,以便以后修订完善。

|蒙古文历史文献导论|

各国蒙古学家们从18世纪起就开始搜集整理、研究蒙古族的书面文献、石刻文献等等，这不仅为我们今日的研究打下了良好的基础，同时也提供了大量鲜为人知的丰富的文献资料。据我们了解，各国蒙古学家们从1225年的《成吉思汗石》文开始到18世纪末为止所发现的蒙古文历史文献的数量是相当可观的。从这些遗留下来的或全文或残缺不全或点滴散存的各种蒙古文历史文献中，我们可以看出蒙古游牧民族丰富而灿烂的历史、文化的发展和变化的轨迹。为了叙述之方便，我们在本文中以朝代为序，以古代蒙古文历史文献的出土和发现地点为基本线索，对具有一定代表性的、新近发现的蒙古文历史文献作一概要介绍。

一、大蒙古国时期(1206—1271)

13世纪早期，北亚历史上出现了一个神话般的蒙古帝国。在北亚和中亚新生的这一游牧帝国(名称为“大蒙古国”)把整个民族带到了一个从“野蛮”转向文明的、充满了向上精神的新时代。这个时代最重要的标志是游牧蒙古人有了自己的文字，也有了自己的文献——蒙古人进入了有文字记载的历史时期。

成吉思汗统一蒙古得力于大量的部落战争，他命令每一个部落都必须由一个直接对蒙古大汗负责的人来统治。然而，就当时在蒙古周边民族的历史发展情况而言，他还需要与另一个文明世界的定居民族发生交往，并且懂得：游牧帝国的移动势力会因为与不能够移动的农业定居文明的势力相联系而导致其帝国的崩溃。另外，为了避免新成立的帝国从内部瓦解，他还制定了一整套可以限制游牧民族贵族们个人实力的扩张所必须遵循的规范制度。当然这套规范制度必须像定居农业民族的政权一样，要以文字的形式出现在人们的面前。

成吉思汗攻打奈曼部落时俘虏了新疆绿洲中的一个畏兀儿（回纥）人，命令他制定畏兀儿蒙古文字，即把蒙古语和畏兀儿字母结合到一起的文字。现代学者们将这种文字称之为“回鹘（畏兀儿）式蒙古文”或“回纥（畏兀儿）蒙古文”。这一名称的意思就是指从畏兀儿人（此为蒙古人的称呼，与汉文所称回鹘人相同）借用粟特体字母表创制的蒙古文，而不是有些人所说的畏兀儿人创制的畏吾儿文字。畏兀儿蒙古文是蒙古人最早的民族文字，现代蒙古文、托忒体蒙古文就是在它的基础上发展而来的，满洲文字母也是从畏兀儿蒙古文脱胎来的。

成吉思汗当时让这位被俘的畏兀儿人教太子及诸王用这种文字书写“国言”（蒙古语）；他还建立文官制度，并任用一部分通本国文字的畏兀儿人和一些讲突厥语、波斯语和阿拉伯语的回教徒，使他的继承者在与“从日出之地到日落之地”的所有民族打交道时，尤其是与他们南面的有“围墙”的具有古老文明的定居民族发生关系时，不必再完全依从他们的文官（内地所称谓的士大夫）阶层。这个文官阶层，从蒙古以前的古代北亚游牧民族进入该地区时就开始利用他们的文字来推行政事，致使北方游牧民族的征服者也自然而然地利用他们的文字作为管理新征服地区居民的工具。

成吉思汗与众多蒙古人不一样，在其一生中从未夸耀过自己的功劳和荣誉。我们从成吉思汗创制文字算起，迄今为止所发现的首次用蒙古文字记载的文献，即学界所称《成吉思汗石》（其实该名不准确）中可以看到，碑铭不是歌颂成吉思汗个人的荣誉，而是记载了从 1219 年到 1224 年跟随成吉思汗血战花剌子模国的成吉思汗之弟合萨尔次子也松格（约 1192—1267）的荣誉——他获得了成吉思汗降旨刻碑的殊荣。

蒙古人的历史进入到有自己文字的时代后出现了一系列重要的文献，其中具有直接史料性的历史文献有以下几部：

1.《青册》（阔阔 · 迭卜帖儿）：13 世纪初问世。该书是记录成吉思汗“大札撒”（大法典）的畏兀儿蒙古文笔录，内容为记录大蒙古国所有的司法决议，包括成吉思汗本人的法律训言（bilig）等都被保存起来以备用作将来司法判决的判例，所有有关部众分配的事例也记载在里面。由此可见,《青册》是一部法典与成吉思汗本人的法律训言的真实笔录。该书是在成吉思汗母亲的养子大断事官(Jarquči)失吉忽秃胡的领导下编写而成的。著名旅行家术外尼是唯一知道大札撒内容的波斯史家,他说《青册》里“有很多札撒条文”,但他阐述得不多。直到元代时,成吉思汗的法律训言仍然有特别的影响力。据波斯史家拉施特说,当元成宗铁穆耳(1295—1307 年在位)与其长兄晋王甘麻剌为争夺皇位而激烈斗争时,他的母亲阔阔真哈敦提出,“忽必烈合汗曾经吩咐,让那精通成吉思汗的必里克(bilig,意为法律训言)的人登位”。于是,诸王都背诵成吉思汗的必里克,在场的长辈们据此予以裁决,结果铁穆耳背诵得最好,因此被选作可汗。①由此看来,成吉思汗的大札撒在元代时期仍然被保存的同时也具有很高的威信。据其他学者说,该书的原本保存了三代。

2.《蒙古秘史》(亦称《元朝秘史》):此书原文是畏兀儿体蒙古文,作者佚名。书后写“鼠儿年七月写毕”,对这一年份学界有不同看法,分别认为是 1228 年戊子、1240 年庚子、1252 年壬子和 1264 年甲子。该书主要内容为成吉思汗先人谱系、成吉思汗生平业绩和窝阔台汗统治时期的历史,个别内容涉及窝阔台汗以后的史实。看来不是一次成书,而是经过了不止一次的补充和修订。② 原文明初已散佚,在罗藏丹津的蒙古文《黄金史》中遗留了三分之二左右的佚文。现存的汉文音写本是明朝四夷馆的汉文音写本。汉族学者称其为《元朝秘史》。

以蒙古民族典范文献著称的《元朝秘史》(共 12 卷,《永乐大典》收录 15 卷),是研究蒙古历史的重要原始文史资料。该书的原名为《蒙古秘史》,为佚名氏撰。原文系以畏兀儿蒙古文写成,现已佚失,现世传仅有明初洪武年间遵钦命所撰,并附有汉文总译。本书除系统叙述蒙古人的起源、成吉思汗和窝阔台汗时期的事迹、蒙古汗国的建立与对外征服的业绩外,还对当时的社会生活习俗等做了真实的反映。引叙事实多通过传说、故事、谚语、格言、诗歌等形式写出,它不但是蒙古早期

---

① (波斯)拉施德:《史集》第二卷,商务印书馆 1985 年汉译本,第 375—376 页。

② Yekeming γadai Yirincin-u serg ügelte : Mongyul-un ni γuca tobčiyan, koke qoda, 1987, pp. 81 – 83.

的历史巨作,也是一部优秀的文学语言的珍贵文献。与《蒙古黄金史》《蒙古源流》并称为蒙古民族的三大史作。此书不但我国学者做过注释(注:清·李广田:《元朝秘史注》,清末沈曾植:《元朝秘史注释》等),国外学者也很重视。日本史学家称其为蒙古早期历史时期唯一的"金字塔"式的巨作。国外早在19世纪中叶开始已有俄、德、法、日等诸种文字的译文。

在俄国,有俄国驻北京的传教士帕拉迪乌斯(Palladius)译述的《关于成吉思汗的古代传说》一书(俄国驻北京传教士著作集,1866年)最早出版。在欧洲,一直从事蒙古文献语言学研究的德国学者海涅什(E. Hanisch)早在20世纪30年代就进行了译文还原尝试的《元朝秘史》(第一部)(莱比锡,1931)等著作。在法国还有东方史学者伯希和(P. Pelliot)《元朝秘史卷——蒙古语和译文(附译注)》遗稿的出版。该书由于是对蒙古原文进行了还原,并兼及了译注,一时轰动了蒙古史学界。

在日本,也先后出版了一系列有关《蒙古秘史》的研究著述。首先,由那珂通世最早日译的《成吉思汗实录》一书于1907年公开出版,因为穿插以流利文言文笔的蒙古语译文,并兼引了若干汉籍,再加以丰富的译注,而被称为日本明治时代不朽的东方名著(筑摩书房,1907)。其次,进入昭和年代,又相继有小林高次郎日译的《蒙古秘史》(生活社,1940)、《元朝秘史研究》(日本学术振兴会,1954),还有白鸟库吉的《音译元朝秘史》(《东方书文库》丛刊9,1942)等著作出版。这些译著从语言学角度,力求将汉文音译还原成蒙古语,也引起了学术界的极大兴趣,实为语言学研究的巨作。这一时期,学者服部四郎还发表了与小林高次郎《元朝秘史研究》同一主题的《元朝秘史中出现蒙古语言汉字之研究》的专著(日本学术振兴会,1954)。从1984年起,日本小泽重男的《元朝秘史全释》和《元朝秘史全释续考》陆续出版,共6卷,可以说是当今世界《蒙古秘史》研究史中的一座丰碑。

20世纪30年代以来,德国学者海涅什、苏联学者柯津、日本学者白鸟库吉、法国学者伯希和、匈牙利学者李盖提、澳大利亚学者罗依果等先后发表了《蒙古秘史》原文(根据汉字音译)的拉丁字音译本。

3.《金册》(*altan tebter*):成书约比《蒙古秘史》晚几十年,而论及研究史,则比

《蒙古秘史》早几十年。14 世纪初,波斯史家拉施特(1247—1318)先后受蒙古伊利汗合赞和完者都之命修撰《史集》。这是一部前所未有的世界通史,在当时是当之无愧的亚欧历史的百科全书。他在修撰《史集》的过程中充分利用和研究了当时秘藏于蒙古伊利汗国宫廷金库中的蒙古文《金册》。他是对这部文献最早也是唯一的研究者。用拉施特的话说,该书是蒙古人"逐代均曾用蒙语、蒙文加以记录,唯未经汇集整理,以零散篇章形式[保存于汗的]金库中""秘藏"的"信史","有关蒙古起源的史籍、与蒙古有亲属关系的突厥诸部的世系"。拉施特充分利用并考订、整理了《金册》这部蒙古文古代历史文献。拉施特研究《金册》的年代,应当与《史集》的写作同时进行,即在 1311 年至 1312 年之间。

《蒙古秘史》和《金册》这两部蒙古文历史文献,都在宫廷中被撰写、秘藏、研究过, 因此 ,这两部蒙古文历史文献具有共同的、特殊的地位。

4.《萨迦格言》:又译成《善说宝藏》,吐蕃萨迦派高僧贡噶坚赞(Kun dgav rgyal mtshan,1182—1251)著,原文为藏文,蒙古文译本于 1269 年前完成。关于蒙文译者密咒大师索南戈拉的生平,文献资料没有什么记载,故暂无法做详细介绍。《格言》共 457 段,每段 4 行,共 1 828 行。1921 年至 1931 年间匈牙利蒙古学家李盖提(L. Ligeti)在内蒙古旅行考察期间从喀喇沁旗公爷府获取蒙古文译文。原件今收藏在匈牙利科学院图书馆(布达佩斯国立图书馆)。《萨迦格言》是中世纪蒙古语标准语的重要文献,从 13 世纪以来在藏蒙地区广为流传。

5. 此外,忽必烈于公木虎年(1254)给西藏僧侣的《藏文诏书》(*jav sa bod yig ma*)和鼠年(1264)《珍珠诏书》(*mu tig ma*)等两份文书的原蒙文件虽然丢失,但其完整的内容被保存在藏文文献中,被学界认定为对研究蒙藏佛教关系具有重要意义的珍贵文献。

6. 黑城蒙古文献残片:1907 年到 1909 年间,俄国东方学家柯兹洛夫(P. K. Kozlov,1863—1935)率领俄罗斯皇家地理学会探察队到中亚极东部藏区进行了考察,并从死城哈喇浩特(即"黑城"又名"黑水城",位于今内蒙古阿拉善盟额济纳旗达来呼布镇东南)遗址中发现了大量的西夏文书籍及其残片和西藏、蒙古等民族的文献及其残片。这是 20 世纪轰动世界的重大发现。然而,其中发现的蒙古文文献只有17件。对此，过去虽有一些研究，但只是对其文字、内容进行研究而已。然而，直到目前为止，我国学术界知之者很少。匈牙利蒙古学家卡拉·捷尔吉（D. Kara Gyorgy）于2003年在俄罗斯科学院东方研究所圣彼得堡分所编写的《东方文献》（第9卷，第2辑）上发表了从哈喇浩特出土的19件（包括回鹘文1件）蒙古文印刷品和手稿文书（大部为残片）的全部照片及其拉丁文转写，并撰写了评注，①为学术界提供了极为珍贵的中世纪蒙古文文本文献，可谓功德无量。这些文献内容极为丰富，其中与蒙古古代历史相关的有早期借贷文契、寺院经济、契约、信件等蒙古社会经济文书，此外也有佛经故事、入官、推官等官方文书，尤其其中发现的成吉思汗与阿鲁剌惕氏的孛斡儿出那颜（G110背面）、忙兀惕部的智者之间对话的残片是属于成吉思汗至理名言的具有诗歌韵律的早期文献。另有《也先帖木儿给西域火洲之地官员的令旨》是蒙古统治者管理西域的范例之一。

7. 伏尔加河畔发现的桦树皮文献《母子情感歌》：1930年，在中世纪属于金帐汗国或术赤兀鲁斯（约1243—1502）领土的苏联伏尔加河右岸下游的一座古墓葬中有一位农民发现了带有装订线的25叶桦树皮文献，25叶中的13面写的是畏兀儿体蒙古文。这是13世纪末的文献，学术界将其称为《金帐桦树皮文书》，亦称《母子情感歌》。这首情感歌叙写了一个蒙古普通劳动妇女送儿子服兵役时的嘱咐和出发远征的儿子对母亲、家乡的思念之情，其内容与蒙古西征历史有密切联系，并且从其渊源而言是来自民间的一首对唱歌。原件今收藏在俄罗斯圣彼得堡市艾米塔尔（Ermitar）博物馆。

二、元朝时期（1271—1368）

1. 统治波斯的蒙古汗国—伊利汗国的诸王阿巴哈汗（Abaqa khan）、阿鲁浑汗（Argun khan）的两份信函，合赞汗（Qazan khan）、完者都汗（Oljeyitu khan）等于1267年（或1279年）、1289年、1290年、1302年、1305年分别致罗马教皇和法国国

---

① G. Kara, Mediaeval Mongolian Documents from Khra Khoto Xiyu in the St. Petersburg Branch of the Institute of Oriental Studies. Manuscripta Orientala, Vol. 9, No. 2 June 2003, St. Petersburg.

王的外交信函。这几份蒙文信函对研究蒙古与欧洲各国的联系有密切的关系，这些文献今分别收藏于梵蒂冈档案馆和法国档案馆。

2.《亚历山大传奇》(*Sulqarnai-yin tuγuji*)：吐鲁番出土蒙古文残篇13叶，被认定为14世纪初由波斯文译成蒙古文。今收藏于德国科学院东方学研究所图书馆。其对研究蒙古与西域文化交流史有特殊的史料价值。

3.蒙汉文对译《孝经》(*takimdaqu nom*)：大德十一年(1307)木刻版。今原件收藏于故宫博物院图书馆。这部文献对研究元代蒙古人的语言、文化历史具有重要的文字学价值。

4.吐鲁番发现的蒙古文文书：从新疆吐鲁番发现的蒙古文文献是在德国人几次进行吐鲁番考察过程中获得的。这些文献是于1902—1914年间由德国柏林民族博物馆以及后来的普鲁士科学院吐鲁番委员会先后组织了四次考察队派往新疆吐鲁番地区进行考古挖掘所得的蒙古文文献。通过四次挖掘共获得105张蒙古文文稿，其中大部分是元明时期的文书之类。自从艾里希·海涅什(Erich Haenisch)1959年发表了《柏林吐鲁番文集》(*Berliner Turfansammlung*)中的大部分蒙古文文献影印件以来其中的许多残页被欧美各国和蒙古国的蒙古学家们研究整理过。其中1993年蒙古国的策仁索德纳木(D. Cerensodnom)和德国的陶贝(M. Taube)合作刊行的《柏林吐鲁番文集中的蒙文文献》成为最新的、最完整的研究著作。

从吐鲁番发现的文本文献除了《亚历山大传奇》以外，值得我们注意的是，吐鲁番文献中的统治中亚河中地区的察合台汗国(1221—1508)后裔秃忽鲁帖木儿(1346—1363，中亚文献中出现的蒙古斯坦的第一代汗)于1352年给河中三个地域长官们的一份令旨(Uge，共9行字)，于1348年或1360年派遣大臣也先到高昌地区办理公务的令旨(共16行)，于1353年派遣孛罗海牙(Bolad qay－a)为首的使臣等到某地接纳使臣所需物品的令旨(共12行)以及秃忽鲁帖木儿之子亦里牙火者(Ilasqoja，1363—1370年在位)于1369年下达篾儿乞惕将军的有关豁免民户赋税的圣旨(jarliγ,共20行)；还有给印度斯坦使臣的羊年圣旨(共17行)；察合台汗国第14代汗怯别(Kebeg.，1318—1326)于1326年颁发黑色印章的解救赔款令旨(共10行)；第21代汗也孙帖木儿汗(1338—1339年在位)给驿站的圣旨(共14

行）等文书都是盖有红色印章或黑色印章的完整的畏兀儿体蒙文官方文书。这些文书是研究河中地区察合台汗国的政治、经济、文化和风土人情等方面有一定意义的重要资料。

5. 关于元代所译《彰所知论》蒙古文版及相关问题。元代，八思巴有一名著，书名为《彰所知论》（藏文为 *shes bya rab tu gsal ba*）。学界对此书的成书年代及藏、汉、蒙古文版本问题至今有不同说法。过去有的学者认为“现在不存西藏语或蒙古语的原书，只传中译本”。经王启龙先生的努力，发现了其藏文原版完整地保存在德格木刻板《萨迦全集》（*sa skyavi bkav vbum*）函中。在这一重要发现的基础上，经他专题研究，对《彰所知论》的藏文原文的写作年代目前可以定论，即“《彰所知论》藏文版中明确说明，八思巴在戊寅年（sa pho stag gi lo，阳土虎年，1278 年）于萨迦寺写成此论的”①。同时王启龙还指出了其汉译本成书于 1306 年以前。至于《彰所知论》的蒙文译本，在学术界至今仍然是个谜，王启龙根据德国蒙古学家海西希（Walther Heissig）教授于 1959 年在德国威斯巴登出版的《蒙古人的家谱与宗教历史文献》（*Die Familien-und Kirchengeschichtsschreibung der Mongolen*）一书的说法，认为“蒙文本时间更晚”，“至于蒙文本是译自藏文原文还是汉译文，尚须考证”。②

海西希以前俄国的蒙古学家科瓦列夫斯基首次提出，17 世纪蒙古著名佛学翻译家锡埒图·固什·绰尔济的一部著作即《必用之全义经》（*čiqula kereglekü̈i tegüs udq-a neretü sasdir*，也有人译成《本义必用经》）是八思巴喇嘛所著《彰所知论》的蒙古文译本或改写本。③ 尤其是我们看到王启龙先生发表的藏文原文后认为，蒙文《必用之全义经》是一部完全独立的著作，而不是八思巴喇嘛《彰所知论》的译本。只要将蒙文《必用之全义经》同《彰所知论》略加对比，便不难看出这一点。锡埒图·固什·绰尔济在其著作中未曾提及八思巴喇嘛的著作，绝非偶然。他在

① 王启龙：《八思巴生平与“彰所之论”对勘研究》，中国社会科学出版社，1999，第 239 页。

② 王启龙：《八思巴生平与“彰所之论”对勘研究》，中国社会科学出版社，1999，第 225—226 页。

③ O. M. Kovalevskii，Buddiiskaya kosmologiya. Kazan，1837，p. 13.

《必用之全义经》的"跋语"中指出,作者是"应克穆齐克兀惕(部族)之善胜菩萨为首,明慧者希绕曾格二人以无垢虔诚之心再三请求译之此著,据前圣者之神圣教海与犹如冉冉上升的太阳般照耀之诸种经典之含意进行详实对勘后,名为满洲什礼·固什·锡埒图·绰尔济者,为犹如太阳般弘扬顶圣释迦牟尼之教,实为撰写而成。"要指出的是,海西希等学者所利用和发表的抄本"跋语"与笔者所看到的几种抄本以及内蒙古社会科学院的竹笔抄本之间差别很大。据我们考察,海西希所利用的抄本,无论从其内容还是从版本学角度而言,可以说是一部较劣质的抄本,不足凭据。

就内容和结构而言,锡埒图·固什·绰尔济的这部著作与八思巴喇嘛的著作完全不同。据藏文原文,八思巴喇嘛的著作是由五个部分,即器世界品、情世界品、道法品、果法品和无为法品组成的。而锡埒图·固什·绰尔济的著作可分为四个部分,即佛陀生平及其佛教学说、三界(欲界、色界、无色界)、印藏蒙王统世系、佛陀学说中需要知道的要义。

这样我们首先肯定了国内外现在流传的蒙古文《必用之全义经》不是八思巴喇嘛《彰所知论》的译本。那么《彰所知论》是否有蒙文译本?若有,何时翻译成蒙文?据我们的新近发现,《彰所知论》确实有其蒙古文译本,今藏于俄罗斯圣彼得堡国立大学图书馆,书名为《彰所知论》(*Medegdegün-i belgetey-e geyigülügci ner-e-tü Sasdır*),版心:36.8cm×9.5cm,共1—52a页,每页28—29行字,竹笔抄本。该抄本大约是清代1720—1730年间所抄。但我们根据抄本的句型结构、语言修辞和词法特征以及保持回鹘文书写形式和回鹘式佛教名词术语的多次出现等情况来看具有元代蒙文译经的特点,因此我们认为此抄本的译文属《彰所知论》的元代蒙古文译本的可能性很大。

三、北元时期(1368—1635)

1. 明朝景泰帝蒙古文敕书:汉文称"皇帝敕赐剌儿地面头目咩(yang)力儿吉的诏书"。这是明廷用蒙汉两种文字致伊朗剌儿地区(剌利斯坦 Laristan)长官的诏书,发诏书时间为明景泰三年(1452)十一月二十九日。原件收藏于土耳其国伊斯坦布尔市土布卡皮宫博物馆(Topkapi Sarayi Muzesi)。① 本诏书以及吐鲁番出土的文书证明,明朝最初的百余年里,蒙古文曾是明朝与西域某些国家之间进行联系的外交语言和文字。

2. 阿勒坦汗于1580年用蒙汉文对照的呈明朝皇帝的信札和《高昌馆课》(1407)也属于北元时代的用汉文逐字逐句译写,不顾蒙文语法特点,不懂汉文的蒙古人无法理解的特殊文献,但学术界完全可以理解和利用其内容。

3.《阿勒坦汗传》:原书题曰《名为宝汇集之书》,蒙古文原本为削竹笔手抄本,作者佚名。关于该书的成书年代,据学者们的考证是在1607年。全书共54经卷页,计107面,全书采用韵文体,以押头韵的四行诗为其基本形式。此书原藏于内蒙古乌珠穆沁右翼旗王府家庙内,现藏于内蒙古社会科学院图书馆,成为天下孤本。主要内容为赞扬土默特万户领主阿勒坦汗(1502—1582)一生的业绩,反映了当时蒙古右翼三万户的政治、经济、军事、文化和西藏佛教格鲁派等首次传入蒙古地区的实际情况并提供了很多过去鲜为人知的珍贵资料。

4.《白史》:原名《十善福经白史》。不少研究者根据16世纪著名思想家呼图克台·彻辰·洪台吉(1540—1586)重编的《白史》一书的"前言"认为,该书为元代忽必烈之作。但也有学者不同意此说。最早发现此书的是16世纪下半叶鄂尔多斯部呼图克台·彻辰·洪台吉。据洪台吉说,他从松洲城获得此手抄本后,与畏兀儿人比兰纳识里的旧抄本互校,并写"前言"公布于世。此后《白史》流传于世。从该书的整个内容来说,是一部有关蒙古国家体制与法制方面的典章性著作。

5. 从阿伦苏木(olan süm-e)发现的文书:由日本考古学家江上波夫(Egami Namio)率领的日本考察队先后于1935年、1939年、1941年在阿伦苏木古城(位于今内蒙古包头市达尔罕茂明安联合旗百灵庙镇之北三十余公里)遗址上进行挖掘后发现了200多件蒙古文文献残片。据德国海西希(W. Heissig)等学者研究,认为这些残片属于16—17世纪手稿。原件在日本国保存。1976年,德国海西希教授将其全部残片影印出版,并进行拉丁文转写、识读和考证(其中29件残片无法确

---

① F. W. Kleaves, The Sino-Mongolian Edict of 1453. in the Torkapi Sarayi Mütesi HJAS, XIII, 1950,431—446页,1—Ⅷ图片。

认),为蒙古学界首次提供了阿伦苏木古城出土的蒙古文文献。残片的大部分是佛教经典、咒语经的抄本,也有不少有关天文历书、算卦书、格律诗以及与民俗学相关的重要的蒙文文献。

6. 蒙古国发现的《阿勒坦汗赞歌》及 17 世纪的桦树皮蒙文文献:由蒙古国考古学家 H. 普日来(H. Perlee)带领的考察队于 1970 年在蒙古国布拉干省南部的哈剌布罕·巴尔嘎松城(黑牦牛城)遗址中发掘出 1 400 多块写有蒙古文和藏文的桦树皮文献。其中只有一部分蒙文法律文书由蒙古国已故学者 H. 普日来公开发表,其他文献仍在蒙古国。这些文献学术界认定为 17 世纪前半叶的产物。1994 年 7 月初,德国波恩大学中亚研究所举办了蒙古桦树皮蒙文文献展览,这是在蒙古国发现的上述桦树皮蒙古文文献中的一部分。在德国展览的桦树皮蒙古文文献是 20 世纪 90 年代初从蒙古国运到德国的粘连在一起而成为几乎无法修复和拆开的一大团整块物品。经德国有关专家们的努力,终于得到修复并还原成可以识读的桦树皮文献。德国波恩大学中亚研究所准备将这些桦树皮蒙古文文献全部出版。2000 年,他们的首批成果在德国威斯巴登公开出版。根据该出版物,我们看到研究者们对其中的 110 份文献进行了内容分类、拉丁文转写和关键语词的考订和解释。他们认为这些文献写就时间大约在公元 1600 年左右。尽管幸存的这些文献大部分是残缺不全的、不连贯的甚至几乎没有一件是完整的,但是,这些文献与内蒙古黑城、阿伦苏木和新疆出土的吐鲁番蒙古文文献一样能够留存到现在,并被发现,最终成为能够使对此感兴趣的学者和读者看到和了解其内容的罕见文献,仅此一点就说明了蒙古人在元代和北元时期曾拥有过很多我们现在不甚知道的蒙古文文献。

从这些文献的内容来看,其绝大部分仍然是宗教经典,但还有一部分是宗教领袖人物、政界领袖的赞颂诗歌和民俗学方面的资料,如:其中的熏祭用品及其礼仪祭词、招魂词及祭火招词、各种民间咒语、历法书、占梦书、星占书等类文献在佛教传入蒙古以前和以后都曾有过,是研究蒙古民俗及风俗习惯不可缺少的资料。

值得特别指出的是,该出版物中有一首《阿勒坦汗赞歌》。这是一部极罕见的文献,尽管它只剩下严重破损而无头无尾的一叶(第 6 叶)的两面文字残片。残片中我们可以读到以“啊，我们的阿勒坦扯辰汗”一句为隔、四行重复一遍的优美的诗句。诗中描绘了阿勒坦汗的生平业绩，如建寺庙、修建呼和浩特、在平川上耕种农田、远征卫拉特部、从汉地掳掠财物、使自己的人民过上太平富裕生活等语句。据此，我们毫无犹豫地可以肯定，这是一首记录土默特部阿勒坦汗一生业绩的长篇叙事诗。仅此一点，该残片就可以作为在蒙古史及蒙古文学研究上一项具有历史意义的新发现而被载入史册。

7.《黄金史纲》（约1628年成书）：作者佚名，多种抄本流传，有学者认为2002年蒙古国乔伊玛发表的影印本为最佳抄本。该书是继《蒙古秘史》出现后又一部集中反映从古代到林丹汗即位为止的蒙古历史，是研究北元汗系和诺颜、台吉谱系的珍贵资料。

四、清朝时期（1636—1911）

有清一代蒙古人则有了大量的书面历史文献、石刻文献、宗教文献、语言文献、法典文献、翻译文献和文学作品。随之，蒙古文历史文献也出现了一个新的发展高潮。

这个时期重要的蒙古历史文献的产生大部分都与当时东亚政治大局发生的重大变化有关系。当时是满洲贵族征服漠南蒙古地区，宣称他们是蒙古正统可汗，同时对漠北、漠西蒙古怀有继续征服的野心而蒙古民族将要失去独立地位之际。这些著作多数是以编年体为形式，从“奉天命而生的孛儿帖赤那”开始到成吉思汗的黄金家族为主线，将他们后裔的历史写到史家生活的那个时代为止的蒙古人的历史。有的史家由于深受当时正在鼎盛时期的藏传佛教思想的影响，将成吉思汗及其先祖的历史与印度、西藏的转轮王统紧密联系起来，以图阐明自己祖先的圣洁和高贵。这些编年史一方面反映了当时蒙古史家们记录民族存亡危机时刻的复杂的思想情绪，另一方面，也尤为难能可贵的是比较客观地记载了当时蒙古社会的政治、经济、军事、宗教和文化的历史进程。

清代在蒙古地区流传的主要史学文献现有《蒙古源流》（1662）、《黄金史》（1665）、《黄史》（1651—1662）、《阿萨喇克其史》（1677）、《恒河之流》（1725）、《蒙古博尔济吉忒氏族谱》（1735）、《金轮千辐》（1739）、《大蒙古国根本黄金史》

(1765)、《水晶念珠》(1775)、《蒙古王公表传》(1779—1812)、《金鬘》(1817)、《宝贝念珠》(1840)、《水晶鉴》(1850)、《圣主成吉思汗传记》(18 世纪中叶,松巴堪布·也摄斑珠尔著)等。

漠西蒙古卫拉特人被清朝征服的前后也用他们的圣哲扎雅班迪达创制的托忒文编写了几部有价值的史学著作,同样在蒙古地区流传。卫拉特人的著作有其地方特色,他们的所有史学著作几乎全部都是卫拉特地区的历史。我们应该提到的主要著作有《四卫拉特史》(1739),此后又出现了另一部《四卫拉特史》(1819),后者在前者内容基础上增加了一些新的章目。另外还有《土尔扈特诸汗历史》(18 世纪末)、《蒙古溯源史》(19 世纪初)、《乌讷恩素珠克图土尔扈特与青塞特奇勒图新土尔扈特诸汗之世系表》(18 世纪末)、《和鄂尔勒克史》(19 世纪)等以及一些晚近的著作。

19 世纪前后,在贝加尔湖周围生活的布利雅特蒙古人用蒙古文编写了与卫拉特人相同的具有地域特色的部族史。其中应该提到的主要著作有《霍里与阿辉布利雅特源流史》(1863)、《霍里十一父亲的溯源史》(1875)、《色楞格布利雅特史》(1868)、《巴尔虎津布利雅特史》(1887)等。还有一部以 16 世纪民间传说为主要内容的《巴拉珠娜夫人的传说》(约 17 世纪)的几种蒙古文传抄本在布利雅特地区广为流传。

有清一代蒙古人的历史文献中高僧传记文献也很重要。到了清代,蒙古地区的佛教得到前所未有的发展,随之在蒙古地区出现了众多高僧。清代的蒙古文史料中,蒙古高僧的传记是一个非常重要的历史文化宝库。由于这些高僧往往又是蒙古地区的宗教领袖,他们的传记大都有记事准确、时间清楚、涉及蒙古社会各个方面等特点,其中留下了许多珍贵的政治、经济和宗教活动资料,而这些资料又往往被清代的正史所忽略,因而可以弥补正史之不足。清代蒙古文高僧传记主要有:

1.《内齐托音一世传》:额尔德尼毕力衮达赖著,1739 年成书 。内齐托音(1557—1653)是卫拉特蒙古土尔扈特部人,著名的宗教活动家,为西藏佛教格鲁派在内蒙古地区的传播做出了巨大的贡献。传记的作者根据内齐托音一世弟子们的备忘录、各种笔记以及当时社会各界的口述而撰。全书分五章,第一章主要叙述了内齐托音的童年，出家赴藏；第二章在西藏札西伦布寺师从班禅学经，经土尔扈特到喀尔喀，然后到呼和浩特的经历；第三章是在呼和浩特地区周围山洞中修行三十余年的苦行僧生活；第四章为内齐托音一世前往东蒙古地区的传教过程：经当时的翁牛特、巴林到盛京，在科尔沁地区传教，清世祖顺治皇帝传其进京，返呼和浩特，再一次东返科尔沁等一系列活动；第五章为记录内齐托音圆寂情况。该传记是研究喇嘛教在内蒙古地区传播的第一手资料，尤其以在内蒙古东部地区的传教过程和佛教与萨满教的斗争记述更具价值。国内有乾隆间木刻版本和今人成崇德、申晓亭汉文译注本（《清代蒙古高僧传译辑》，全国图书馆文献缩微复制中心出版，1990）和金峰的蒙古文《漠南大活佛传》（内蒙古文化出版社，2009）等。

2.《内齐托音二世传》：内齐托音二世弟子达磨三谟陀罗著，1756—1757年间成书。内齐托音二世（1671—1703），内蒙古茂明安旗人，一生都在漠南地区弘扬佛法，曾以清朝使者身份出使西藏邀请五世班禅（在康熙三十四年，公元1695年）。作者根据当时的口碑资料及自己掌握的有关材料撰写了他的童年、出家、学习佛法、奉命出使西藏、跟随皇帝出征厄鲁特等一系列活动，是研究17世纪末蒙古地区历史的重要资料。国内有清代手抄本和乌力吉图的汉译本（《清代蒙古高僧传译辑》，全国图书馆文献缩微复制中心出版，1990）和金峰的蒙古文《漠南大活佛传》（内蒙古文化出版社，2009）等。

3.《哲布尊丹巴传记》：据考察《哲布尊丹巴传记》有多种。主要有：①喀尔喀扎雅班第达·罗卜藏普棱列著《哲布尊丹巴一世传》，约成书于1702年，该部传记成为后人追叙哲布尊丹巴一世的蓝本。除蒙古文本外还有蒙藏文对照写本。②纳吉旺布喇嘛著《哲布尊丹巴一世传》，成书于1839年。此书基本资料出自罗卜藏普棱列著《哲布尊丹巴一世传》，但又增添了许多鲜为人知的细节。有木刻本和手抄本。③《哲布尊丹巴一世至六世传记》，著者纳吉旺布喇嘛，约成书于1848—1851年间。此书虽简短，但由于它提供了其他这类传记所没有的哲布尊丹巴一世转世的情况，仍不失为一部颇有价值的著作。④《哲布尊丹巴一世至七世传记》，著者佚名，约成书于1859年 。国内外有多种蒙、藏文版本流传。1961年，英国学者鲍登英译出版了哥本哈根皇家图书馆藏该传记的蒙文抄本（Ch. 鲍登《库伦的哲布尊丹巴》(英文),威斯巴登,1961)。上述传记,对研究 17 世纪至 19 世纪喀尔喀蒙古的历史、文化、宗教,尤其是喀尔喀蒙古同清朝、西藏及卫拉特之间的关系,具有第一手资料的价值。在近代蒙古历史上,哲布尊丹巴的政治地位是不容忽视的,但汉文史料所提供的有关他的可靠情况实属微乎其微,甚至连他的名字也有多种讹传。国内有成崇德、申晓亭的汉译校注本(《清代蒙古高僧传译辑》,全国图书馆文献缩微复制中心出版,1990)。

4.《咱雅班第达传》:托忒蒙古文著作,书名为《兰占巴咱雅班第达传——宛如月光一样明亮》,简称《月光》。作者喇德纳巴德喇,成书于 17 世纪末。据蒙古国学者 B. 仁亲教授的看法,该传最初是以藏文撰成,后译成托忒文,最后转写为蒙古文。书中详细记载了咱雅班第达(1599—1662)一生的政教活动,同时记述了卫拉特蒙古当时的社会状况、政治变迁以及宗教文化活动,是一部研究 17 世纪四卫拉特政治、历史、宗教、文化等的重要资料 。该书的蒙古文本手抄本最初发现于喀尔喀咱雅班第达图书馆,于 1959 年在乌兰巴托铅印出版 。国内有新疆敖日布的蒙古文本和成崇德、申晓亭汉文译本(《清代蒙古高僧传译辑》,全国图书馆文献缩微复制中心出版,1990)。

清一代蒙古人的历史文献中法律文献也很重要。北元后期由于蒙古诸部的封建割据而致蒙古诸部几乎处于各自为政的状态。因此,清初在蒙古地区没有产生一部全蒙古性质的法律文献即法典。当时在蒙古地区所产生的法典或由北元蒙古某部有权势的汗王所颁定,或由某一地区的封建主们商定颁布。

我们现在发现的 16 世纪到 17 世纪的蒙文法典主要有:除了《阿勒坦汗法典》(1578—1581)外,另一些重要的法律文献是喀尔喀诸部制定的一系列大小法典(16 世纪后半叶到 1639 年为止)。这些法典是由蒙古国考古学家 H. 普日来(H. Perlee)带领的考察队于 1970 年在蒙古国布拉干省南部的哈剌布罕 · 巴尔嘎松城(黑牤牛城)遗址中发掘出 1 400 多块写有蒙古文和藏文的桦树皮文献中发现的。其中发现 18 份蒙文法律文书,于 1974 年由 H. 普日来公开发表。① 这是由喀尔喀

---

① H. Perlee , Qalqyin sine oldson caaz erkemjiin dursɣalt bičig (Kh. Perle . Newly discovered juridical Document Khalkha-Mongolia) . Ulaanbaatar. 1973. pp. 3 – 139.

七旗贵族先后在不同盟会上制定的18份法律文书，故学界称其为《喀尔喀七旗法典》，亦称“桦树皮法典”。其中大部分法律文书前有“小法典”等字样，唯有两部法典冠有“大法典”名称：一是“申年大法典”(1620)，共有法律条文92条，H.普日来认为这是指《喀尔喀七旗法典》；此外还有一份《土卯年大法典》(1639)，遗憾的是被发现的这部大法典只有一页残片。这一年正是一世哲布尊丹巴升法座之年，而且一世哲布尊丹巴本人和喀尔喀部扎萨克图汗及吐谢业图汗等人都来参加，看来是制定了一项重要的法典。有的学者认为很可能是“申年大法典”的修改或者是补充的大法典。该法典制定的次年即1640年，喀尔喀和卫拉特贵族共同制定了《也克察吉》(《大法典》)，其内容突出了调整喀尔喀和卫拉特两部关系、共同抵御外敌和推崇黄教的内容。法典把抵抗侵略者作为全体社会成员的职责，放在相当重要的位置上，这是喀尔喀和卫拉特两部面临清朝和俄国的兼并而做出的应对措施。

我们现在所说的《也克察吉》的最初的文本毫无疑问是畏兀儿体蒙古文，因为当时还没有创制托忒蒙古文，然而迄今为止国内外学者没有发现其最初的托忒蒙古文文本。现在我们所看到的全都是托忒文抄本。① 根据早期托忒文抄本，该法典的原名称，即准确的名称为《也克察吉》(大法典)，然而后来人们根据其内容，为《也克察吉》妄加了各种各样的名称，其中最普遍使用的名称便是《喀尔喀—卫拉特法典》。此外，还有《蒙古—卫拉特法典》《卫拉特—蒙古法典》《卫拉特法典》《1640年喀尔喀—卫拉特法典》《1640年法典》《也克察津文书》等。从文献学角度来看，我们应该而且必须用其原来的名称——《也克察吉》(大法典)。②

清朝蒙古法律最初基本上采用蒙古原有的法律形式，是为适应蒙古社会而制定的，但是到后来不断修订，加进了大清律的内容，其中《蒙古律书》最为典型。从

---

① 查阅公开刊行的国内外目录，该法典的托忒文抄本馆藏有5处：1. 莫斯科国家档案馆卡尔米克文馆藏部1部；2. 圣彼得堡东方学研究所图书馆2部；3. 圣彼得堡大学图书馆1部；4. 内蒙古社会科学院图书馆1部。

② К. Голтстунская, Монголо - Ойратские закон 1640. Санктпетербургъ, 1880, стр. 2(影印版：《也克察吉》). 此外，苏联的布里亚特学者 с. д. Дылыков 于1981年在莫斯科刊行的《也克察吉》一书同样用了该书的准确的原名 yeke čaγaja.

天聪二年(1629)开始陆续颁布,不断增加内容,由崇德八年(1643)、顺治十四年(1657)、康熙六年(1667)到康熙三十三年(1694)时颁布的《蒙古律书》已经成为152条。[①] 乾隆六年(1741)重新修订,以后又几次修订,并改译其名为《蒙古律例》,译成满文和汉文。此外还有蒙文《理藩院则理》于嘉庆二十三年(1818)蒙文本刊行。

《喀尔喀·吉鲁姆》(喀尔喀法典),共由24个法令组成,指定时间约在1709年至1770年间。其中主要有《三旗法典》(1709)共25条;《虎年条例》(1722)共3条;《土猴年条例》(1728)共7条;《土谢图赛因汗、达赖车臣汗等商定的龙年条例》(1736)共36条;《乾隆十年条例》(1745)共12条;《供施二主条例》(1746)共25条;《赛马条例》(1729)共13条等等。上述蒙古文法律文献对研究蒙古古典法制及其历史性的延续性和古代蒙古政治史、社会史的研究有重要的史料价值。

有清一代蒙古文历史文献流传范围广,版本繁多,对研究蒙古人的历史有着不可忽视的史料价值。

乔吉

2014年1月于呼和浩特

① С. Д. Дылыков, MongGul-un čaγajin-u bi čig. Москва, 1998.

内齐托音一世传

(清)额尔德尼毕利衮达赖著　成崇德　申晓亭译注

目 录

译文 …………………………………………………………………………（1）

注释 …………………………………………………………………………（45）

蒙文影印件 …………………………………………………………………（55）

［译文］

顶礼上师[①]
圣洁福智双俱身，
众生不识唯崇情，
指示世间三界路，
稽首释迦狮子王。

最胜微妙之善道，
真实妙语如狮吼，
无与伦比大显扬，
摩顶文殊师利佛。

从二资粮[②]之宝泉，
化为自在者之妙韵，
俱缘慈悲之月天子，
快助我往智者园。

无量智慧置雪山，
始颂经义鬣狮动，
张其深密身之力，
辩述上乘狮子圣。

为天下有情发愿，
以密咒金刚为心，
铭传扬佛宝之任，
祈具足上师赐福。
明示还夙愿之径，

殊常珍崇宝福缘，
黄帽真谛自在满，
即刻降临我心田。

无量金刚乘喜宴，
谦和檀越施善缘，
具足上师之神幡，
遍及四海我敬礼。

达二德而获至福，
睹苦难而救众生，
貌微卑为益僧众，
礼圣僧内齐托音。

其德才深如大海，
非圣贤不能尽述，
似我等愚钝之辈，
拾其教化之迹已。

为成就鄙人之信，
为流芳圣者之绩，
为增己增人之福，
愿汇其传述成编。

求解脱者所奉之，
乃福智善出之园，
上下一切神灵中，

授解脱道者唯信。

大主指述深密道，
大日光照禅教扬，
大持金刚普道场，
大海宝智传内齐。

持净饭王子之道，
使众生与其结缘，
奉金刚本尊[3]之前，
虔诚心至莲花开。

慧眼明识缘道轮，
慧心满载宝资粮，
圣者所益禅众绩，
圣贤未及焉能述？

且撰其众人所睹，
但借八经之英名，
愿诸此奇闻珍记，
能明圣贤之足迹。

诸佛菩提转世者、
世间王臣之传记，
文理并茂悦天下，
门生合十皆仰慕。

得此圣绩之经传，
倍崇予信之诸佛，
禅门信徒与日增，

犹如满月遍光辉。

俱习觉知最为师，
永世和合最为福，
安然仪轨最为信，
解脱三宝最为敬。

以信奉三宝为始，
启敬神通本上师，
继为使此敬愈增，
故撰写此记若此。

当今之博格多喇嘛，因菩提心之慈悲，往北方不灭之地去寻转生，达扎什伦布寺进入佛门，跟随班禅苏玛迪达日玛多萨④等大法师精习经咒。之后，往哈达山中艰苦修炼，修得戒法、定法，又经昼夜不停地刻苦修习，炼得心之根本智慧法；继而力修造福佛与众生之法，最后修得超脱有缘之辈出无智世界之法；修此五种功德法而成佛身。

其一

赞曰：

曾为兜率一神子，
降临梵地为众生，
护育甘露满人间，
稽首佛祖释迦牟尼。

如来佛前司菩提，
兜率净土居文殊，
活佛转世救众生，

祈拜具足宗喀巴。

菩提真性见化身，
慈悲众生有善心，
大德大福俱全备，
稽首班禅额尔德尼。

释迦牟尼涅槃后，
普照寰宇宗喀巴，
有智之士步后尘，
络绎不断皈佛门。

信徒之首出厄鲁，
善识机缘修正果，
布教蒙古终不渝，
祈拜内齐圣高僧。

却说，在遥远的北方，有一厄鲁特土尔扈特部，其主阿玉奇汗[5]，汗之叔兄名叫墨尔根特布纳[6]，是一位远近闻名的万户诺颜。墨尔根特布纳得一子，十分高兴，举行盛宴庆祝，取名阿毕达。阿毕达自幼具有仁爱之心，怜悯贫苦众生，救济他人施舍一切，从不吝惜。他才智慧敏，从无谎言秽语，忠诚老实。一次，与众人狩猎，他首先射中一匹怀驹野驴，野驴腹裂掉出小驴驹，驴驹趴在地上颤抖着，母驴疼爱地舔吻。阿毕达见此情景顿生恻隐之心，暗想：虽在高门贵族亦不得解脱。于是弃掷弓箭返回府邸。阿毕达由此产生了信奉三宝嫉世厌俗之心，他视世途如火坑，想避世出家。他禀告父王："恳求您了，父王，您若是怜爱孩儿，就让我出家为僧吧！"其父大惊："你说什么！？你若是当了僧人，谁来照看父母呢？我们年事已高，靠谁侍奉呢？这么多的部众由谁统辖呢？"不同意他出家。阿毕达再三恳求，其父执意不允。此后，父母做主为他娶下一妻，阿毕达虽不情愿，但又无法违背父母之命。一年之后，得一子，取名额尔德木达赖。

不久，阿毕达对妻小感到厌倦，又欲出家为僧，其父闻讯后便派人监护他。一日，阿毕达正在室外念诵《归依经指南》，一阵旋风刮来，经卷被风卷走，他在后面追赶，监护人疏忽未曾发现，于是越走越远，以布衣形貌往西方去了。其父得讯即派人寻找。那些寻找的人走得畜尽粮绝，疲惫不堪，也没有找到他，直至把皮鞍韂、皮靴烧着吃了，才得以返回家乡。

其二

阿毕达来到西藏扎什伦布寺，跟随班禅格根学佛，受得种种解脱戒律，达到具足戒[7]，并获阿洛夏格夏巴特[8]的称号，成为佛门大弟子。其别号为“内齐托音”，是因为昔日救渡尊者习惯对己、对人、对属众甚至牲畜都同等相待，其父根据他的行为称其为“内齐呼勃洪”（仲子），由此，“内齐托音”之名便广为传扬。在经院里，内齐托音经、咒学得都很好，根据他的请求，班禅格根授予多种灌顶和秘法[9]。据说他还跟随其他有智喇嘛受戒听法，但不确知，且略。

其后，救主喇嘛欲住另一个地方修行，请示班禅博格达格根，格根谕：“你从前的缘分似在东方，因此不要去别的地方。若去东方则能对佛教众生做出巨大贡献。”并且比喻道，圣者像聪慧的商队长——自海外获得大量如意珍宝，非常高兴地返回故乡为贫困者解除苦难一样，应以佛教神圣教义作为巨大的精神财富满载而归，使佛教在东方广为传播。

于是，圣者起程。沿哈达山等地来到险峻的哈拉阿吉尔嘎、包尔阿吉尔嘎地方，驯服二凶之后在叫作钟黑勒的白色岩石下持久坐禅修行。然后来到喀尔喀部，为富有的却楞宰桑为首的几个部众灌顶讲经，而不收供奉的礼品。内齐托音离开喀尔喀起程往土默特呼和浩特时，成为信徒的部众都来相送，来到一个岩石下小憩，喇嘛发愿道：“送到这里，你们回去吧，以后还会见面的！”

内齐托音来到名叫戈壁的地方坐下来休息。初次到北京贸易的五百名厄鲁特人赶着近万匹的马群开拓前进，也来到戈壁地方。他们找不到水喝，人畜四处寻找水源。有几个人突然看见了坐在沙滩上的人，便说：“坐在渺无人烟的地方，这是人？还是鬼？还是土地爷？不管是什么，去问问他水的事情吧！”于是走上前去，下马一看，原来是个喇嘛。拜见之后，述说了原委，喇嘛道：“如此的话，你们告诉大伙：‘搭帐篷之前要先支锅。’你们会得到水的。”这些人回去之后，把喇嘛的话告与其他人，大家都很高兴，照喇嘛说的去做了。果然乌云密布，降下甘霖，人畜都供足了水。这些人商量说：“刚才沙滩上的那个喇嘛救了我们的命，现在我们去找他，奉送给他马匹，需要几匹就给他几匹。”他们来到喇嘛跟前，下马拜见后道出奉送马匹之事。喇嘛对他们说：“马匹对我没有用。”这些人再三恳求，喇嘛便指着马群说：“如果是这样的话，就把马群中那匹黑儿马送给我吧。”黑儿马的主人说：“这匹儿马不能供喇嘛使用，生来它的脊梁上只落过天上的露水，未曾有人骑过它。”“我能够使用它。”于是众人圈赶着把儿马抓住献给了喇嘛，喇嘛不用嚼子和鞍子骣骑着驯服了它。然后喇嘛说：“你们这匹儿马我不要，到达卡伦后，我会把它放回来。商人们，会随后跟上你们！”说完便骑马走了。到达卡伦后，喇嘛把儿马放在那里，果然儿马又跑回了马群。

从卡伦往前，喇嘛身披黄毡斗篷，在羊的琵琶骨上挂上两个锁骨当作鼓，在牛角中挂上舌头当作铃，用头盖骨做成碗揣在怀里，带着这些东西来到了呼和浩特。在大召做法会时，他坐到那里念起《阎曼德迦》来。格斯贵们来到他的身边说：“你念的这不是经。”喇嘛答道：“我的这个经，对你们不是经。”说完就走开了。格斯贵们追问：“喇嘛您从哪里来？”“我从土尔扈特来。”“为什么而来？”“我因杀父携母而来。”

这以后，喇嘛在北山中游走，住在名叫哈拉沁口子的地方。那时，有个叫萨·绰尔基的智贤喇嘛听说了，对他的徒弟们说：“那个喇嘛不是一个平凡的人，你们谁遇到，就把他请来与我相见。”一天，绰尔基的两个徒弟丢失了牲口，正在寻找，发现喇嘛在林中漫步行走。二人商量道：“这大概就是我们师父要找的那个人，我们一个人在这里放哨，另一个回去禀告师父。”于是，一个徒弟返回到师父跟前，述说了寻见喇嘛的事。绰尔基喇嘛十分高兴，命令徒弟们：“你们一部分人到我的寺院等候，一部分人准备好钹、鼓、号、笛及旃檀香等，前往迎接。”那个放哨的僧人跟在喇嘛的后边，扯住喇嘛的衣服。喇嘛愣住了，显出害怕的样子说：“你是谁，为什么要抓住我?”“我是萨·绰尔基的徒弟,我的师父邀请您。”“请我有何事?”这时,众多披着斗篷戴着黄帽的僧人敲着钹鼓,吹着号笛,持着香火走来。喇嘛见状又惊又怕的样子,问道:“这是什么?”僧人回答:“来的这些僧人都是绰尔基喇嘛的徒弟。”“他们手里拿的大脑袋的东西是什么?”“那是鼓。”“那个刺耳声响的是什么?”“那是钹。”“那个长嘴的是什么?”“那是号。”“我害怕这些。”喇嘛往后退缩,几个僧人过来架住喇嘛的两腋强行请走。到了寺院大门前,“这样大口的东西是什么呀?”喇嘛正想逃走,萨·绰尔基从里边快步走出,拉住喇嘛的手道:“您为何如此使性?”说着把他请到寺院里。喇嘛忙向萨·绰尔基叩拜,萨·绰尔基不受,又还礼,然后二人坐到备好的座位上。萨·绰尔基的徒弟们饶起舌来:“哪儿来这么一个叫化子和尚,值得如此尊贵!”不满地私下议论着。此时,萨·绰尔基对内齐托音说:“喇嘛,您把真实的才能隐匿起来,佯作什么都不知道,如此游走,无人认识您,于众生是无益而有害的,今后应以此修益于众生才是。”遂献《毗奈耶经》[10]。喇嘛纳谏,从此持敦和之貌而行。

有一天,擅长辩论无人匹敌的莫勒木兰占巴[11]从西部地区来到法相师们的驻地。他扬言道:“萨胡图克图的寺院在哪里?我要到那里去与萨胡图克图辩法。”萨胡图克图遂欲回辩。待莫勒木兰占巴刚走上坛,博格多喇嘛便插言道:“且慢,兰占巴,你辩胜了我再与萨喇嘛争辩不迟,咱们俩先比试比试吧?”如此,兰占巴站在那里静候,博格多喇嘛辩法道:“生起次第、圆满次第且置一边,请从光明之门说起。”兰占巴不解其义,无言以对,审视良久,乃伏身叩拜:“鄙人浅薄,未能识出您来。”又把法袍举过头顶由衷地祈求道:“这辈子还不曾有人超过我的学问,如今,请您指教今后我将怎样死,死后将往何方?”喇嘛谕:“你活着时卖弄法术与众人,死时将饥饿而死,你来到此世未能宏教利生,死后将另往磨灭世界去。”果然,后来察哈尔汗攻打土默特时,他在溃乱中得不到经膳,饥饿中盖上了斗篷。

内齐托音由此不恋世事,戒骄恣,持下貌,救助生灵。尤其不让道士及污浊的旧教玷污佛教,对宗喀巴纯洁无瑕的教义始终如一,忠诚笃信。救度喇嘛与人和睦,杜傲节欲,凡遇掌持教门者或佛门信徒、托钵僧等,皆以卑微之貌行躬身礼,以谦虚之度请教经论。

这样,内齐托音喇嘛沿着荒僻的寺庙顶礼杖锡,来到了博格多察汉喇嘛[12]的修行之处。正要向察汉喇嘛叩拜,察汉喇嘛急忙站起把他扶住,拉着手请到上座。二人十分高兴,互相问询之后便如此这般地谈经论法起来。略久,上来茶饭,察汉喇嘛问道:"您漂泊四方杖锡修行,是否有经常提供法资与经膳的檀越呢?如果没有的话,我可以提供。"喇嘛说:"不存在此为我檀越,彼非我檀越之分。我是个靠施舍而生活的叫化子托音,所有给我吃的人都是我的檀越。"察汉喇嘛笑着说:"您有如此众多的檀越可真了不起,而仅靠施舍而能够生活的托音则更是了不起!"之后,内齐托音告辞,察汉喇嘛将他送出了家门。内齐托音走后便刮起了暴风雪,博格多察汉喇嘛对叫作察罕乌巴什的徒弟说:"刚才那个喇嘛穿的镶黄边的毡斗篷很破旧,在这样的风雪中怎能行走?乌巴什你追上去把我的狐狸皮斗篷送给他再回来。"乌巴什按照察汉喇嘛的吩咐,骑上一匹好马带上狐狸皮斗篷去追赶喇嘛,看见喇嘛在一块高地上端坐着。乌巴什下马,走到近前,只见周围都盖满了白雪,只有喇嘛坐的地方有大蒙古包大的地方是黑的。乌巴什十分敬服,叩拜之后,禀告来由,捧献狐狸皮斗篷。喇嘛说:"我是个单身而行的乞丐,贵喇嘛送来的这件斗篷于我无益,反会使我因此而遭受他人谋害。"喇嘛的奇特行径使乌巴什萌生崇信之心,他恳求说:"斗篷您既然不需要,就把我奉献给您,留我跟您做徒弟吧!"喇嘛道:"若此,你把骑的马和斗篷给察汉喇嘛送回去再到我这里来。"乌巴什返回,禀告了喇嘛的奇特行径,把马与斗篷交还后未与察汉喇嘛说明便转回喇嘛身边。喇嘛问:"乌巴什,你是否与贵喇嘛讲妥而来?""我未奏明出来当徒弟。""如此,不明之徒,我怎能收留,待我转回向贵喇嘛讨你。"于是尊者返回博格多察汉喇嘛处。"喇嘛,您为什么又回来了?"察汉喇嘛问。"我没有徒弟,想向您讨个徒弟。""我的一个徒弟到您那儿去了,就让他做您的徒弟吧。"察汉喇嘛答应道。二人又谈论了一阵经法,之后,尊者来到原先那个地方与乌巴什会合。察罕乌巴什有一只眼睛是残废的,所以给他赐名为"阿里延迪瓦"[13]。

从此,他们漂泊在山崖岩洞之间,有一段时间,由于找不到吃的与喝的,再加上修行的苦累疲乏,阿里延迪瓦的信念略有动摇。喇嘛知道他的心情后,反而加快行走。夜宿崖洞时,喇嘛说:"会下雨的,你到洞里边去睡,我在洞口坐着。"于是阿里延迪瓦心安理得地往洞里边去休息。有一夜，下起暴雨，喇嘛身上一点没有淋湿，而阿里延迪瓦的浑身上下却是水淋淋的。“天亮了，孩子，该起了。”喇嘛唤道，阿里延迪瓦：“下了这么大的雨，衣服全湿了，怎么走呢？”喇嘛说：“未曾下雨，哪里有湿？”阿里延迪瓦不信，起来摸了摸喇嘛的衣服，果然一点儿湿气都没有，于是信念又有萌生。之后，他们来到图鲁根河边，因下雨，河水上涨，喇嘛命阿里延迪瓦去寻渡口。阿里延迪瓦去寻渡口，未曾寻到，忽然转身，看见喇嘛已经坐在了河的对岸。“您从哪里渡过去的？”阿里延迪瓦问：“我就从这里渡过来的。”喇嘛指点给他。那个地方水很深，阿里延迪瓦跌跌碰碰，费力挣扎才得以过去，一看喇嘛的衣服还是干的。如此诸般奇迹，使得阿里延迪瓦信心倍增，排除疑虑，诚心诚意地跟随喇嘛。

之后，喇嘛来到俄木布洪台吉[14]的驻地，正值俄木布洪台吉宴请众臣。俄木布洪台吉看到喇嘛，命将拴着的两条咬人恶狗放开，可两条恶狗到了喇嘛跟前只是摇尾巴。“这个喇嘛是个不凡之辈，让他到我这里来。”差役们把喇嘛叫来，坐在俄木布身边。俄木布又命给喇嘛进膳，差役们拿来一些零碎的牛羊肉，喇嘛都吃了。俄木布又说：“喇嘛还没有吃饱，再拿来些！”于是又拿来了大块的肉，喇嘛又一点不剩地全部吃光。由此，所有参加宴会的人都十分信服。

喇嘛带着阿里延迪瓦又到萨·绰尔基处，在那里谈论经法，住了几天。一天，问萨·绰尔基：“城东南面大山顶上两个齐齐的山尖像什么呢？”萨·绰尔基顺口说：“我看那像是阎曼德迦的两个犄角。”

其三

却说，那天夜里，喇嘛带着阿里延迪瓦往那个山上修行去了。

那座山上已住着一个修行的喇嘛叫作阿喇滚蔑尔根禅师。内齐托音去拜见他，以徒弟的身份向那禅师供茶供饭，每有空隙便自己进行修炼。如此过了一两个月后，阿喇滚蔑尔根越来越了解了喇嘛的行为，感到：“这不是个平常的喇嘛，我大错了。”他把喇嘛请到自己的座位上，双手合十，屈身而跪：“神奇的博格多喇嘛，请原谅，我为骄淫所惑，为愚昧所蒙，没有认出您老人家来，后悔不及！”说完连连磕

头。然后又用左手托住右手的肘部:"我的手是铁的呢?还是竹的呢?若是骨肉长成,当抚摸博格多喇嘛您的头顶时,为什么没有折断?"禅师泪流满面,懊悔万分。内齐托音教诲道:"禅师啊,不要那么痛苦,我们两个灵性不要相互煎熬,你若能知过而改悔,往后备加戒勉,就如乌云中出现太阳一样光亮。"蔑尔根禅师十分感激,磕拜不已。尔后,喇嘛回到自己住的岩洞。

赞曰:

于土默特等蒙古部,
以红黄袈裟布善缘,
似文殊师利无敌主,
此圣尊喇嘛我叩拜。

喇嘛格根在须弥山修行,其时已有三月未雨。呼和浩特的四位禅师和博格多察汉喇嘛,还有莫勒木兰占巴、阿尤西固什皆作法求雨,未果。俄木布洪台吉问察汉喇嘛:"是众生的缘分浅吗?为什么有这么大的干旱呢?"察汉喇嘛道:"报知住在阿巴嘎哈拉山洞中的老喇嘛,他能求得雨来。"于是,洪台吉派使者往喇嘛格根处奉请刺(赐)雨。内齐喇嘛说:"我没有那么长的枪,确要拿够得到天的枪来。"使者返回向洪台吉禀告了喇嘛的话。洪台吉再次询问察汉喇嘛。察汉喇嘛:"你理解错了,是叫你去求雨的。"洪台吉很高兴,从哈敦那里要了一疋缎子,派一个差役去求雨。这个差役急急忙忙地赶到阿巴嘎哈拉山洞,站在洞外对门丁说:"呼和浩特地方遭大旱,俄木布洪台吉派我来向喇嘛求雨。"门丁向喇嘛奏明此事,喇嘛下令:"你去问清来者的姓名及带来的礼物。"门丁问得来者的名字叫道劳泰(有七),带来的礼物是缎子。喇嘛说:"来者的名字是道劳泰,但那疋缎子是不足尺寸的。这个名字的预示是要下七天雨,告诉你的诺颜,河口上及河下游的人都必须搬走,雨后会发洪水,快回去吧!"差役按照喇嘛的指示,急忙回到洪台吉处报告了这一切。洪台吉心想:"名字叫道劳泰,由此说要下七天雨,要发洪水,还都说得过去,说缎子不足尺寸,是怎么回事呢?"于是去问哈敦。哈敦笑着说:"那疋缎子原是足尺的，做碗柜时从那上扯下一方做了帘子，我没有告诉你。”洪台吉十分信服，赞不绝口，命令河口及河下游的住户搬家。可是那些人们说：“我们的主事喇嘛都未求得雨来，仅老喇嘛一人怎能求得雨呢。”仍住着不搬。于是洪水来了，把他们给淹了。喇嘛预示的洪水、雨和缎子之事都兑现了，土默特部的诺颜、百姓得知之后都认为找到了信念之根。

由此，哈敦说：“诺颜啊，这样神奇的喇嘛应该请来结缘听法才是。”洪台吉十分赞同，说：“非常正确。”命众臣大备经宴、礼品、讲坛等物，并派使者去请喇嘛。喇嘛格根欣然前往，抵俄木布洪台吉府时，洪台吉率领哈敦、儿女、诺颜、官员及众奴仆隆重迎接。请喇嘛坐在准备好的讲坛上，献上各种美味佳肴，然后全体合十而跪，祈求道：“我们是凡间众生，蹈世俗之规，为各种欲念所惑，愚昧浅薄，不曾做法事。现遇您神奇圣祖，再不聆教经法，就如到八宝湖边反被渴死一样。因此，今天无论如何请您授法吧！”博格多喇嘛说：“你们有这样的心愿，很好。我授予你们密咒无量金刚乘之始——具足金刚怖畏和密集上乐[15]等灌顶，你们要谨守誓言。”然后设坛授予灌顶。受灌顶的平民都贡献了大量的金银财宝。之后，会供曼荼罗[16]广为行之。

此后的一天，台吉与哈敦趁人不在来到喇嘛跟前，献上金银哈达等物，奏曰：“我们生了一个女儿，她的行为十分淫荡，身边的使臣、差役一个不剩地被她淫乱了，无耻之极，现在想杀她吧，到底是自己的亲生女儿，于心不忍；不杀吧，把我们的脸面都败尽了；因此，求您切发慈悲赐法医治。”喇嘛谕：“洪台吉、哈敦二位不必发愁。这个女儿不是凡人，她是一位有善根的仙女。凡她所触到的人，欲望就会变淡薄，逐渐接近解脱。今后不要阻挡她的行为，让她随心所欲才是。”台吉、哈敦二人十分信服，口称：“遵旨。”二人又奏道：“我们现在是土默特部的首领，您有什么要求我们都可以满足，您需要什么就请说吧！”喇嘛说：“若此，我想要一百零八个佛灯。”于是，台吉、哈敦二人将喇嘛格根的要求告与部下。部下召集能工巧匠用银子打了一百零八盏佛灯。台吉、哈敦拿去献给喇嘛，喇嘛说：“我要的不是这样的佛灯。”“您要的是什么样的佛灯呢？请示谕。”“你们只要答应给就可以了，怎么要，我自己知道。”于是台吉、哈敦便返回府邸。第二天，喇嘛为第一个来求戒的人削发赐戒。由此，一传十，十传百，凡求戒者，皆为其削发授戒。半月以内，收得比丘一百零八名。喇嘛指着这些徒弟对俄木布洪台吉说：“你先前答应给我的一百零八只佛灯，现已收毕。”俄木布洪台吉夫妇二人倾心诚服，十分喜悦。

当时有个叫作布和额尔德尼的盗贼被抓住判了死刑。他听说喇嘛的英名之后，产生皈依之心。此念一触，手脚的镣铐便脱落了；再放声祈祷，便越到牢狱之外。他脖子上带着枷铐来到洞前，洞的门框容不过铐板，他正犹豫，“是谁呀？”里边问道。布和额尔德尼将前情禀告，并说：“脖子上的铐板挡住了我。”喇嘛令：“把铐板打碎吧。”话刚落音，枷铐就散开了。额尔德尼进去叩拜并被收留。第二天早晨，俄木布洪台吉来此，稍坐，喇嘛道：“若向诺颜求一物，肯施舍吗？”“一定奉献。”喇嘛将额尔德尼叫出来：“我求此人之命。”洪台吉道：“心都可以奉献，这一条命有何可说？”遂送其人。

那时，一个叫作查干禅师的老沙弥负责给喇嘛和众僧准备经膳。天不亮就起来，到呼和浩特化得米、面等物，然后回到洞中准备午饭。当时还有个叫作阿尤西固什的大师十分傲慢，好卖弄才学，又很受人尊重和有权力。前次大旱中求雨未得十分沮丧，待内齐喇嘛求得雨后，他就产生了强烈的嫉妒心，讲了许多不该说的话。这时，内齐喇嘛想往呼和浩特寺庙拜佛，叫来查干禅师说：“你早点起来，阿尤西固什正在伊和土鲁根地方给牡马打耳记，你进他家这样说：‘我的喇嘛要到呼和浩特的寺庙中去拜佛，路过您家要吃茶，派我先到固什家来筹备经茶。’”查干禅师照此说过之后，怀有旧怨的固什十分恼怒，口出秽言：“你的喇嘛是你的，与我有什么关系？少废话，快出去！……”查干禅师被赶出之后，适遇已行到此的内齐喇嘛，将固什的恶劣态度禀告了。喇嘛骑的黑驴头朝东方大叫三声，喇嘛调转驴头向西方呼和浩特去了。那个固什听到叫声吃了一惊：“这个喇嘛骑的驴子的叫声如同铜号，这是到东方传教的喇嘛啊！”说着，跑出来一看，喇嘛已经走了。于是他赶快回到家里，穿上衣服，骑上马，去追赶喇嘛。一直追到呼和浩特，来到喇嘛住的地方，向喇嘛合十而跪，口中念道“顶礼上师，最胜集圣父子……”等多种赞词祈颂之后，从喇嘛处受得各种灌顶与秘法，成为喇嘛的一个虔诚徒弟。

之后，他们回到朝克图须弥山，一连几个月不间隙地坐禅。一天，阿里延迪瓦坐在一个小崖洞旁，捻着佛珠念着自己的经课。突然，看见从山下越过一个人来，这个人头有锅大，身着盔甲，黑脸膛，高个子。那个人向阿里延迪瓦走来，问道："喇嘛在哪里？"样子十分骄横，阿里延迪瓦沉着地说："喇嘛正在入静，尚未解除。"那个巨人呵呵地笑了几声走了。略后，喇嘛解除入静之时，阿里延迪瓦上前将此事禀告。喇嘛说："这大概是山的主人吧。"

救度尊者在朝克图须弥山中继续艰苦修行。日夜四座瑜伽[17]不间断，白日两座修习密集，黑夜两座修习十三金刚怖畏。日夜四座瑜伽之终，于供养佛前祈祷道："若您二位果真是瓦齐尔达喇与阎曼德迦，请不要将我引入汗王的权力之下。"

那个地方自古驻牧着察哈尔部众。有七八十名察哈尔人到山中去打猎，其中三人渴了，去寻找水，看见有烟气从崖洞冒出，便说："这是禅师煮茶的炊烟，喝茶去呀。"说着来到跟前，下了马，走进山洞，拜见了喇嘛。喇嘛问："你们是做什么的？""我们是打猎的，现在我们来朝拜喇嘛。""你们是不是渴了？""我们渴极了。"于是，喇嘛叫出阿里延迪瓦："把我们的茶拿出来，让他们尽管喝吧。"阿里延迪瓦心想："只烧了一勺茶，好像有多少似的，下这样的命令。"待那几个猎人喝足之后，喇嘛又问："你们还有伙伴吗？""我们有七八十个伙伴。""把他们全部叫来喝茶吧。"猎人说："喇嘛，您这盛茶的器皿太小了，我们的伙伴很多，他们都来了，这茶就不够，会影响您受用的。""不会的，尽管叫他们来吧。"喇嘛说。于是，那两个人急忙回到众人中去，把此事一说，大家都非常高兴，全部来拜见喇嘛。他们在洞外围坐下，轮流畅饮了那碗茶，只见那茶仍不见少，大家异常惊奇："这是怎么回事？这样少的茶满足了我们这么多的人，这真是神奇的法术，这喇嘛一定是个神通广大的先知者。"此时，喇嘛看到猎人们猎得的野兽，对他们的愚昧顿生怜悯之心：生灵若是这样一个一个地被毁掉，就要遭受无穷的苦难，永世不得解脱。想着，泪流满面地对猎人说："得之不易的如意宝一样的生命，获得之时就要准备踏上解脱之道，否则就会交恶运，绝善缘。犹如机弩在怀中转动，射杀了别人，也射杀了自己。在如此短暂的一生中，不要行恶作孽，要尊佛崇法。若不积善行，到生命了结时，就如到达宝藏之中但空手而归一样。要谨慎行事，不要陷入恶运之中。"大家十分信服，发誓不再到山上打猎。从此，这个山上就再也见不到打猎的了。

从那以后，一个传一个，来此朝拜的、求灌顶的、听法的、进奉经膳礼品的络绎不绝，喇嘛的信徒愈众僧徒愈集。

那时，呼和浩特东边叫作白塔的地方是汉人居住的大城镇。那些汉人和蒙古人之间有仇，因此设法欺骗蒙古人说："我们的皇帝对你们有赏赐，你们大家来拿吧。"于是蒙古人信以为真，许多人到城里去，结果像羊一样被抓住拴起来杀掉了。跟众人进城的一个男孩，看见杀人，十分害怕。拼命逃跑之际，看到城墙上有个喇嘛在行走，便跟着喇嘛爬上城墙。站到墙上一看，喇嘛已跳下城外去了，这个男孩也安全地跳下城来，跟着喇嘛来到朝克图须弥山的山洞中。之后，便削发受格隆戒，被赐名为额尔德尼毕力根达赖。

在喇嘛的徒弟当中，有一两个曾是在呼和浩特西部山中修行的图伯特禅师的徒弟。其他徒弟问："都说你们那个喇嘛好，可是他有老婆，是真的吗？""是真的。""这算作什么事呢？"他们去问喇嘛。喇嘛说："你们不要因疑心而这样说，这是罪过。明天一早我去拜见那个喇嘛，你们谁诽谤了他，谁与我同去。"第二天一早，喇嘛带领徒弟来到图伯特禅师住的山下。在往山洞上爬的时候，命令徒弟们道："你们以前说过禅师的坏话，你们不必去拜见，我一个人去。"喇嘛进洞拜见，只见禅师在那端端正正一动不动地坐着，桌上供奉着佛像。喇嘛将南面供奉的盛在头盖骨里的甘露喝了，并将头盖骨揣在怀中，不声不响地下了山。来到半山坡，对徒弟们说："你们看北面的山洞。"徒弟们往北面眺望，只见禅师飘浮在山洞的上空，端正地坐禅。"你们看见了吗？""看见了。""以后再也不要说那些不应该说的话了，现在就祈祷吧！"喇嘛接着又说："这位禅师已越过了生起次第，到达了圆满次第，所以信奉摩怛里[18]。若将这暗中的信奉加以公开，于禅教是不利的，弟子也不会大量发展。"

之后，喇嘛格根回到朝克图须弥山，在自己的洞中日夜不分坐禅修行。于修行之暇，给托音、檀越及求法求灌顶者授予灌顶，对于穷苦之人还供以食物。此时，内之禅者外之众生，二者如满月一般兴旺起来。这样，内齐托音在朝克图须弥山上共修行了十二年。

尊者总觉得禅师们长期住在一起是不合适的，欲往他地杖锡。于是他带领徒弟们,每人各持钎、铲准备出发。这时朝克图须弥山的托音、檀越都聚集而来。祈求道:“博格多喇嘛呀,慈悲慈悲我们吧! 不要到别的地方去,就在我们祭祀的地方还愿吧!”喇嘛说:“我们禅者到哪里都一样,行无定处,己无定属,应往各地杖锡。”于是,众托音、檀越给他送行,难舍难分。喇嘛说:“你们各自回到各自的地方,谨奉佛事,祈愿后会吧。”说完即去了。

赞曰:

膜拜尊者脚下
石山岩洞不数计,
艰苦修炼无怠慢,
遗爱众生似独子,
慈悲之怀奇堪叹。

且说内齐托音带领徒弟们扛着钎子,不经有人烟的地方,单行高山,宿岩洞。若是没有高山岩洞,就在平地上挖个坑,一住就是两三天,或十天半个月。坐禅修行,时而白天,时而黑夜。有时突然就走,徒弟们措手不及地背起钎、铲,磕磕绊绊地跟在后面奔跑。由于不路经部落人家,无人施舍茶饭,徒弟们饥渴交加,精疲力尽,但丝毫没有“我饿啦”“我累啦”之类的怨言。喇嘛察悉徒弟们无吃无喝难以行走,便在一二日路程头上的一些村落中化斋求食,然后赶路。就这样他们漂泊了许多地方。

在呼和浩特的东北部有一座大山叫作红泉洞。喇嘛行到此处:“这座山的形状像黄帽上的缨子[19],取名红泉不妥。”便赐名“黄帽洞”。喇嘛又见山岩下有一个很大的洞穴,十分高兴,便给山岩起名为“黄帽”,给洞穴起名为“妙白寺”。妙白寺的旁边有一个大山洞,喇嘛把这个山洞作为自己修行的住所坐而参禅。喇嘛被尊为佛,为众徒弟之长——达尔罕喇嘛。其下有三十名虔诚得道的大徒弟:信力俱全之阿里延迪瓦和黑亚瓦其尔;集众之胆识之蔑尔根禅师;一心得禅定[20]者小蔑尔根禅师,获圆满次第之七者肖德尔呼;悉生起次第之论者巴克什夏克夏巴特;奉虚渺而得自在者温都尔钟吉利；成避死鬼摩诃迦罗[21]之术者诺木其；善弈者毕利根达赖；长寿者济洛其纳；创业者查干禅师；黄色得勒根尔；白色济各其纳；绿色阎曼德迦……及其他人等。内齐托音赐予他们各种灌顶、经咒并授予秘法、戒律，使其成为托音。喇嘛将众徒弟召集到妙白寺中修习前所未有的阎曼德迦生起圆满次第密咒金刚乘之经典，对他们道："你们已入金刚乘之门，若成正果，需在各自洞中修习深密之道。"并谕："你们看到我住的洞的周围有许多洞穴吧，每人各寻一个作为修习之所。"于是，徒弟们去寻石穴、石檐、石旋等，用泥土修整后居习其中。在内齐托音的山洞东边不远的地方面西有一个断崖，断崖的腰上部有一个大洞，从那里往下有一条只容一人的窄道。众僧人都看中了这个山洞，但是上下十分困难，便禀奏喇嘛。喇嘛做了一个大半尺长的粗木桩子："你们跟在我后面！"喇嘛准备亲自前往，又谕："让这个山洞空着不合适，应置一守护。"说完就往上爬。他用左手攀住岩石，右手将木桩楔入洞口稍里的南侧。喇嘛用手攀过的岩石上留下了手印。下来的时候，打了踉跄，曾用手扶靠了旁边的石头，于是在这些地方便留下了脚印和手印。返回的途中有一四方巨石，喇嘛从上边慢步踏过，一尺长的脚印便深深地嵌入其中，甚至还看得清像爪子一样张开的五个脚指印。跟在后边的徒弟们看到这些，倍加诚服："我们的喇嘛是真佛呀！"磕头膜拜。之后，回到各自的山洞。喇嘛与众僧徒在各自的洞中不分日夜地艰苦修习，偶尔往妙白寺做法事。经常在深更半夜，喇嘛悄悄地不被人觉察地来到徒弟们的住所察看。就这样，喇嘛与众僧徒修行了好几年。

有一天，俄木布洪台吉的使者来山洞对门丁说："我们台吉的女儿死了，派我来请喇嘛。"门丁入内，回禀喇嘛。喇嘛同意前往，辞别众徒起程了。来到俄木布洪台吉府，台吉、哈敦率领众臣相迎，请喇嘛坐在准备好的讲坛上，行膜拜之礼。喇嘛为去世的女儿做了祈祷，然后命众人将她的尸体送去火化升天。此时，天空呈现彩虹，空中传来美妙动听的音乐，一股从未闻到过的香气萦绕着。众人十分惊奇："喇嘛确实是真佛啊！"全体顶礼膜拜。洪台吉与夫人哭拜道："您如此神奇，我们未曾知道，未能识出您来，我们后悔莫及。"他们忍住巨大的悲痛回去，为喇嘛隆重地举行了七七四十九天的聚福法事。

喇嘛从那里返回黄帽洞继续坐禅。若此，内齐托音时刻不停无间歇地修行了二十三年。总计：阿巴嘎哈拉山十二年，黄帽洞二十三年，共艰苦修行三十五年。

一天，做会供曼陀罗，内齐托音将装有奶酪的碗向东面倒去，碗中的奶酪流向东方，便道："往东方去的时刻到了。"此乃与博格达喇嘛结有法缘的东方大地上的托音、喇嘛、黎民百姓还夙愿的时刻来至也。喇嘛未晓示众人，便带领弟子往东方去了。

赞曰：

膜拜尊者脚下
依行乞而救众生，
以七宝而盈佛门，
为机缘至之有情，
示喻空门之真性。

且说，喇嘛格根又以卑微乞丐之貌徒步而行。一些徒弟扛着锅、钎、铲，一些徒弟背着经书与法衣，跟随在喇嘛后边。仍如往昔，不经村庄部落，专走险山恶路。有一次，一两天未得吃喝，口粮断绝，徒弟们疲惫不堪。此时骑的一匹白马陷进泥里卧倒不起，徒弟们没有拉动，便去禀告喇嘛，喇嘛下令道："让它站起来，拉！"大家随着命令一使劲，马果真站了起来，它卧下的坑里满是白米。喇嘛道："这是传教的征兆。"命向东方撒米播福。就这样，他们遇岩洞而栖，无岩洞而穴，五天，十天，十五天不定，居住修习。他们住到哪里，哪里的施主、百姓就聚集而来，十分妨碍修习。所以，不分白天黑夜，喇嘛突然就起程，僧徒们互相召唤，急忙背上东西，跟在后面。

那时有个叫作白吉文殊师利的高僧，住在察哈尔伊木嘎图山洞中。内齐托音来到此地，二位喇嘛相会。内齐托音献上哈达，白吉文殊师利则从地上捧起一合土送给喇嘛，喇嘛急忙用袈裟接住。文殊师利说："愿被您感化的徒弟与施主如此之多。"喇嘛用袈裟把土包起而去。

在向东方传经的途中，内齐托音的英名越传越远，众人经常从后面追赶，或在路旁远迎。那些来自四面八方的僧俗，他们看着喇嘛走得很慢，但谁也追赶不上，于是祈求道："博格多喇嘛，稍微慢点走，等等我们吧！"喇嘛发慈悲，等候他们，携同前往。在途中，稍遇困难，他们又都落在了后面。遇匪盗前来劫掠，喇嘛便降下隐身雾，隐蔽前往。途中经合适的山岳，喇嘛即命聚集来的信徒在山南堆石作建寺传教的象征。他们就这样杖锡而行。有时内齐托音让僧徒走在前面，自己站在后面的高地上手搭凉棚观望，啧啧地称赞道："此等不愧为东方传教之僧。"有时他走在僧徒的前面，让两个徒弟双手交叉，互相握住手腕做成轿子，他坐在上面，把手搭在他们的脖子上，不时地由他们抬着走。

随后，内齐托音一行来到翁牛特部。早先在阿巴嘎哈拉山中坐禅的阿洛滚蔑尔根禅师在察哈尔汗攻打土默特时离开那里，逃难来到翁牛特，成为部中所敬仰的喇嘛。他听说喇嘛来到，心想："是不是我的那个喇嘛呢？"派人去探明。当确知是内齐托音时便十分高兴地前来拜见。略坐，阿洛滚蔑尔根禅师向喇嘛格根详述了由于敌人的进攻而离散到翁牛特的经过。禅师想到先前与喇嘛的分别，泪痕满面，言及世间伦常，厌倦之心至极，愿把自己积蓄的钱财、牲畜都献给喇嘛："我的残余之年愿跟随喇嘛，终身不离，请赐福我吧！"禅师恳求道。这之后，蔑尔根禅师将钱财、牲畜全部奉献，并请求与喇嘛终身不离之事成为美谈，在僧人、徒弟和施主中传播开来。于是，从四面八方来进行膜拜、供经膳、献礼品者更多起来。

其四，制服凶顽与宏法利生

之一，赞曰：

孜孜不倦地滋润，

朦胧时代之顽心，

深奥丰富的佛法，

疏导末路之巫术。

那时,翁牛特的格格生了大病,请了许多喇嘛和医生来治,但都未医好。有个官员说:"此地有个能干的霍布斯博[22]台吉,请他来给格格看病,一定能够治好。"格格和官员们都十分赞成,派使者去请那个巫师。此间,正值内齐托音来到此地化缘。他走到格格府外,见许多人乱哄哄的,便上前问道:"你们为何如此骚扰?""我们的哈敦格格得了重病,正着急呢! 喇嘛您会医病吗?"如此这般交谈之后,一人入内禀告格格:"门外来了个化缘的老喇嘛。"格格说:"老喇嘛见识多,请他进来吧。"那人急忙请喇嘛进来,入坐在西边毡毯上。格格说:"鄙人病痛难忍,请喇嘛救命。"内齐托音从西边盘着腿向格格靠近,赐福之后又盘着腿返回原处。果真是福到病除,格格等都惊奇地称赞道:"真是遇上了大佛祖!"格格十分高兴,欲献与喇嘛帐幕。喇嘛说:"我不习惯住在众人之中,请把帐幕设在围外远处。"于是,就按喇嘛旨意在围外寻一僻远洼地设起帐幕,请喇嘛住进去。这时先前请的那个霍布斯博台吉来到,见格格的病好了,问起缘由,人们告之如何遇到一个游方的老喇嘛,喇嘛如何盘腿而行赐福,如何福降病除等等。众人惊叹不已,合十祈祷:"真佛啊!"那个霍布斯博台吉听了十分嫉妒,恼怒地对众人说:"你们讲的那个喇嘛是否是真佛,我要去比试比试。"一天,霍布斯博台吉骑着白儿马来到喇嘛帐外,来回地奔跑叫喊。不一会便风起云动,电闪雷鸣,紧接着瓢泼大雨夹杂着阵阵雷声从天而降。稍许,雨过,霍布斯博台吉下了马,急促跑到喇嘛门前,掀起门帘,进去坐在一旁:"呷,我的本领怎么样?"喇嘛笑着把袈裟里收集的雷弹倒在他面前,说:"不要因此竭尽气力。""焉能为此竭尽气力。"博台吉说:"我再比试一次。"喇嘛说:"我是具有佛真、法真、僧真三真仙力的预知者,你比试吧。"话刚落音,博台吉就惊厥过去。他牙关紧闭,口不能语,眼睛翻白,双手抓挠胸膛。喇嘛命令徒弟:"把他抬到我跟前来。"然后手摩头顶,口念心咒。于是博台吉的鼻中爬出了蛇。博台吉苏醒之后,从喇嘛那里受得乌巴什戒,待欲返回时,竟认不出自己骑的白马了。

内齐托音驯服霍布斯博台吉的奇闻传扬四方,当地的王、诺颜、哈敦、托音、官员、百姓十分惊讶佩服,聚来膜拜求法。内齐托音为成百上千的人施以清净法施,为具缘者授予深密灌顶与秘法,导之于解脱之道。

又有一天,格格见喇嘛穿的布斗篷旧了,便做了一件讲究的斗篷奉献给他:

“请喇嘛穿上我的这件斗篷，那件旧的布斗篷就赐给我吧。”喇嘛回答道：“这件斗篷又轻柔又暖和，老年人穿上便于行动，真是件好斗篷。”便十分高兴地收下了。把旧斗篷赐给了格格，格格供奉至今。几天之后，喇嘛对徒弟们说：“你们谁要是给我做一件布斗篷，我就把这件斗篷送给谁。”徒弟们做了一件布斗篷给喇嘛，喇嘛将那件新斗篷赐给了他们，他们把它分掉了。

在名叫盖特和硕地方驻锡时，喇嘛命令道：“无论谁来朝拜都给他诵《秘密经》。”大徒弟奏道：“不是法定不允许未经王灌顶者观看与聆听《秘密经》吗？怎么现在人人都给诵《秘密经》，这是什么道理呢？”喇嘛道：“你说的那些很对，不过这些一般百姓，只诵一次《秘密经》，谁人能领会其意？只是为了成为生生世世之动力，往他们耳朵里灌输罢了。”

之二，为传布佛教筹集礼奉，内齐托音带领三十名格隆赴盛京向普天下之主博格多太宗汗请安。圣主赐宴会见内齐托音，询问了他的故乡及宗族，敕曰：“看来你是个好喇嘛，我把你供奉在这里，为你建筑寺庙。”喇嘛奏道：“圣主您是天下大汗，我仅是一名小小游方僧，让您供奉，于您的伟大英名不适。再过七天我就要回蒙古去了，寻些皮毛给几个弟子做件衣服就可以了。”圣主曰：“朕既供奉你，皮毛有何难？”经喇嘛再三禀告，圣主准其奏。喇嘛走后，圣主对众大臣说：“喇嘛从远方来向我请安，没有得到俸赐是不应该的。”于是，派使者询问他还需要什么东西，喇嘛回答说：“我是云游四方的僧人，我个人不需要什么，想给跟随我的三十名弟子做袈裟，各需红布一匹，望赐给。”于是，圣主赐给他红布三十匹。

内齐托音在北方蒙古杖锡传教，初到科尔沁部土谢图汗的旗地时，其三十名弟子已修炼成大僧侣。其中以随圆满次第号为达赖菩提萨埵的诚实的查干禅师及随生起次第的巴嘎夏格夏巴特二人为首，他们跟随喇嘛在此地化缘而行。内齐托音一行先来至名叫白彦海的人家，在门前托钵诵经。白彦海的妻子看见博格多喇嘛顿生信服之心，一时找不到奉献物品，很着急，对白彦海说：“老头子，我拿什么献给喇嘛呢？”说着全身颤抖起来。白彦海琢磨道，前次有喇嘛来时，我的妻子没有这种表现，如今见到这个喇嘛怎么就像没了命似的，便说：“奉献什么，你自己看着办吧。”妻子十分高兴，吃力地拉出一大坛子油献给了喇嘛。喇嘛连声说：“好，好，这是最好的供奉。夫人,从今以后你会得到无限幸福,而且还会给大家带来幸福。”喇嘛入内为她祝福之后便往东方布教去了。喇嘛走后,白彦海的妻子生了一个聪明的小儿子。这个孩子身材短小,但仔细听他的哭声是在念“唵、啊、啦、叭、喳、哪、吽”[23]。

内齐托音与弟子们游历了许多旗,这些旗的人们都目睹了他们变幻莫测的佛法,行善积德、诵经讲法的所作所为。喇嘛一行来到土谢图汗[24]府地,在一个村子的井水附近扎营住下。那时,土谢图汗部内有一位聪慧的相风水的女巫——乌达罕[25],人们无论做什么事情都要请这位乌达罕来看相,从来没看错过。后来,乌达罕的两眼因病失明,她想:“我现在没有眼睛了,还有什么用呢？饿死算了。”不管别人怎样劝阻,她仍然来到野外躺着等死。正巧有喇嘛的两个徒弟去村子里乞讨烧茶的牛奶,路过这里。他们看见乌达罕,问其为何躺在野地里。乌达罕述说了躺在这里寻死的原因。两个徒弟说:“乌达罕,你不要寻短见了,一个智慧的大喇嘛来到你们这里,让他给你看,一定会好的,我们先到你们村里去讨牛奶。”乌达罕说:“如此的话,请你们把我送回家去,你们需要的,我奉送,你们带我去见那个喇嘛吧!”于是,两个徒弟到乌达罕家中,得到了要寻求的东西。尔后,携乌达罕至喇嘛府外。在门外,乌达罕听见喇嘛清喉咙的声音,十分动听。进帐拜见之后,喇嘛为其赐福。随着祈福之音的上升,乌达罕的双眼完全复明了。乌达罕心悦诚服,在其主人土谢图汗面前极力称颂喇嘛。土谢图汗大悦,备一老犏牛作为礼物送去了。僧人们说:“这么大的王爷,只送一个老犏牛,这算什么?”拒不接受。喇嘛说:“你们不要这样说,这个老犏牛是所有牛群之父,把它送给咱们作为布教的象征,正合适。”收下犏牛之后,喇嘛带领三十名弟子来到土谢图汗府外,正巧赶上汗为其长子高尔钦迎娶媳妇举行宴会。差役进去禀告说:“一个化斋的喇嘛带着三十个徒弟来了。”土谢图汗让把宴会上剩下的东西拿给他们。于是,差役拿了一个牛头来到喇嘛跟前说:“你们有器皿吗？王爷命令把宴会上的东西给你们,我拿来了。”喇嘛格根说:“我们行路人没有盛得下它的那样大器皿。”“那样的话,就把它放在这里吧?”差役说着就把牛头放在喇嘛跟前。喇嘛答道:“这样供奉很合适,牛头的肉放在金色世界这个大器皿里,很好。”接着非常高兴地吃了起来。那个差役将喇嘛进膳的经过和喇嘛所说的话都向土谢图汗禀告了。土谢图汗对差役说:“你再到喇嘛那里,看他们如何居住。”差役看到喇嘛和三十个徒弟用五幅布做了一个帐篷,正安稳地坐在那里念经呢。差役异常信服,叩拜之后回禀了汗王。汗王听后倍加折服,欲为其徒弟,但试探之心还未了结,便把他的弟弟扎萨克图杜棱[26]唤来说:“我的门外来了一行喇嘛,听说是位高僧,你明天把那个喇嘛叫到家里来试探一下就知道了。喇嘛胖,你也胖,二人正合适。”弟弟按照哥哥的旨意派人把喇嘛请到了家里,问过缘由之后,施舍给他一个瘸腿的白色儿马。喇嘛笑了,说:“我是个胖僧人,你是个胖台吉,我们两个有缘啊。并且第一个礼物是白色儿马,这儿马表示父传子,白色表示禅教的传播,年老则表示禅教永存,这些都是好的象征。只是腿瘸了,这个征兆不好。”扎萨克图杜棱见喇嘛清清楚楚地道出其中的机缘,说与哥哥,兄弟二个非常信服,于是听法为徒。

内齐托音为早先结识的有缘分的施主们显示了各种神力的变化,赐授灌顶、要诀、念诵各种经乘,使其净心明性转动法轮,又下令将异端邪说之博,乌达罕、腾格黎翁古特[27]一概取缔。为重新弘扬佛教,以慈悲之法引导众人,宣告:“凡记住《集要》者,赏给马;记住《阎曼德迦》者,赏给牛。”贫苦百姓闻此令后,都大启智慧背诵佛经。那些先行者按规定奖得马和牛,于是众人跟随,不论大小佛经都去背诵。如此信徒口益增多。佛教的传播为土谢图汗消了灾。彼时彼地博格多喇嘛曾关照过的白彦海的儿子断然从家出走,当了僧人,博格多喇嘛为其授戒赐名为毕利根达赖。毕利根达赖遵旨意尽取二次第之道——巴嘎夏格夏巴特之生起次第及号为达赖菩提萨陲的诚实的查干禅师之圆满次第——之后,往旷地长年悟禅。

之后,内齐托音一行又走访了土谢图旗的众多施主。一天,他们来到某(原缺)台吉门前,台吉请他们师徒用膳。喇嘛见他家里有一个八只耳朵的铜锅,便说:“施主啊,把这个锅送给我们路人吧!”台吉道:“喇嘛若需要,一定奉送。”于是,将锅空着奉送了。旁边一个徒弟用木头击锅而响。喇嘛拿着锅说:“空锅预示你们后代财物匮乏,有声响则预示几代辅佐扎萨克。”

喇嘛路过乌珠穆沁旗时,在边界村庄的一家逗留,将萨雅克印版[28]和自己的一根头发赐与那人,然后启程乌珠穆沁旗府。但是喇嘛骑的骡子怎么也不肯走,“乌珠穆沁的百姓与我无缘啊!”喇嘛放弃前往。后来,他赐给的萨雅克印版开了花,头发也变得像盘子那样大了。

他们继续游走,渡过诺尼河[29]来到当地一个十分有权势的哈敦府外。哈敦十分敬重喇嘛,奉献帐幕,安顿他们在府外。然后送去肉茶,喇嘛说:“肉对我不合适。”没有吃。哈敦又煮稀粥送去,喇嘛说:“因为我是蒙古人,粥不合我的胃口。”哈敦无法,把家里存的水果点心献上,喇嘛说:“因为我是厄鲁特人,汉地的东西对我不合适。”如此三四天,除茶之外,未吃别的东西。哈敦十分惊奇:“这可是个不寻常的大神仙。”倾心诚服,往喇嘛处,一拜再拜,请喇嘛赐名,喇嘛赐名妙尊度母。因妙尊度母与色棱贝子[30]如此敬服喇嘛,所有的诺颜、官员、赛得都得知了喇嘛的英名,聚来膜拜供奉者愈众。

赞曰:

不动如来[31]秘密坛,
虽未示予蒙古众,
终以二智引导之,
显善缘者自明悟。

妙尊度母哈敦与色棱贝子对喇嘛说:“多少年的愿望啊,才遇到您这样一个佛一样的喇嘛,此时您不赐佛法要诀,谁能赐谕?”喇嘛心想:佛教还未传到此地,多数人还是崇信博、乌达罕之霍布斯,全然不知佛、法、僧为何物。如今,才与我相遇便生信服之心,这很好啊,这也是他们的福分与造化。便对哈敦、贝子、诺颜等谕:“你们这样的愿望是难能可贵的,你们要好好遵守誓言,我将密中之密——密咒金刚乘之灌顶与要诀授予你们。”话毕,整坛,广施金刚十三佛及秘密集要灌顶,教众人背诵其《成就法》及《密集本续》,又照个人意愿赐予随许[32]与传诵经文,对求戒者授予乌巴什[33]、班弟[34]、格楚尔[35]、具足戒无数。圣祖喇嘛以佛法之甘露不断地浇灌具福者信仰之田,善缘者修炼得此福田从而有力振兴了政道。

之后,喇嘛欲往他地,再渡诺尼河时,妙尊度母、贝子率领大小诺颜、哈敦、檀

越、僧人前往举行了盛大的宴会。人们祈愿与喇嘛再会，有的得到许诺便忍痛而归，有的实在不愿与喇嘛分离便跟随而去。圣人欲隐匿自己的才华，却驰名天下；庙门的花香虽远，蜜蜂却像云一样聚来。听说大威大德法术高明的大喇嘛即将过河来，以莲花达尔罕和硕齐诺颜[36]为首的扎赉特旗大小诺颜、哈敦、官员、百姓不计其数，聚于诺尼河边迎候，他们高兴地将喇嘛迎请至备有盛宴的营地。内齐托音以此地风水好，赐名为“诺门库尔都——法轮”。在向达尔罕和硕齐贝子为首的众人诵经讲法时，喇嘛格根的宫帐周围有用藤树条架起的篱笆，那些割断了的树条重新复活生长起来。大家看见十分叹服惊奇，申说欲在此处建寺。喇嘛谕：“你们不要在这里盖，从这往北有个叫作伟巴嘎山的地方，在那个山顶盖就如宝石装饰孔雀顶一样，对你们会有许多好处；若建他处，不久会被敌人毁掉。”后来，虽已遵旨定为建寺于伟巴嘎山，但往那个地方一看，以为在山顶上盖离水太远了，就盖在了山腰上，果真不久便旧损了。于是，仍按原来的想法改建在离“法轮”不远的查干道卜。后来准噶尔厄鲁特的噶尔丹侵扰喀尔喀时，一些喀尔喀人流窜到此，把寺庙毁坏了，这正应照了喇嘛以前说的话，大家由衷地信服。

此后，在临近“法轮”的地方再次建寺，成就三世佛，置以众多僧人，至今延续博格多喇嘛所制之一方法会。从那时起，该寺照前例广施金刚怖畏、秘密集要等灌顶，按各自之愿赐了多种随许；要求背诵《十三佛金刚怖畏》、《密集成就法》、《密集本续》；赐予归依、金刚萨埵之修习、无缘大悲、上师瑜伽[37]等经律指南；对要求授戒者授予乌巴什、班弟、格楚尔、格隆[38]戒律；如此等等，大兴博格多喜庆法宴度逝时光。

赞曰：

不知灌顶怛特罗[39]，
不明蒙昧昏暗心，
逾今不忘秘密经，
时时念诵我祈愿。

从那时以后，救主博格多喇嘛以其温和敦厚之行为漂游四方。土谢图亲王巴达礼[40]、扎萨克郡王布达齐、喇嘛什希公[41]等共同前往博格多喇嘛处，以二王与公为首的大小诺颜全体向喇嘛请安。喇嘛说："我的身体很好，特别是借助两位王爷赠给的青牛、白马之力，我们师徒都平安到达。"两位王爷听到此话略感羞愧，祈奏道："博格多喇嘛啊，此一时不比彼一时也，请不要讲这种话了。"闻此言，所有的王、诺颜都笑了。喇嘛说："你们送的牤牛、儿马不是不好，是好礼物嘛。二畜之父为了众人做了布教的首礼，这礼物对我很合适。"

后来，扎萨克图杜棱郡王的长子拜斯噶勒台吉没有后裔，与哈敦二人同来向喇嘛献礼求子。喇嘛说："你若不嫌弃，我便赐子于你。""怎么会嫌弃呢，请喇嘛赐教。"哈敦说："那样的话，拿碗来吧。"于是喇嘛呕吐三次分为三碗给她，哈敦把这三碗喝了，头碗和末碗留住了，中间那碗吐了出来。喇嘛说："你将生三个儿子，大儿子为长寿金刚，二儿子为铁金刚，但对你们已经没有用了，三儿子为永固金刚。"之后，果然照喇嘛所说，生了三个儿子，二儿子生下来就逝去了，大的和小的安全健在。二王、公主、公、大小诺颜及各方聚集而来的诺颜、官员举行了盛大的喜庆宴会，向喇嘛奉献礼物。喇嘛赐十三佛金刚怖畏、秘密集要等灌顶；让他们随意背诵《成就法》、《密集本续》等；广赐归依、金刚萨埵之修习、阎曼德迦生起圆满之纲等多种经律指南；按众之所求授予乌巴什、班弟、格楚尔、格隆戒律。为数众多的善缘者使法轮大转，涅槃与全知者之资生发，禅教之正大光明普照四方。

赞曰：

祈赞尊者有如：
观音爱子土番汗，
猴之后代吐蕃国[42]。
导之虚空世界者，
呼必勒汗莲花生。

那时，佛教在这个地区还未传播，只有几个诺颜和先生识字，大多数人都祭祀翁古特,崇拜博与乌达罕。博格多喇嘛来到此地之前,那些巫师们商议说:“西方要来一位神通广大的喇嘛,他若是来了,我们就没有立足之地了,他若是请我们的话,我们都不去。”后来他们果没有来,于是喇嘛宣布说:“贵地的王、贝勒、贝子、公、大小诺颜、忠实信徒们不分远近前来集会,众人在先人的福佑及三宝的神佑下,机缘好,找到了信仰,这是令人赞叹的。但是你们大家都祭祀翁古特,这对现世无益反而有害,对永世的解脱是个障碍,因此要禁祭翁古特,敬奉三宝,如此去做,必有益处。”王、诺颜们都很信服,遵从喇嘛旨令,派所属使者各跟随一僧人骑马到所有诺颜、官员、百姓的家中驱除翁古特。他们说:“把翁古特交给我们!”有的自己交出来,有的自己不敢动,指点给僧人和使者。僧人和使者把这些翁古特从各处收集来,拿到喇嘛门外,堆成四个哈那蒙古包那样大的一堆,用火烧掉。就这样埋葬了异端邪说,纯洁了佛教。之后,在名叫都希的地方建造了一座小寺庙居住,正值冬季十一月,白花盛开,于是称其为“白花寺”。

其时,卓哩克图乌克善亲王[43]与其弟一起念诵《米拉的传说》,亲王被米拉的行为所感动,流出了眼泪。其母秉图哈敦见此情景问道:“儿啊,为什么要悲戚呢?”亲王说:“什么时候这样的喇嘛到咱们这里来呢?我想到这些就不由自主地悲恸起来。”原来秉图哈敦是位先知者,她说:“你只要有这样的心愿就不要着急,几个月以后,这样的喇嘛就会来的,那时你要好好敬奉啊。”那以后,过了数月,卓哩克图亲王与其弟往野外狩猎,这时博格多喇嘛为了众生的利益杖锡到此,来到秉图哈敦的门外。哈敦非常高兴,请喇嘛到家里,就像母子相会一样。哈敦叩见过喇嘛,把各种好茶点供奉出来,又在门外稍僻远的名叫索古特乌苏呼埒图的土丘上为喇嘛师徒一行准备了帐幕和一切用品,请他们住在那里。尔后,二王回到家中,问母亲秉图:“这前边是谁扎了许多帐幕?”哈敦说:“你们盼望的那个喇嘛来了,快去拜见。”兄弟二人半信半疑,但又不好违背母亲的命令,骑上各自的马冒雨前往。哥哥说:“像米拉那样的喇嘛,现在从哪里来呢?何况又下着雨。咱们不要在远处下马,靠近帐幕再下,进去之后先不要磕头,坐下看看再说。”他们边说边走,但还没有靠近帐幕便忍不住下了马,踩着泥水进了帐幕,哥哥不由自主地磕了头,跟在后面的弟弟看见哥哥磕了头便也磕了头。二王坐在铺置的垫子上,敬仰之心油然而生,满面悦色地向喇嘛请安敬询了喇嘛的宗族源流。问候之后,喇嘛问道:“你们懂得经典吗?”奏曰:“我们这个地方智者甚少,佛教没有怎么传播,所以没有经师。我只读过《那玛松迪》。”喇嘛非常高兴,称赞说:“你这样很好,那玛松迪汗也叫作阎曼德迦,能够读它是很了不起的。”“我的年岁大了,和你们多谈论身体支持不住,这后面帐幕中有许多年轻僧人,你们和他们谈论吧。”二王遂告辞,来到后面帐幕,以查干禅师为首的三十名僧侣正在举行法会,颂偈《密集曼陀罗修作法》。两位王爷看到他们手持铃杵口诵悦耳动听的经文,顿生仰慕之心,便在后面坐下聆听,直到终了。法会休会之后,查干禅师为首的众僧与二王又交谈一阵。两位王爷返回家后,秉图哈敦问:“啊!那喇嘛怎样?”二王回答:“我们遵照母亲的命令前往时,心中还半信半疑,到了喇嘛那里就畏惧起来,不知如何是好。我们原以为自己天不怕地不怕,什么人都不在话下,然而一见了喇嘛却害怕起来,就像孩子见了母亲一样倍感彷徨。”遂将他们被雨水淋湿以及入内之后情不自禁地叩拜之情全部告诉了母亲。秉图哈敦说:“你们命中遇到的喇嘛就是他,今后要谨慎供奉才是。”

在离喇嘛住的地方不远有个夫人分娩之后,长期痛苦,一个打水的老者把此事告诉了喇嘛,喇嘛谕:“此人家中藏有一个红的宝贝,把它找出来吞下去就会好了。”老者将此话转告夫人,夫人一寻,果有一珊瑚角,将其碎成丸粒吞咽下去,身体果然康复了。

赞曰:

昏暗无知诸罪孽,
温和言行开化之。
蜜般秘密赐有缘,
佛法众生尽传扬。

秉图哈敦对儿子说:“明天早点准备经膳,请喇嘛来用膳说禅。”于是,遵旨准备了盛大的宴会。乌克善卓哩克图亲王、满珠习礼巴特尔达尔罕亲王[44]、冰图洪果尔郡王[45]、额驸奇塔特王[46]、布达奇郡王[47]、绰尔济贝勒[48]等大小诺颜、哈敦、官员、百姓及从他方聚集而来的众多信徒请求喇嘛赐灌顶、随许及传诵经文等。喇嘛允诺："就按你们的意愿办吧。"大家十分高兴，准备好高大的讲台、坐垫、靠背、灌顶器具等物。喇嘛走上讲台坐下，看到门前有一块牛大的石头，命两三人去把它搬掉。两三人向前一推，石头很容易就破碎而被搬走。到会的众人都惊叹不已："这是喇嘛的恩惠！""喇嘛的恩惠"一语就是由此而来的。然后，内齐托音给各方聚集而来的王、诺颜、官员、百姓等有缘者授十三佛金刚怖畏灌顶。在灌顶完毕即将背诵之间隙，卓哩克图亲王避开众人，向喇嘛禀奏："不知为什么，在授秘密灌顶时，我确实看到喇嘛格根和金刚怖畏天母在交媾。"喇嘛说："这是你的善行所致，不要说与别人，抓紧成正果吧！"后来，卓哩克图亲王入寂时，从格根火化尸体的火光中显现出三十四只手的阎曼德迦本身，为了掩盖众人的眼目，拉上了幕帐。

正当喇嘛在那里居住之时，他的儿子额尔德木达赖与妻、子、官员、部众相随，自土尔扈特地方来寻喇嘛，至盛京向圣主皇帝献贡叩安。圣上亲自接见，赏禄赐宴，询问道："尔自何地来此？有何贵干？"额尔德木达赖奏曰："闻我父为僧在此弘扬佛教，吾等向圣上叩安，并寻父相见。"圣主向大臣降旨："先前来此请安的高僧大概就是，而今在哪个旗，打探清楚，带他们到那里相见。"遂派使者相送。使者把额尔德木达赖一行带到科尔沁，来到喇嘛府外，让门丁禀告。喇嘛曰："我已出家为僧，故无子；因无子，故无儿媳；因无儿媳，故无孙。"额尔德木达赖及夫人等在喇嘛府邸外跪坐三天，未能相见。巴特尔王、布达礼王为首的众诺颜见此状不忍，祈求喇嘛格根允许相见。喇嘛曰："尔等对其言，男者为僧、女者为尼，才能相见。"额尔德木达赖及哈敦二人表示遵命，才得以相见。于是，额尔德木达赖当了比丘，其妻当了比丘尼。与额尔德木达赖相随的众人中，少部分留下，大部分返回土尔扈特。额尔德木达赖比丘、哈敦比丘尼二人跟随喇嘛留在此地。

又，内齐托音为为数众多的信徒赐授密集金刚怖畏等多种灌顶；教他们背诵《密集成就法》、《密集本续》等，遇空暇还根据个人的愿望赐教归依、阎曼德迦生起圆满次第、金刚萨埵之修习、无缘大悲、上师瑜伽等经律指南。信徒们奉献以各种各样的金银财宝及盛大宴会。喇嘛还给更多的施主普遍授予解脱八戒中格隆以下、格楚尔、班弟、乌巴什、近住戒[49]以上等戒律。

喇嘛向所有的托音、僧人宣布,禁止穿戴貂皮、绸缎等色泽鲜艳的衣服、禁止用带装饰的鞍具和骑好马。那时内齐托音的僧徒们经常出入施主家各处行走,扎鲁特有个叫作额木其的富裕喇嘛见此景,讥笑道:“内齐托音的徒弟之所以牙伯干而行(牙伯干:徒步之意),是喜念牙莫尔查经(牙莫尔:什么之意),之所以骑比洛而行(比洛:二岁牛犊),是喜念布吉尔哈木经(布吉尔:肮脏之意)。”满珠习礼巴特尔达尔汗亲王闻此言,把这个额木其请来,让他住在破帐篷里,不供经膳,只给很少很坏的东西吃。就这样让他受了十几天的罪。额木其知道了缘由,十分惧怕,向亲王承认了错误。亲王道:“你这么一个小僧徒竟敢讥笑我们尊贵喇嘛的徒弟,以后要是再说这样的话,我就不放你。”说完,愤愤而归。

后来,秉图哈敦禀奏喇嘛格根:“今生来世都信奉您,不再信仰其他,但是我还有一个翁古特,这个翁古特是祖上传下来的。如今我们大人孩子都平安无事,要废掉它,很是不忍。请喇嘛开恩,我在的时候,让它保持原样,我死之后,就随孩子们的意吧。”喇嘛谕:“就这样吧。”

赞曰:

昔日正觉[50]宗喀巴,
广施袈裟于土番,
如今圣僧之懿行,
犹如圣祖我祈福。

那时候,立国不久,各旗王和诺颜们从四面八方赶来,把他们从汉地和朝鲜俘获的大批童男献给喇嘛格根。喇嘛曰:“我们宗喀巴的黄色便帽很适于这些来自汉地和朝鲜童男的扁长头颅,这些礼物很好!”于是,就给那些从各地带来的童男削了发,按照各自的愿望分别授予他们解脱八戒、格隆、格楚尔、班第等戒律。遂使身披红色袈裟者遍布各地。佛教,特别是胜者第二博格多苏玛迪给尔迪(宗喀巴出家名的梵音)之教如满月一般日益光大。

却说,十旗的王、贝子、贝勒等大小诺颜聚议:“喇嘛格根来此居住,应有一座相称的大寺宇才是。因此，需修建一座寺庙，并从各旗选派僧侣，使其成为喇嘛格根的永久住所。至于建寺的地点及其规模，可请示喇嘛格根的旨意。”上奏之后，喇嘛格根表示赞同，降旨道：“巴颜和硕[51]那个地方很好。”不久，巴颜和硕寺建成之后，十旗的王、诺颜将喇嘛请去，举行了热烈的欢迎盛会及隆重的开光典礼，寺内备置《甘珠尔》等大批佛经；最后举行了盛大的诵经法会；大转法轮，使佛教像满月一样日益光大。

土谢图亲王巴达礼和公主二人奏请喇嘛赐与后代，喇嘛格根：“公主不宜有后代，若是有了，是要折寿的。”未曾赐予。亲王、公主再三恳求，仍不赐予。那时，不论哪个王、公主、诺颜、哈敦，但与喇嘛交谈，只二三句便畏惧起来，说不出更多的话，也不敢第二次请奏。后来就从旗里找了个胆子大的叫作黑尔玛的人做他们的代言人。王、公主二人捧着哈达跪在府外，代言人黑尔玛高声问候着来到喇嘛跟前跪下奏道：“王、公主二人在府外跪拜，请求喇嘛赐福后代。”喇嘛说：“我前已两次对王、公主说过，他们二人不宜有后代，若有了后代是要折寿的。”黑尔玛说：“王、公主二人不怕折寿，只求有后代。”“那么，你把袍子的两只袖子褪下来。”喇嘛命令。黑尔玛把两只袖子褪下来献上，喇嘛用刀割掉了两袖的护袖，谕：“转告王、公主，他们将会有两个儿子，一个叫作沙律，一个叫毕里格图，成人之后将会成为禅教之王。”

又，土谢图亲王额驸巴雅斯呼朗[52]的公主为膜拜喇嘛起程前往，喇嘛在公主到来之前已动身他处。公主来晚了，便从后面追赶，结果迷了路，伤心起来。突然听到喇嘛的咳嗽声，公主转忧为喜：这是在指示她寻找的方向。公主往声音传来的方向追，追上了喇嘛，十分高兴，进行了膜拜。后来，有人估量从喇嘛咳嗽的地方到公主伤心的地方距离有一日路途之远。大家十分惊奇，称赞喇嘛是佛，公主是仙女。

平常，公主在家中时，常常感到寂寞，便走出宫来，在园中散步。突然嗅到一股香味，便说：“这一定是我喇嘛的徒弟从呼和浩特来了。”果然，两三天内，大徒弟来了。人们议论：“公主与我们这些凡人不一般，这仍是喇嘛的神灵。”

额驸奇塔特王的一个门房，为了背诵《阎曼德迦经》，每天都在门外念诵。公主听到之后，把门房叫来：“你每天念的是什么？念给我听。”听那个门房在公主面前背诵了《阎罗德迦经》，公主大悦，又问："这么好的经，你从哪里学的？""跟博格多喇嘛学的。""把喇嘛请来，我也要学经。"公主令。喇嘛格根请来之后，公主向其求经，喇嘛谕："你们还夙愿的时刻到了。"遂广施金刚怖畏十三佛等灌顶及随许；授《金刚怖畏成就法》背诵之纲要，教众人背诵归依、金刚萨埵之修习、上师瑜伽、无缘大悲等大小经典；并给众多的要求受戒者授予格隆、格楚尔、班弟、乌巴什等戒。

公主十分虔诚，把自己所有的金银财产平均分成两份，一份赠给喇嘛作资产，称作"土贡"。这是以前没有过的出色供奉，因此扬名四方。

郭尔罗斯扎木苏台吉的夫人诺观达喇博迪来朝拜喇嘛，献上许多财物，请喇嘛到自己属地。大僧人有些犹豫，不大同意。诺观达喇哈敦说："我仅是一小小台吉夫人，所以你们嫌弃，若是王来请，你们一定会毫不迟疑的前往。可是，有的王比我富有，有的王还不如我呢。"僧侣们笑了："不是那样，我们有什么可迟疑的，而是要禀告喇嘛。"遂向喇嘛禀奏，喇嘛同意，欣然前往。到达时，扎木苏台吉、诺观达喇哈敦二公及大小诺颜、哈敦、赛得、官员全体出来迎接，午刻时分举行盛大宴会。喇嘛给众诺颜、百姓授灌顶、要诀及生起圆满之纲；教其随意背诵《金刚十三佛》、《密集成就法》及《密集本续》；普施解脱八戒中格隆以下、格楚尔、班第、乌巴什、近住戒以上之戒律无数。以扎木苏台吉、诺观达喇哈敦为首之全体，献上大量贡品，举行了大规模的诵经法会。会毕，二人求赐后代。喇嘛示谕他们将有三个儿子，一个女儿。大儿子赐名智慧金刚，二儿子赐名为长寿金刚，小儿子赐名为猛金刚，女儿赐名为比达赖。

从郭尔罗斯二公起始，直到边疆索伦、锡伯、卦尔察，佛教广为传播，到处可见穿红、黄袈裟的人。各旗的王公、诺颜纷纷把喇嘛请到自己旗中，按例举行盛大宴会，献上大量贡品，获得灌顶、随许、秘法、经典等，愿意出家者则按照各自的愿望受得格隆、格楚尔、班弟、乌巴什等戒。

又一天，巴达礼王宴请喇嘛，当众诺颜、哈敦聚齐之后，喇嘛格根吩咐俄木布："你从佛殿将甘露瓶取来。"俄木布从佛殿取下甘露瓶，看到甘露在沸滚，便拿给大法师看。大法师十分高兴，倒了少许在手掌中尝了尝，并嘱咐他不要告诉喇嘛。俄木布捧着甘露瓶，献上。喇嘛把瓶子拿到耳朵上听了听说："孩子们啊，有人偷吃了甘露。"俄木布禀告大法师偷吃了。集会的众人都称道喇嘛是明察秋毫之佛。

后来，喀喇沁的善巴达尔罕贝勒、土默特贝子俄木楚琥尔诺颜等大小诺颜、哈敦、官员迎请喇嘛，按例举行盛大的宴会和供奉礼品，喇嘛也按例授予灌顶、随许、要诀与经典，广施归依、金刚萨埵之修习、阎曼德迦生起圆满之纲、上师瑜伽、无缘大悲等，并按例予有缘者授戒。以贝勒为首的诺颜全体奏道："喇嘛啊，夏天热的时候，你到北方去住是合适的。冬天冷的时候，我们这里暖和，到我们这里来过冬吧！我们给您建寺。"喇嘛同意了。

赞曰：

膜拜尊者脚下
如融雪一般施福于
察哈尔各部，
以无量秘密之诵，
醒世度时。

察哈尔的阿巴孩和硕亲王迎请喇嘛到本部，献上许多祭祀饰物、乐器及各种珍贵香料，并在家中设台请喇嘛住下。王、公主二人又赠送许多礼物，举行盛大宴会，请求喇嘛格根赐予灌顶和秘诀。喇嘛曰："王、公主，您们是圣祖成吉思汗黄金家族的后裔，我是一个要饭的和尚，不便于给您们授戒。"王、公主两天之内多次请求，喇嘛不久离去。王、公主整整一天跟在喇嘛后面苦苦哀求，仍是不准，只好返回。

喇嘛格根从科尔沁往奈曼去的途中，来到锡拉木伦河与大沙丘比邻的叫作乌索哈加的地方，喇嘛诗曰："吾已高龄，步履艰难，请水与土的主人，在水与沙中给我铺条路吧！"果然，在锡拉木伦河与沙丘之间闪出一条宽阔平坦的道路来，喇嘛沿此路而行，并赐名为"黄道"。

喇嘛一行来到奈曼旗洪巴特尔王的府外下营。喇嘛一人走进王府中，这个王爷按照平常的习惯正在睡午觉。被喇嘛惊醒之后，发火道："哪里来的和尚，怎擅入内室，赶快给我出去！"喇嘛道："王爷，您是不认识我，可是这宗喀巴的金身是认识我的。"话刚落音，只见佛像竟张嘴微笑。王爷心想："啊，这是什么样的喇嘛，佛认识他，他也认识佛，真是神奇呀！"便生信服之心，膜拜顶礼。此王以前认为和尚有虚鬼所随，不让进入宫中。从这以后，就开始信奉三宝礼敬僧人了。

之后，敖汉的二王及大小诺颜、官员、百姓迎请喇嘛。照前例献上各种贡品：飞幡[53]、胜幡、乐器、旃檀香等，并请喇嘛到各自府中。喇嘛授予金刚怖畏与秘密集要等灌顶，教其背诵《成就法》；赐随许、归依、金刚萨埵之修习、无缘大悲、上师瑜伽、阎曼德迦生起圆满之纲等经律指南；对于真心实意愿出家者授予格隆、格楚尔、班弟、乌巴什等戒律，遂使禅教广布。

敖汉的额驸班弟王[54]与阿木巴公主二人没有后代，请喇嘛到家中。公主拿价值五十两银的五张上好貂皮献给喇嘛，四张朝向喇嘛，其中一张被手指碰了一下，倒转了方向，公主将其整好，重新朝向喇嘛。喇嘛谕："礼物很好，四张向我是要生四个儿子，一张向公主是要生一个女儿。"王、公主二人十分高兴，真心诚服。后来，果然生了四个儿子，一个女儿。这四个儿子是：墨尔根王、齐伦巴特尔、特古斯和安塔阿尤西。

之后，以阿鲁科尔沁旗珠勒扎干王[55]、扎鲁特内齐汗昌布贝勒[56]、色本达尔罕巴特尔贝勒[57]、玛尼青巴特尔公[58]等为首的大小诺颜、赛得、官员按例举行盛会，备讲台、献礼。喇嘛同样给王与二贝勒为首的大小诺颜、哈敦、官员、百姓授以十三佛金刚怖畏及秘密集要等灌顶，让背诵其《成就法》及《密集本续》；广施归依、金萨埵之修习、无缘大悲、阎曼德迦生起圆满之纲、上师瑜伽以及赐予多种随许与经教指要；给为数众多的诚心欲出家者授予格隆、格楚尔、班弟、乌巴什之戒；遂使无量法轮大转。

又，巴林的色布腾王[59]、公主迎请喇嘛之时，满珠习礼贝子[60]、卓尔沁贝子等大小诺颜全体出迎，携有钹、号、箫各种乐器，胜幡等饰物及上等旃檀香等祭祀物品。众人呈上礼物，举行盛会，求经求法。于是，照例授十三佛金刚怖畏、秘密集要等灌顶；背诵《成就法》、《密集本续》；广施归依、金刚萨埵之修习、无缘大悲，上师瑜伽

及更多的经教指要；对要求受戒者，按其愿望授予格隆、格楚尔、班弟、乌巴什等戒律，遂使禅教像满月一样兴盛。

喇嘛骑马行路时，跟随他的年长的徒弟查干禅师是个极不愿意骑好马穿好衣服的人。途中，几个施主奉献一匹备有镶金鞍络的好马，喇嘛赐给查干禅师。查干禅师虽不愿意，但不好违背喇嘛的旨意，只好骑上。他拉着缰绳，越来越落在后面。这时遇到一个骑破鞍瘦马的人，他把那人叫到身边，扯住缰绳说："咱们俩换马吧。"那人畏惧，不敢换。查干禅师又说："你不要害怕，你听说过有个查干禅师不喜欢骑好马，穿好衣服，用好东西吧？我就是那个查干禅师。"他再三逼迫，终于骑上了那人的破鞍瘦马，然后从后边追赶上来。喇嘛看到，说："我送的好东西，你不喜欢，将来让你转世到衣锦之家去。"果然，照喇嘛所说，后来他转世为巴林王、公主的四公子，名为阿喇布坦。

一天，阿玉奇汗地方的阿力鲁森托音来到北京，正遇博格多喇嘛格根也行到北京。拜见之际，阿力鲁森托音对喇嘛的徒弟们说："在土尔扈特地方钟黑勒查干哈达山的北面、南面各有一个山洞，北面的山洞是我住，南面的山洞是你们的喇嘛内齐托音住。这次我来，路经那个山洞，走进看了看，喇嘛背靠的那块石头显出狮子头的形状，贡礼都没有损坏。连吃的肉与油都还在呢。"喇嘛道："没有叫狗和鹰吃掉就是幸运啊！""我路过时看还都在。"阿力鲁森托音又说："若说四卫拉特部中三次去印度者，我也；而现今在蒙古国中讲诵深密经义，弘教利生者，您也。本地的众生有受您开化之缘，而无受我开化之缘。"说完，便返回了。

赞曰：

虽为众僧之首
行似乞丐之貌，
身为活佛施舍有情
有如天帝引导四方。

却说，那时正值春暖时节，喇嘛住在巴颜和硕寺中，将众人供奉的黄金集中起来，铸一尺高的释迦牟尼召和宗喀巴像一百零八个，又铸一拃高与五六指高的释迦牟尼召、宗喀巴像无数，并备置僧符，举行盛大的开光典礼。然后赐予各旗的王、公主、格格、贝勒、贝子、公、大小诺颜、哈敦、官员、僧侣及具缘者，并赐予北京八旗的王、都统、大臣及具缘者，要他们好生供奉。

秋季天气转凉行将入冬之际，内蒙古的王公们从各地赶来，都邀请喇嘛往自己的家乡避寒。喇嘛谕："施主这样多，我如往某一处，其他人就要抱怨。明天起身时，我骑的骡子朝哪个方向走，我就往哪里过冬。"第二天一早，骑上骡子，任其行走。骡子朝着科尔沁善巴达尔罕贝勒方向快步走去，喇嘛便往达尔罕贝勒旗地，避寒于其所建之寺。在那里，为抄写《甘珠尔》经，派人从盛京买来墨、纸、朱砂等物，召集众笔帖式抄写《甘珠尔》经一百零八部，分赠各旗王、公主、格格、大小诺颜、哈敦、僧侣、官员每人一部，令其尽心供奉；并赐予北京满洲八旗都统大臣们多部，以为奉读。

此后，又量所施金银之限，铸造一尺上下或更高些的佛塔、备置僧符，举行盛大开光典礼，然后赐予众王、公主、格格、大小诺颜、哈敦、官员，僧侣及八旗的都统、大臣、具缘者，命其谨慎供奉。如此，成就三信无数，直达大海之滨，使佛教像阳光一样照亮了黑暗的世界。

内齐托音将众王、诺颜大小施主们所献的金银、珠宝、绸缎、貂皮等物全部分发各地用以行赏。凡能背诵《阎曼德迦》者，赏一两黄金，能背诵《密集成就法》及《密集本续》者，各赏一两黄金；对贫穷者，或财物，或牲畜，按其所愿赏赐。于是，能够背诵《阎曼德迦》与《密集》者顿时增多起来。由于内齐托音内散法施，外散财施，大量散布这两种施舍，他的英名赫然传遍天下。

那时萨迦法王出于嫉妒对博格多喇嘛之教进行恶意中伤。正值顺治皇帝染恙，请了许多御医法师都不见效，皇帝将蒙古众大臣召来问道："外藩蒙古中可有治疗我的疾病的其他好办法吗？"巴图尔章京、阿力玛布和为首的几位蒙古大臣奏道："我们蒙古地方除了用药，还要请喇嘛行灌顶仪式，做法事[61]，想必对皇上会有益。"帝曰："请哪位灌顶为好？"奏曰："如今蒙古地方灌顶、讲经、传扬禅教者要属内齐托音喇嘛为最好。"皇上命使者去请内齐托音。当圣旨传到时，内齐托音推辞道:“皇上是天下大汗,我是四处漂泊一小僧,皇上知我,本应效命,但由我作灌顶仪式,有损于皇上的伟大英名,故不能敬献灌顶。”这时,由于以往的缘分不合,萨迦法王傲慢地向皇帝上书阻止道:“依照惯例,若受灌顶,须为徒弟,应像供佛一般顶礼授予灌顶的喇嘛,如若不然,反而有害,所以圣上不可受灌顶。”书中还这样奏道:“该内齐托音喇嘛云游外藩蒙古,视己如佛,为他的所有徒弟取佛陀之名,如:白阎曼德迦、黄阎曼德迦、绿阎曼德迦、白昆卢遮那[62]等等。自水夫、粪夫、樵夫以上全体人员,不分良莠,毫不隐讳地教其背诵《秘密经》、《金刚乘阎曼德迦》等至深至秘之佛经……”又控告以其他种种事由。帝谕:“朕乃世间帝,不明佛法,待达赖喇嘛来后,由他处理吧。”

外藩王公会同北京的大国师等一些人为喇嘛格根不平,尤其是大国师对喇嘛格根说道:“喇嘛啊,萨迦法王知道的佛法,我全都通晓;而我掌握的佛法,萨迦法王却一窍不通,因此让我们同他比法吧!”喇嘛曰:“你们不要这样做,我们现在即使辩论获胜,最终只会更有害于禅教。常言道:‘要把恶劣的条件转变为入菩提道的捷径。’你们要克制自己耐心等待,且让他洋洋得意去吧。”

五世达赖来京后,皇上命令客伯勒公管理其事务,承诺了萨迦法王的控告。客伯勒公与萨迦法王有旧,又大量受贿,加之达赖喇嘛的译员贺林格布楚拙于蒙古语,翻译有误,致使喇嘛受了处罚。令喇嘛偕同以往向圣主叩安时所率三十名大比丘及三十名小徒弟,退居呼和浩特,余下六十名僧人入居凯齐文殊院。至于其他有德之高徒,皆由各旗之施主禀奏喇嘛之后请去供奉了。当时,喇嘛的许多施主愤愤不平,纷纷议论道:“达赖喇嘛乃观音菩萨,为何妨碍(内齐)喇嘛传诵《阎曼德迦》呢?”喇嘛听到这些不合时宜的话,立刻派人抄写《如意念珠经》多卷,分发各旗,传令曰:“你们看看这部佛经!达赖喇嘛自古以来就是观世音菩萨的真实化身,你们不要乱说了,会造成过错的。”

喇嘛从土谢图亲王巴雅斯呼朗额驸、公主处起程呼和浩特时,以亲王、公主为首的众人皆跟随,抑制不住的悲痛使得泪水洗面,就像母子分离一样难舍难别。喇嘛道:“虔诚的信徒和以慈悲为怀的喇嘛怎么会分离?你们要谨慎侍奉我赐予的佛陀,认真修习密经要诀,我的几个有德行的徒弟留在此地,你们要好生供奉。”以王、公主为首的众人表示遵旨奉命,笃信不移。

秉图哈敦等众人前来送行,呈献了盛宴与厚礼,求得灌顶、随许等。临分别时秉图哈敦发愿道:“我愿终生与菩提在一起,永不分离!”说完,将头发往后披散,大声哭着回去了。

喇嘛在往呼和浩特的途中经扎鲁特、阿鲁科尔沁、巴林等地。众王、大小诺颜、哈敦、檀越、徒弟等都在各自附近的路上迎接喇嘛,仍照前例举行盛大宴会,奉献礼物。喇嘛满足他们的愿望,赐灌顶、随许、经教指要,诵经授法。

这样一路授法而行,临近克什克腾扎萨克旗时,以扎萨克为首的众人与八旗察哈尔的众人照前例在自各附近的道路上迎接喇嘛,呈宴献礼听禅受法者络绎不绝。

喇嘛格根到达呼和浩特之后,在小召之南建房居住。彼时,土默特旗长楚唬尔前来叩见喇嘛,与之交谈。喇嘛问道:“这小召系何人所造?”楚唬尔答道:“这是格根俺答汗之孙俄木布洪台吉所建,已经破旧不堪了。”又问:“为什么不修缮呢?”答曰:“修是很容易的,但没有好喇嘛住持。”喇嘛敕曰:“你好好修缮,有朝一日会得有缘分的好喇嘛住持的。”于是,楚唬尔令喇叭台扎喇章京修理此庙。喇叭台将剩下的木头砖石在呼和浩特建起另一座小寺,现称其为“喇叭台寺”。

喇嘛人在哪里就在哪里诵经传教。一天清早,喇嘛出门往东南方向的一个洼地去,到了洼地岸边,看到洼地里有只狗向东方吠叫。此时,有个叫作贡布的小僧跟在喇嘛身边,喇嘛问他:“那个狗在说什么?”小僧说:“我不知道。”“那是在发预告吧?”小僧仍说:“我不知道。”喇嘛道:“它在说今天午前要发生一件大事。”随后转回府中。授禅完毕,对徒弟们说:“我锡哷图院之六十僧徒,有事将要发生。”正值此时,皇帝的使者带着众旗人急驰而来。至前,下马传旨道:“科尔沁秉图哈敦因病重上奏:‘我是蒙古人,药对我没有用处,什么办法也治不了我的病。我的师父是呼和浩特的内齐托音喇嘛,须请他来灌顶诵经,病才可能治愈。’圣上慈悲,旨令我等随喇嘛前往。”喇嘛道:“我非医生,不懂脉络;我非算命先生,不知道福祸之事;去,又有何用? 且,我的身体旧时活动过多,现在已不行了。”以旗长为首的高僧们谏曰:“圣旨非同小可,不可不往。”喇嘛道:“你们是为了得到重用与钱财吧,无奈,上路再说吧。”

这样，由大臣们准备驿站廪食，内齐托音起程了。走到翁牛特地方黄河北岸时，喇嘛无缘无故地要离开道路到河对岸去下营。熟悉道路者禀告说，欲往对岸去下营，离了道路，不易过河。但喇嘛不听，于是遵循喇嘛往河对岸下营的旨意，在河的南面扎了营盘。在那里，王、诺颜、哈敦、托音、官员、百姓等都来迎拜喇嘛。那时喇嘛牙痛，命令道："旗长，你取钳子来，将我的这个牙拔掉。"旗长用钳子夹住喇嘛的牙往外拔，喇嘛跟着钳子转了起来，旗长害怕了，松开了钳子。喇嘛说："王爷啊，我想把这个牙留在你们这个地方，作为转世的象征，看来在这里没有转世的缘分，算了吧。"这天晚上，村里的牛群奔跑嗥叫起来，徒弟问："喇嘛啊，这些牛如此奔跑嗥叫，是为了什么呢?"喇嘛说："明天你们也会这样的。"

第二天，十旗的王、诺颜及杜尔伯特的赛汗毕利根达赖带领众僧俗迎接喇嘛，喇嘛从使者那里得知秉图哈敦已薨，遂为哈敦祈祷。此后，喇嘛将赛汗毕利根达赖叫到身边，与他交谈至深夜时，喇嘛令："你起来，跪下，听祷词!""刚刚为哈敦做完祈祷，这又是为什么呢?"毕利根达赖跪下奇怪地问。"是为叫仁钦的人做祈祷。"毕利根达赖将日期、时间、人名都暗中记下，告辞而去。之后，毕利根达赖回到家乡。得知：在那个村子，有仁钦兄弟七个。因为父母在分财产时，给弟弟仁钦多分了一些，其他兄长因嫉恨而起恶意，定谋杀死其弟。就在那天晚上，将仁钦从家中赶出，兄长们全体出动，于彼日彼时将他射死。毕利根达赖十分惊奇，对众人述说了喇嘛为其做祈祷之言行。众人闻之，肃然起敬："喇嘛乃真佛也!"

其五

除求度具有特殊缘分之众生外，还有三法：救度他方众生之法；涅槃随机成就法；以格根之本——舍利，救度众人之法。

一曰：博格多喇嘛九十七岁，岁次癸巳年十月十五日，收其神体往法性之空。遂讣告众檀越及徒弟，众皆前来聚会，为众生之利益，举行了隆重的涅槃之祭。

二曰：圣博格多涅槃之后，所有各旗之大小诺颜、公主、格格、哈敦、托音、僧侣、大臣、官员、百姓皆做法事，诵经百遍。水夫以上，樵夫、伙夫等皆不由自主地跟着念诵,诵经声回绕着大地。在博格多舍利格根前,念诵《涅槃》、《密集》、《阎曼德迦》、《甘珠尔》等多种经咒,整整四十九天,供奉着各种祭品,一千支佛灯终日通明。其外,各自随愿祀奉贡品无数,佛灯不断。

喇嘛宫帐前不远有一棵大菩提树,除此之外,再无可谓菩提树者。便在立宫帐外建冢,将喇嘛格根的舍利子置于其中,并以香火祭之。因舍利子之神力,降下花雨,带有一种从未有过的香味,天空出现彩虹,冢前那棵菩提树上也挂满了佛灯,实为奇观。前来朝拜舍利之众人见此状顿生信服,皆赞喇嘛是真佛,由此名传四方。特别是皇帝的使者和旗长十分敬服,曰:“这才是真正的喇嘛啊!”一拜再拜。从那以后,舍利子日夜发出光来,有缘者可看到缤纷的彩虹。

跟随喇嘛前往的管理内务之众徒之长——托钵僧夏克夏巴特与管理外事的韦勒布特其与众徒弟商议,要到席呼图院去教训温都尔钟吉利、钟吉利诺门达赖、伊和比利根达赖等六十僧人应该怎样使用人。“你们到那里不要进入僧房,也不要说明来由,只在院中骑马叫喊,叫他们出来。待他们出来后,便像指挥徒弟一样指挥他们,然后转回!”温都尔钟吉利等得知此消息后,十分痛苦,全体聚集急忙赶到喇嘛舍利格根前,完毕祭奠诸事。之后,在保存喇嘛舍利的墓地上建起佛塔,并责成阿拉衮蔑尔根台吉建筑寺庙。南边的那棵菩提树逐渐蔓延,如围墙一样围绕着佛塔,每年的十月十五日,树上看得到佛灯。

三曰:喇嘛的舍利子就像狗崽的杂毛一样多,土谢图亲王的公主将它们全部请来,置于巴颜和硕寺中,使其成为祭奠要地。

救主博格多喇嘛如此从诵经、布法两方面无瑕地扶助了圣明的禅教。如大性尊者发愿力布甘蔗禅[63]之俱空善之经咒于吐蕃雪山之地一样,内齐尊者在大慈悲母的协助下,从无量金刚乘之门救度众生经解脱之路,求真求诚者洗耳聆听,全其秉性。

早时以无瑕之力结缘现成为禅教支柱之施主、扶助禅教众生之大弟子者无数。大者,系成吉思汗家族者:巴林的色布腾王,敖汉的布达王、班弟王、墨尔根王;奈曼的鄂其尔达尔罕王;扎鲁特左旗的内齐汗、昌布贝勒;扎鲁特右旗的色本达尔罕巴特尔贝勒、玛尼青巴特尔公;巴林左旗的满珠习礼贝子、卓尔钦贝子;土默特的拉斯扎布贝子；克什克腾的扎萨克索纳木等诺颜、官员。哈萨尔世系之分支有：土谢图亲王，扎萨克多罗郡王布达齐，巴达礼土谢图亲王，乌克善卓哩克图亲王，满珠习礼巴特尔达尔罕亲王，扎萨克图拜斯噶勒[64]王，额驸齐塔特王，布达礼郡王，秉图洪古尔郡王，朝尔吉贝勒，扎赉特贝子蒙豁达尔罕和硕齐，杜尔伯特色冷贝子，二郭尔罗斯公——昂哈、扎尔布，以及喇嘛什希公等十旗诺颜、僧侣、官员、百姓无数。此外还有：阿鲁科尔沁的珠勒扎干王，乌拉特二公——明安、僧格及墨尔根台吉；翁牛特的杜棱郡王及贝勒、公等；喀喇沁土默特善巴达尔罕贝勒及塔布囊、百姓等；土默特鄂木布楚琥尔等诺颜。总之，八旗察哈尔等蒙古地区及盛京、索伦、卦尔察、锡伯等地；披红色袈裟者遍布，直达东海之滨，佛教就像初升的太阳一样兴盛。

虔诚智慧的施主中钗裙有：妙尊渡母等仙女为扶助佛教而持凡貌——如秉图哈敦、开国圣主太宗睿皇帝黄金家族之六公主及众格格、哈敦等。她们拥有巨大的财富和权力，她们利用祖先的财产和权力，采取各种方法，使崇拜翁古特、博与乌达罕之霍布斯者摆脱邪说巫术，使佛教特别是宗喀巴无瑕之黄教如太阳一样光芒四射。时至今日，逾其后裔科尔沁和硕土谢图亲王阿喇布坦[65]之辈盛行祭祀，大愿法会[66]、期供[67]、跳神、转弥勒[68]等大积福祭祀活动风靡各地，并建筑起非常漂亮的矗立如城之寺院庙宇。

又，十旗的亲王拉扎木布、拉比巴尔登等王、诺颜合力募捐了几千两银子，用红、白两种檀木造了一座大塔。塔用银包镀，用珐琅与黄金描绘雕刻，镶嵌红宝石、青玉、东珠、珍珠、珊瑚、蓝古玉、青金石等多种宝石，实为尽善尽美，赏心悦目。如此庄严贵重的佛塔在京城造成之后，被请到巴颜和硕寺中。十旗的大喇嘛在银墓塔中放上红、白旃檀等各种香料及各种咒符，用黄缎子将格根遗体之舍利子裹起置于其中。在塔门上用白银铸写了“博格多喇嘛格根”的字样；在狮子案上供有阴阳扎克萨轮、格瓦巴第轮、吉祥八品、净水瓶等物，并将头尊、颈尊、胸尊、腰尊、底尊及莲花座尊按次序置好。

赞曰：

祈拜尊敬众菩提，
战胜顽愚度有情，
法施有缘之众生，

恶魔黑暗化清净。

礼赞内齐博格多，
安然如意宝业绩，
舌之言语焉尽述，
倾心以颂我之愿。

此愿之福护佑我，
醉彼之圣洁甘露，
得彼之秘密泉水，
涤己之罪孽污垢。

无论痛苦或极乐，
圣僧内齐指何方，
我与彼法永不离，
祈导有情去上界。

似我等芸芸众生。
若能再生为天神，
相敌恶兆出现时，
一声巨吼摄平服。

在东方蒙古的广阔本土上，由于世俗力量的主宰，人们向来崇信翁古特、博与乌达罕，偏离了解脱之道。大慈悲的博格多喇嘛为了教化超度这些迷途之众，广施经咒，于有缘者授予灌顶，度其为弟子；并将归依、上师瑜伽及达正等正觉至上至难之秘密经之金刚怖畏、秘密安乐等之成就法，深密二次第等，量其智赐诵于众王、诺颜、虔诚笃信的公主、格格、哈敦、小姐及僧侣、大臣、官员、百姓等。喇嘛布教之经法还有：《喇嘛五十颂》、《四部仪轨法》、《五次第明灯》、《纳若六法》[69]、《妮谷六法》[70]，以及布萨、悟禅、火供、开光[71]等庄严仪轨和曼荼罗绘制标准。为崇经尚佛者

又布教《佛说甘珠尔经》及其《注释(即丹珠尔)》、《扎拉阿牙迪拉 zaraya ayadara)》、无瑕的《昆奈耶数珠》、《目莲菩提灯》、宗喀巴所著大小《菩提道次第》等警言戒律;传授修行根本师[72]传记,召阿底峡、宗喀巴等噶当派与格鲁派喇嘛传记,以及多种秘诀。简而言之,修行之业有三:一,说禅讲经并将其抄写为册赐予众生;二,将近住戒、乌巴什、乌巴萨查[73]、班弟、格楚尔、格隆等戒授予有缘之汗与百姓;三,由此使穿红黄袈裟获三戒三德解脱戒者遍及东方。

圣高僧博格多内齐托音达赖文殊师利之神圣足迹遍及三地,其大海一般的业绩,我与众托音、僧人、生徒都诚心敬服。具足贵族额驸阿洛乌克利格图代表信徒与檀越首先建议:"是否可为众生撰写如此一部传记?"加之其亲族才势具足之诺颜呼图克图阿旺丹巴雅尔帕勒、科尔沁扎萨克镇国公喇嘛扎布[74]、扎赉特协理台吉达希、郭尔罗斯协理那木吉勒和乌尔哥莫尔、杜尔伯特协理奥其尔勒等人极力创议。因此,鄙人般若萨喀喇[75]虽孤陋寡闻,但曾见到原尊者喇嘛的亲信兼司祭素楚克与勤谨的额尔德尼毕力衮达赖的备忘录,备忘录记载了他们耳闻目睹的喇嘛的善行;听取过精通密咒的车臣俄木布毕力衮达赖介绍他的亲眼所见;翻阅了正直诚实的毕力克与博学多识的蔑尔根禅师的笔记;多次走访了善于文辞、精通青白占卜术的法师毕力衮达赖、布栋诺颜等人,或听、或问、或得其零散记录;还参考其他众徒弟、施主的有关记录;将以上种种加以综合整理,于己未年井月(1739 年阴历十二月)[76]初八乌元查辅俱德日完成此著。

以文殊宗喀巴之教,
布施一切有缘众生,
其具足至善之所为,
如至上无比之如意。

最秘密咒莲花丛中,
最清经声温暖如光,
最深意致花蕾绽开,
最圣佛为众生信仰。

谁听到悦耳诵经声，
谁心领神会其要义，
为光明佛教之众生，
普照幸福如意宝匣。

虽幼稚浅薄之小舟，
难承深广如意之伟绩，
但于商队长之善行，
仍可为最佳之纪念。

将神圣的宝传数珠，
以妙语之金线缀起，
作虔诚信徒之项饰，
此道我之乐为也。

妒此道之孤家寡人，
其偏见致莲花凋零，
贤者之爱深如大海，
缤纷语言共颂一念
——喇嘛福佑！

内齐托音圣自在博格多传记之编纂，难免有这样那样的不确切之处，若有谬误，祈祷喇嘛本尊空行母之原谅，若有幸于不误，愿能引导众生于善道。

吉祥圆满[77]。

[注释]

① 顶礼上师:蒙文 namun guru,来自梵语。梵文 nam,汉音译“南无”,意为“敬礼”、“归礼”;梵文 guru,意为“导师”、“师长”等。此处为开篇敬语。通译为“顶礼上师”(参见莫尼尔·威谦士(Sir Monier Monier - Williams)著 1899 年牛津版《梵英词典》528 页与 359 页)。

② 二资粮:蒙文 qoyar ci ul an,据[日]陆军省编纂昭和八年版《蒙古语大辞典》1420 页所记,蒙文 ci ul an 相应藏文为 tsbogs。藏文 tsbogs,一意为“资粮”。资粮解释为善业,二资粮即福德资粮与智德资粮,依此二资粮而证佛果(参见张怡荪主编,民族出版社 1985 年版《藏汉大辞典》2289 页及丁福保编纂,文物出版社 1984 年版《佛学大辞典》45 页)。

③ 本尊:蒙文 idam,来自藏语。藏文 yi - dam 意为“本尊”(参见《藏汉大词典》2565 页)。本尊,《佛学大辞典》427 页解释:“本有而于出世间为最胜最尊,故名本尊。又于诸尊中以其尊为本而尊崇之故,故名本尊。”

④ 苏玛迪达日玛多萨:蒙文 Sumadi dharma dunca,为四世班禅洛桑却吉坚赞的梵文名音译。

⑤ 阿玉奇:蒙文 ayugi。其父为朋苏克,其曾祖为和鄂尔勒克,世为土尔扈特长,阿玉奇始自称汗(参见乾隆四十四年版《钦定外藩蒙古回部王公表传》,卷一百一,土尔扈特部总传)。

⑥ 墨尔根特布纳:蒙文 mergen tebne,又作墨尔根特木纳、特木纳等。卫拉特蒙古土尔扈特部台吉,客列亦特氏、额济内台什子。

⑦ 具足戒:蒙文 usumbad,来自梵语。梵文 Upasampada 或 Upasampanna。汉音译“邬波三钵那”,意译“具足戒”,又称“近圆戒”。邬波,近之意“三钵那”、“圆满”、“涅槃”之意,此语含有接近涅槃之意。别称大戒(二百五十戒),为比丘、比丘尼所受戒律,因与沙弥、沙弥尼所受十戒相比戒品具足,故称(参见柯瓦列夫斯基(J. E. Kowalewski),1844 年版《蒙俄法大辞典》

378 页与新文丰出版公司 1979 年影印版《密教大词典》342 页)。

⑧ 阿洛夏格夏巴特:蒙文 ariγu šaγs abad。ariγu“净洁”一之意,šaγsabad 来自梵文 cikhapada,相当藏文 fshul – khrims,“戒律”之意。善解戒律者为律师,律师所授戒律最圣洁(参见《蒙俄法大词典》1451 页,《藏汉大辞典》2278 页)。

⑨ 秘法:蒙文 ubadis,来自梵文 Upadeša,汉音译“优婆提舍”,意译“口诀”,“窍门”、“秘法”、“教授”等(参见《蒙古语大词典》292 页,《梵英辞典》199 页,《佛学大辞典》1381 页)。

⑩ 毗奈耶:蒙文 dulba,来自藏文 hdul – ba,梵文为 vinaya,汉音译“毗奈耶”,“律”、“律经”之意。又可指《甘珠尔经》中的《律师戒行经》,共十三卷(参见《蒙古语大辞典》1247 页,《藏文大辞典》1405 页,《佛学大辞典》796 页)。

⑪ 莫勒木兰占巴:原文为 mongγol ranbyamba,疑为 molamrabyamba 之误写。莫勒木(molam)来自藏文 smonlam,“传召”、“大法会”之意;兰占巴(rabyamba)来自藏文 rab – hbyams – pa,“博士”、“格西”之意;莫勒木兰占巴即传大召时所授的学位,大召格西,喇嘛的最高学位(参见《藏汉大辞典》2175 页及 2665 页)。

⑫ 博格多察汉喇嘛:《土默特旗志》(贻毂纂,光绪年间刻本)卷六,页七上记载:“广化寺在归化城西百里齐克齐正北大青山内前。明中叶有宝圪都察汉喇嘛在此山洞长斋讽经传教僧徒,至于顺治十二年涅槃。其徒察汉迪彦齐、察哈尔迪彦齐、额尔德尼迪彦齐三人皆建寺持戒。以其师高弟子虔斯哈卜迪彦齐为师,顺治十五年在佛洞下广建殿堂,康熙五十八年重修,雍正二年奏请赏给度牒,乾隆四十八年复赐寺名广化,住虔斯哈卜迪彦齐胡图克图一名,达喇嘛一名。”

⑬ 阿里延迪瓦:蒙文 ariyan diwa,来自梵文 arya-deva,汉音译“阿耶提婆”,意译“圣天”。这是一个中世纪印度学者的名字,他生于古狮子国(现在斯里兰卡国),曾拜龙树为师。此人有只眼睛不好,故取其名(参见 1979 年铃木

学术财团编集刊行的《汉译对照梵和大辞典》(增补改版)208 页)。

⑭ 俄木布:原文 umbu,元太祖后裔,阿勒坦汗五世孙,博硕克图子(参见《土默特旗志》卷三)。

⑮ 上乐:蒙文 zegre sambhara,来自梵文 tchakra sambhara,意为“上乐”、“胜乐”、“轮密戒”、“总摄轮”,又为无上密乘本尊泗鲁迦的异名(参见《甘珠尔经》目录与《蒙俄法大辞典》2112 页)。

⑯ 会供曼荼罗:蒙文 cirulγan huγdu,相应藏文 tshogs-hkhor,汉译“会供曼荼罗”。《藏汉大辞典》229 页,解释其为:“佛教行者,观想凭借神力加持五欲及饭食品成为无漏智慧以供师、佛三宝及自身蕴、处、支三座坛场,积集殊胜资粮的仪轨。”

⑰ 瑜伽:蒙文 yönge,来自梵文 yoga,修习、修行、禅定之意(参见《楚和大辞典》第 1100 页)。

⑱ 摩怛里:蒙文 motra,来自梵文 Mȧtv,汉音译“摩怛里”,意译“母”。大曰经疏五曰:“七摩怛里,译云七母,皆鬼女也。”(参见《梵和大辞典》1028 页与《佛学大辞典》1286 页)。

⑲ 缨子:蒙文 del。原意马鬃,这里是指黄帽派喇嘛船形帽子顶上马鬃形的缨子。

⑳ 禅定:蒙文 samadi,来自梵文 Samadhi,汉音译“三味”、“三摩地”、“三摩提”、“三味门”等;意译“定”、“禅定”、“正定”、“寂定”、“等持”。为般若经中所出禅定名号(参见《梵和大辞典》1419 页)。

㉑ 摩诃迦罗:蒙文 maqakala,来自梵文 Mahakala,汉音译“摩诃迦罗”,意译“大黑夭”、“大黑神”、“大时”。显密二教所说各异。密教谓大日如来因降伏恶魔示现愤怒药叉主之形者,或有一面八臂,或有三面六臂,系人之骷髅以为璎珞,可畏之相也。故古来以为军神而祀之(参见《佛学大辞典》208 页)。

㉒ 霍布斯博:霍布斯,蒙文 qubus,一种太平鼓一样的单面鼓,萨满教巫师作法时所用;博,蒙文 böge,萨满教的巫师。

㉓ 唵、啊、啦、叭、喳、哪、吽:此语为文殊菩萨的咒语,念此咒语可增长智慧。

㉔ 土谢图汗:此处为奥巴,元太祖弟哈巴图哈萨尔之裔,天命十一年封土谢图汗,天聪六年卒(参见《王公表传》卷一,科尔沁部,土谢图汗今袭扎萨克和硕土谢图亲王条)。

㉕ 乌达罕:蒙文 udaqan,萨满教的巫婆。

㉖ 扎萨克图杜棱:此处指布达奇(budači),土谢图汗奥巴弟,天命十一年赐扎萨克图杜棱号,崇德元年封扎萨克多罗扎萨克图郡王,顺治之年卒(参见《王公表传》卷一,科尔沁部,扎萨克多罗扎萨克图郡王条)。

㉗ 滕格黎翁古特:蒙文 tngri ongγod,专指蒙古萨满教祭祀的天神使者。小猴形状,铜制,烟袋锅大小,作法时置于装有炒米或五谷的升上,从一个到几个不等。

㉘ 萨雅克印版:一种避邪的咒符。

㉙ 诺尼河:蒙文 non-i γool,即嫩江。

㉚ 色棱:蒙文 sereng,杜尔伯特部,元太祖弟哈巴图哈萨尔之裔,崇德元年封辅国公,顺治五年晋扎萨克固山贝子,康熙八年卒(参见《王公表传》卷一,杜尔伯特部,扎萨克固山贝子条)。

㉛ 不动如来:蒙文 aγsuba,相应藏文应为 mi-bskyod-pa,佛名,不动如来。五种姓佛之一(参见《藏汉大词典》2064 页)。

㉜ 随许:蒙文 daγan suyurqal,相应藏文为 rjes-gnang,此处译为“随许”,佛教的一种仪轨,允许有修、诵、授、受某一本尊之仪轨(参见《藏汉大辞典》915 页)。

㉝ 乌巴什:蒙文 ubasi,相应梵文为 Upasaka,汉音译“优婆塞”、“乌婆索迦”等,意译为“近事男”、“近善男”等。指亲近皈依三宝,接受五戒的在家男居士,亦通称一切在家的佛教男信徒(参见《宗教词典》437 页。任继愈主编,上海辞书出版社 1981 年 12 月版)。

㉞ 班弟:参见《咱雅班第达传》注⑪。

㉟ 格楚尔:蒙文 gesül,来自藏文 dge-tshul,相应梵文为 śramanera,音译为“室

罗摩尼罗”,简称“沙弥”,意为“勤策男”、“劳策”、“求寂”。指七岁以上二十岁以下受过十戒的出家男子,俗称小和尚(参见《藏汉大辞典》453 页及《宗教词典》571 页)。

㊱ 达尔罕和硕齐:此处指蒙衮,元太祖弟哈巴图哈萨尔之裔,天命九年赐达尔罕和硕齐号,崇德八年卒,顺治五年追封固山贝子(参见《王公表传》卷一,扎赉特部,固山贝子今袭扎萨克多罗贝勒条)。

㊲ 上师瑜伽:蒙文 blama yönge,相应藏文为 bla-mahi rnal-hbyor,汉译“上师瑜伽”。《藏汉大辞典》1914 页解释其为:“观想各自本师为汇集十方诸佛总体的修行仪轨”。

㊳ 格隆:蒙文 gelüng,来自藏文 dge-slong,相应梵文为 Bhiksu,汉音译:“比丘”,意译为“净乞食”、“乞士”等,指出家后受过具足戒的男僧(参见《藏汉大辞典》455 页,《宗教词典》122 页)。

㊴ 怛特罗:蒙文 tanturina,来自梵文 tantra,密宗“经”的称谓。汉音译“怛特罗”,意译为“教法”、“本续”等(参见《梵和大辞典》527 页)。

㊵ 巴达礼:原文 badaru,奥巴长子,天聪七年授济农袭土谢图汗号,崇德元年封扎萨克和硕土谢图亲王,康熙十年卒(参见《王公表传》卷一,科尔沁部,土谢图汗今袭扎萨克和硕土谢图亲王条)。

㊶ 喇嘛什希:原文 lamasqib,土谢图汗奥巴从弟,崇德元年封扎萨镇国公,顺治四年卒(参见《王公表传:》卷一,科尔沁部,扎萨克镇国公条)。

㊷ 传说猴与罗刹女结合产生西藏人种。猴由观自在加持化作而来,罗刹女由救度母加持化作而来。肩座王也是由观自在菩萨加持而诞生的(参见《西藏王臣记》,12 ~ 13 页)。

㊸ 乌克善:原文 uγšan,崇德元年封和硕卓哩克图亲王,康熙四年卒(参见《王公表传》卷一,科尔沁部,和硕卓哩克图亲王条)。

㊹ 满珠习礼:原文 manǰusiri,宰桑之子。崇德元年封扎萨克多罗巴图鲁郡王,顺治九年赐达尔罕号,十六年晋和硕达尔罕巴图鲁亲王,康熙四年卒(参见《王公表传》卷一,科尔沁部,扎萨克和硕达尔罕样亲王条)。

㊺ 洪果尔:原文 qongγur,崇德元年参加皇太极称尊大典。叙战功,封扎萨克多罗冰图郡王,1641 年卒(参见《蒙古世系》116 页,高文德、蔡志纯编著。1979 年中国社会出版社出版)。

㊻ 奇塔特:原文 kitad,顺治六年封多罗郡王,十年卒(参见《王公表传》卷一,科尔沁部,多罗郡王条)。

㊼ 原文 budaru,疑为 budači 之误。

㊽ 绰尔济:原文 čorǰi,顺治九年封镇国公,十八年晋多罗贝勒,康熙七年卒(参见《王公表传》卷一,科尔沁部,多罗贝勒条)。

㊾ 近住戒:蒙文 edür bačaγ,相应的藏文为 bsnen-gnas,汉译“斋”、“斋戒”、“近住戒”,即在家佛教徒在定期一昼夜中受持的一种别解脱戒(参见《藏汉大辞典》1017 页)。

㊿ 正觉(正等正觉):蒙文 tuγulaγsan burqan,相应梵文为 Anuttarasamyaksambodni,汉音译“阿耨多罗三藐三菩提”,意译为“无上正等正觉”。被认为能觉知佛教的一切“真理”,并能“如实”了解一切事物,从而达到无所不知的一种智慧。认为这种智慧是超人的,唯佛具有,成就这种智慧即所谓成佛(参见《宗教词典》622 页;《蒙俄法大辞典》1809 页;《藏汉大辞典》2549 页)。

51 巴颜和硕:蒙文 bayan qusiγun,又称“巴音和硕”、“巴烟和部”,为哲里木盟科尔沁部右翼中旗北部地名(参见《蒙古游牧记》卷一)。

52 巴雅斯呼朗:蒙文 bayasqulang,巴达礼长子,康熙十一年袭扎萨克和硕土谢图亲王,寻卒(参见《王公表传》卷一,科尔沁部,土谢图汗今袭扎萨克和硕土谢图亲王条)。

53 飞幡:蒙文 badan,来自藏文 ba-dan,意为飞幡,帛幅下垂别有长杆的悬旌(参见《藏汉大辞典》1801 页)。

54 班弟:原文 bandi,元太祖裔,崇德元年封扎萨克多罗郡王,顺治四年卒(参见《王公表传》卷三,敖汉部,扎萨克多罗郡王条)。

55 珠勒扎干:蒙文 J̌ulǰaγa,顺治五年袭扎萨克多罗贝勒,八年晋多罗郡王,康熙十七年卒(参见《王公表传》卷三,阿噜科尔沁部,扎萨克多罗贝勒条)。

56 内齐:蒙文 neiči,元太祖裔,顺治五年封多罗贝勒(参见《王公表传》卷三,扎噜特部,多罗贝勒后授扎萨克条)。

57 色本:蒙文 sebüb,贝勒内齐从叔父,顺治五年追封多罗达尔罕贝勒(参见《王公表传》卷三,扎噜特部,多罗达尔汗贝勒后授扎萨克条)。

58 玛尼:原文 mani,贝勒色本弟,顺治五年追封镇国公(参见《王公表传》卷三,扎噜特部,镇国公条)。

59 色布腾:原文 čibten,元太祖裔,顺治五年封扎萨克辅国公,七年晋多罗郡王,康熙六年卒(参见《王公表传》卷三,巴林部,扎萨克多罗郡王今袭亲王品级条)。

60 满珠习礼:原文 manǰusiri,郡王色布腾从弟,顺治五年封扎萨克固山贝子,康熙十一年卒(参见《王公表传》卷三,巴林部,扎萨克固山贝子条)。

61 法事:蒙文 gürim,来自藏文 sku-rim,原意为“敬事”、“事奉”,引申其义为延僧诵经以事佛,祈福禳灾的法事等(参见《藏汉大辞典》124 页)

62 昆卢遮那:蒙文 J̌iruγana,来自梵文 Mahavairocana,汉音译“摩诃昆卢遮那”,意译“大日如来”。佛名,密教之本尊。“摩诃”,“大”之意,“昆卢遮那”为“日”之别名,故译为“大日”。“昆卢遮那”又有“光明遍照”之意,又译为“遍照如来”(参见《佛学大辞典》801 页、189 页)。

63 甘蔗禅:有释迦世尊的种姓是日亲、蔗种一说。传说乔答摩遭极刑时得神力遗下两精滴变为二卵,经日光照育出生二小孩步入甘蔗园中长育成人,由此而得释迦种姓。这里的甘蔗禅即指释迦之教(参见《西藏王臣记》7 ~ 8 页)。

64 拜斯噶勒:原文 baisγal,布达齐长子,顺治二年袭扎萨克多罗扎萨克图郡王,十四年卒(参见《王公表传》卷一,科尔沁部,扎萨克多罗扎萨克图郡王条)。

65 阿喇布坦:原文 rabtan,元太祖弟哈巴图哈萨尔之裔。康熙五十九年袭扎萨克和硕土谢图亲王,乾隆二十四年卒(参见《王公表传》卷一,科尔沁部,土谢图汗今袭扎萨克土谢图亲王条)。

(66) 大愿法会:蒙文 yehe irügel,相应藏文为 smon-lam chen-po,汉译为"大愿法会",俗名"传大召"。《藏汉大词典》2175 页。该条中解释:"公元 1409 年藏历正月,宗喀巴为了纪念释迦牟尼,在拉萨大昭寺里倡建了一次讲论佛经,发愿祈祷的宗教法会。宗喀巴死后曾中断十九年,及二世达赖根敦嘉措时始又恢复,每年举行,成为常例。至五世达赖洛桑嘉措时,开始在法会中以辩论佛经的形式,从三大寺僧徒中选取头等格西。法会期间,由哲蚌寺铁棒喇嘛维持拉萨市区秩序。"

(67) 期供:蒙文 čaγtaqil,相应藏文为 dus-mchod,汉译为"期供"。定期法会,定时祭祀(参见《藏汉大词典》1272 页)。

(68) 转弥勒:佛教祭祀活动。手捧弥勒佛像,口诵经文,围绕寺院转走(参见《蒙古语大辞典》1316 页。)

(69) 纳若六法:蒙文 naruyaba yin yǰrγuγan nom,相应藏文为 na-ro chos-drug,汉译为"纳若六法"。为古印度佛学家纳若达巴所传修道六法(详见《藏汉大辞典》1496 页)。

(70) 妮谷六法:蒙文 nigu yin ǰirγuγan nom,相应的藏文 ni-guhi chos-drug,汉译为"妮谷六法"。密乘妮谷空行母所传六种秘法(详见《藏汉大辞典》1524 页)。

(71) 开光:参见《咱雅班第达传》注㉖。

(72) 根本师:蒙文 ündüsün blama,相应的藏文为 rtsa-bahi bla-ma,汉译"根本师"。给自己传授灌顶、教导和窍诀的特殊上师(参见《藏汉大辞典》2211 页)。

(73) 乌巴萨查:蒙文 ubasaǰa,相应梵文为 Upasika,汉音译"优婆夷"、"优婆斯"、"邬婆斯迦",意译为"近事女"、"近善女"、"近宿女"、"信女"、"清信女"。指接受五戒的在家女居士,亦通称一切在家的佛教女信徒(参见《宗教词典》436 页)。

(74) 喇嘛扎布:蒙文 lamaǰab,雍正三年袭扎萨克镇国公,乾隆十九年卒(参见

《王公表传》卷一,科尔沁部,扎萨克镇国公条)。

⑮ 般若萨喀喇:原文 paraǰna segere,这是梵文名。据达木丁苏荣所说,此名的相应蒙文大概是 bilig dalai,汉音译“毕力衮达赖”(参见[蒙古]策·达木丁苏荣编,内蒙古人民出版社 1979 年 9 月版《蒙古古代文学一百篇》第 1060 页)。

⑯ 己未年:达木丁苏荣将己未年定为康熙十八年(1679 年),笔者认为有些不妥。根据该文中所提到的人物:土谢图亲王阿喇布坦(康熙五十九年袭职,乾隆二十四年卒),科尔沁扎萨克镇国公喇嘛扎布(雍正三年袭职,乾隆十九年卒),成书年代应定为乾隆四年(1739 年)(参见《蒙古古代文学一百篇》1060 页)。

井月:“十二望宿月”中没有井宿月,根据历法,此处大致相当于鬼宿月,即阴历十二月。

⑰ 吉祥圆满:蒙文 sarwa ma ka la,来自梵文 sárvamaṅgala,汉译为“吉祥圆满”(参见《梵英辞典》1186 页)。

蒙文影印件

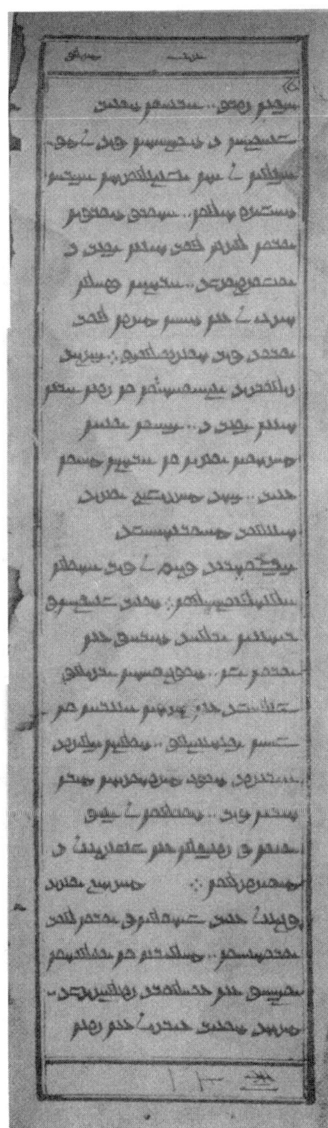

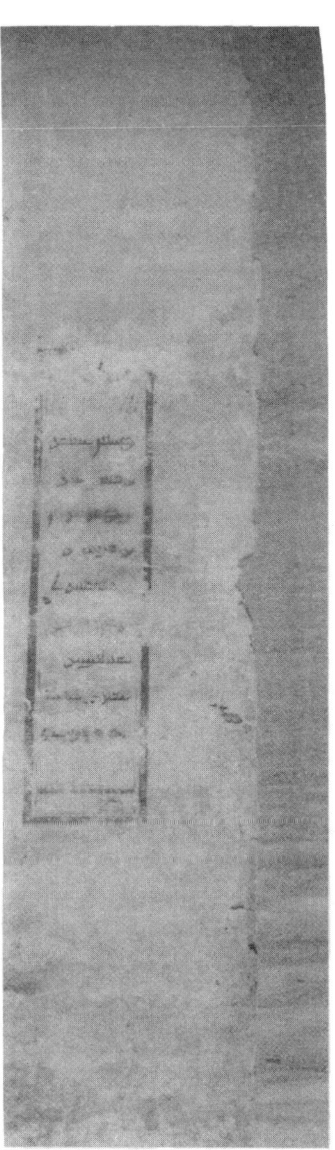

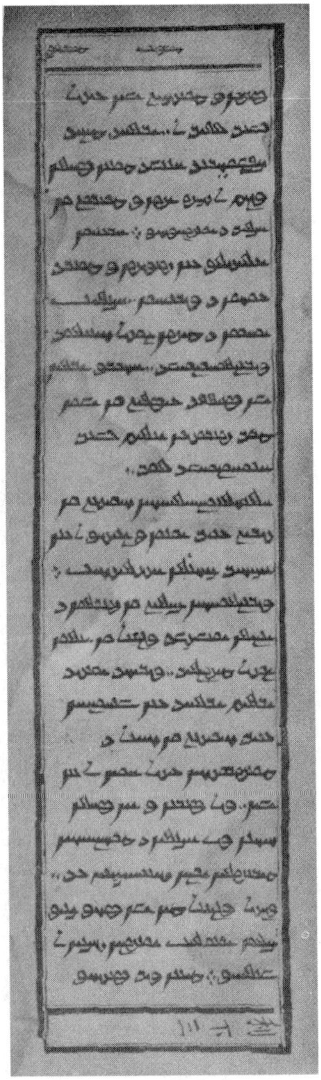

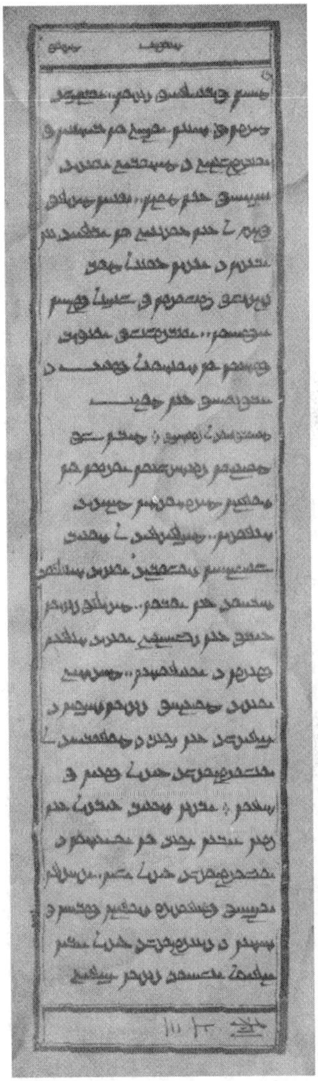

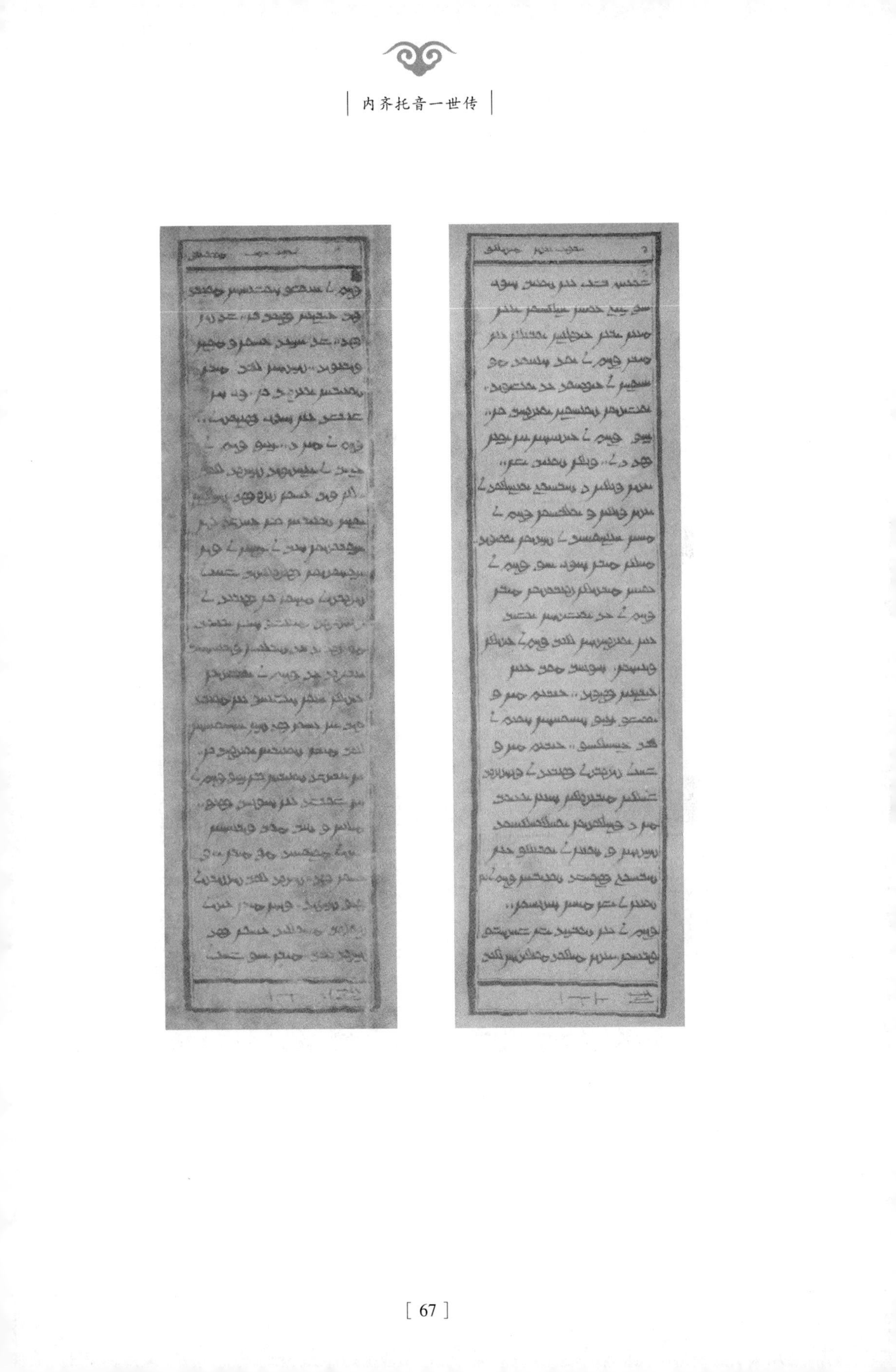

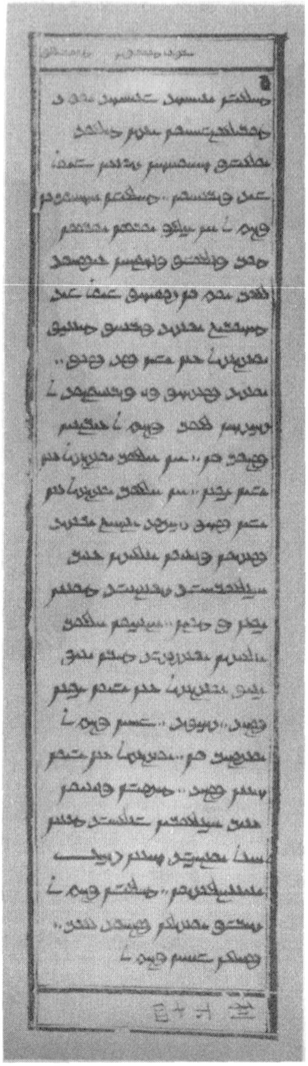

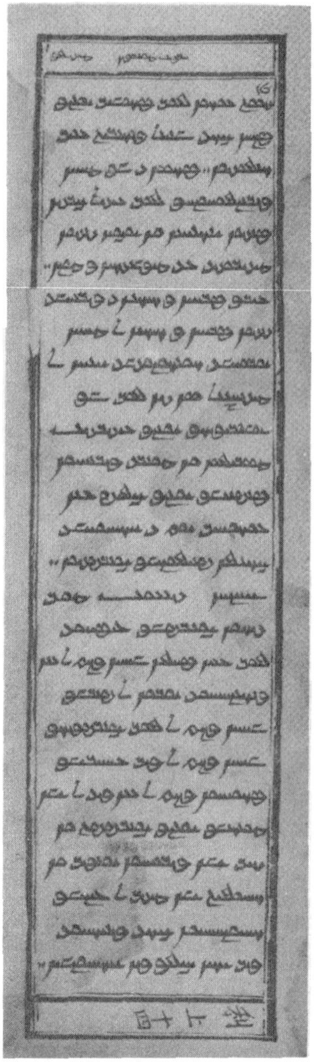

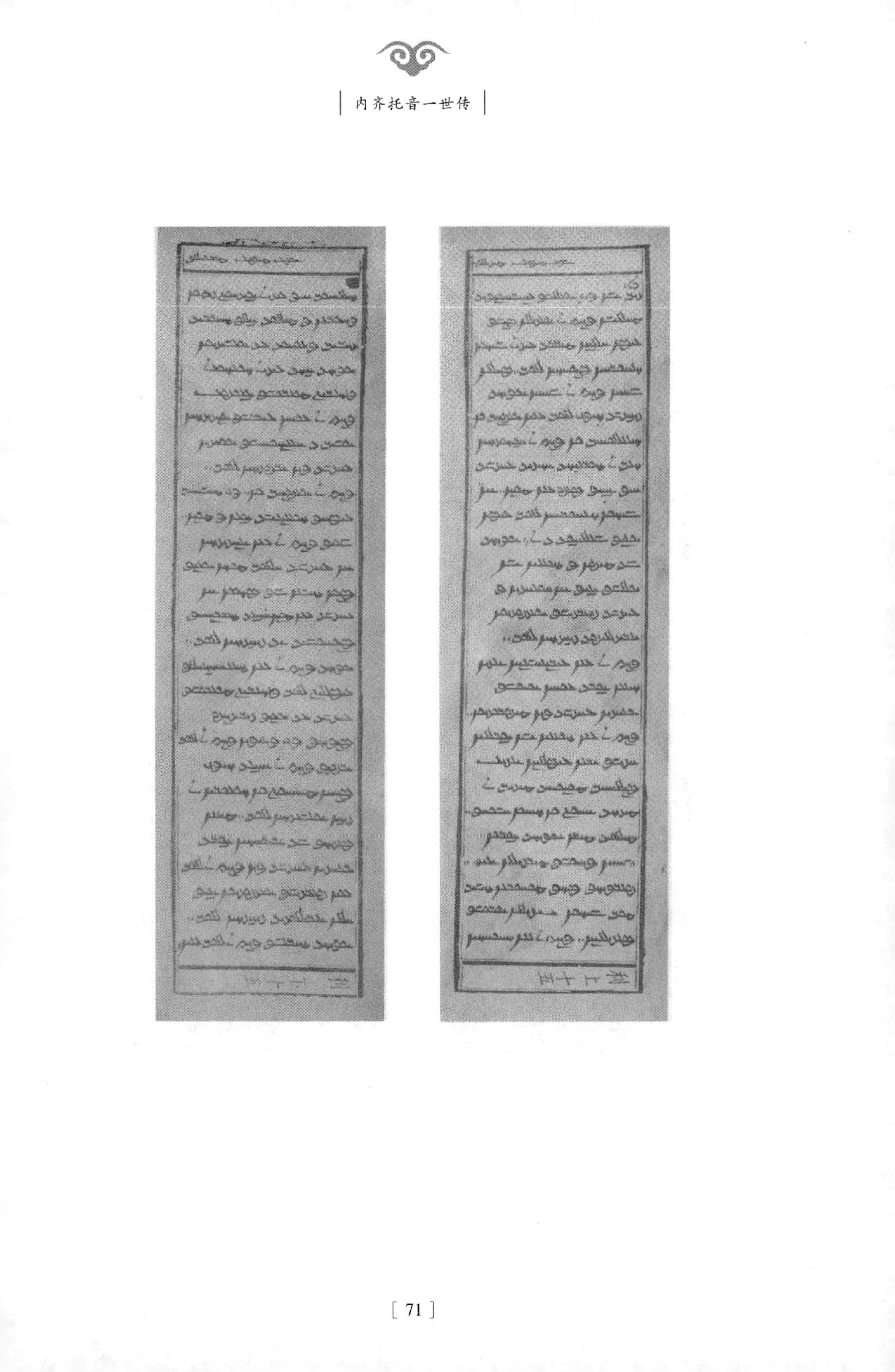

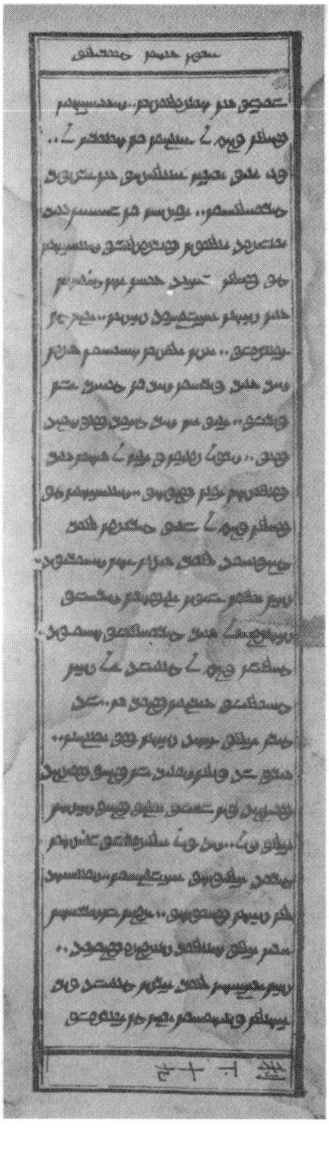

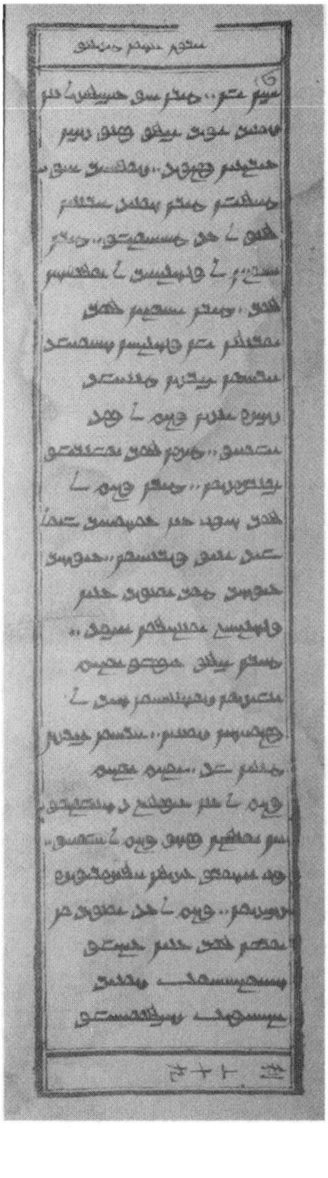

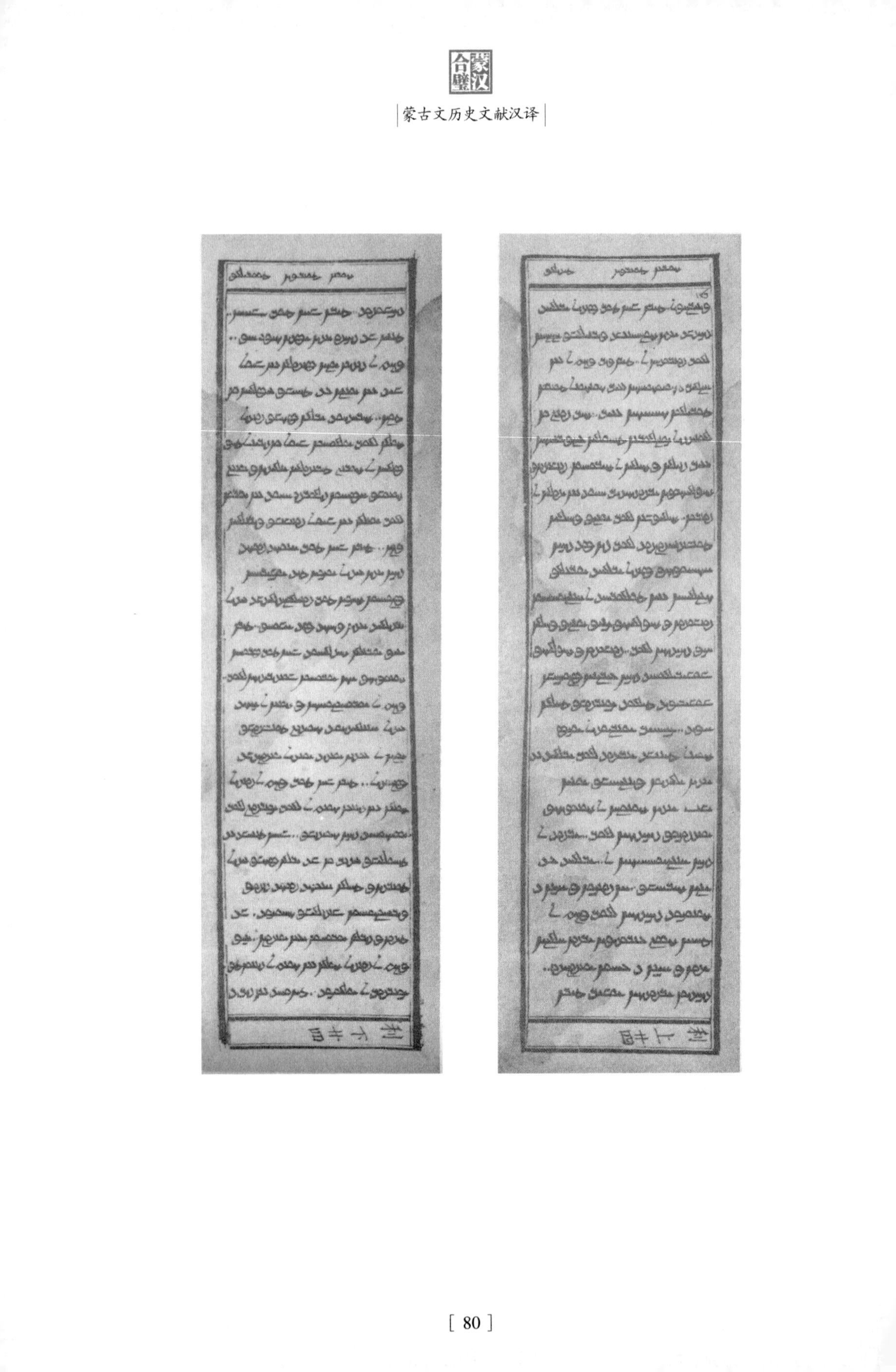

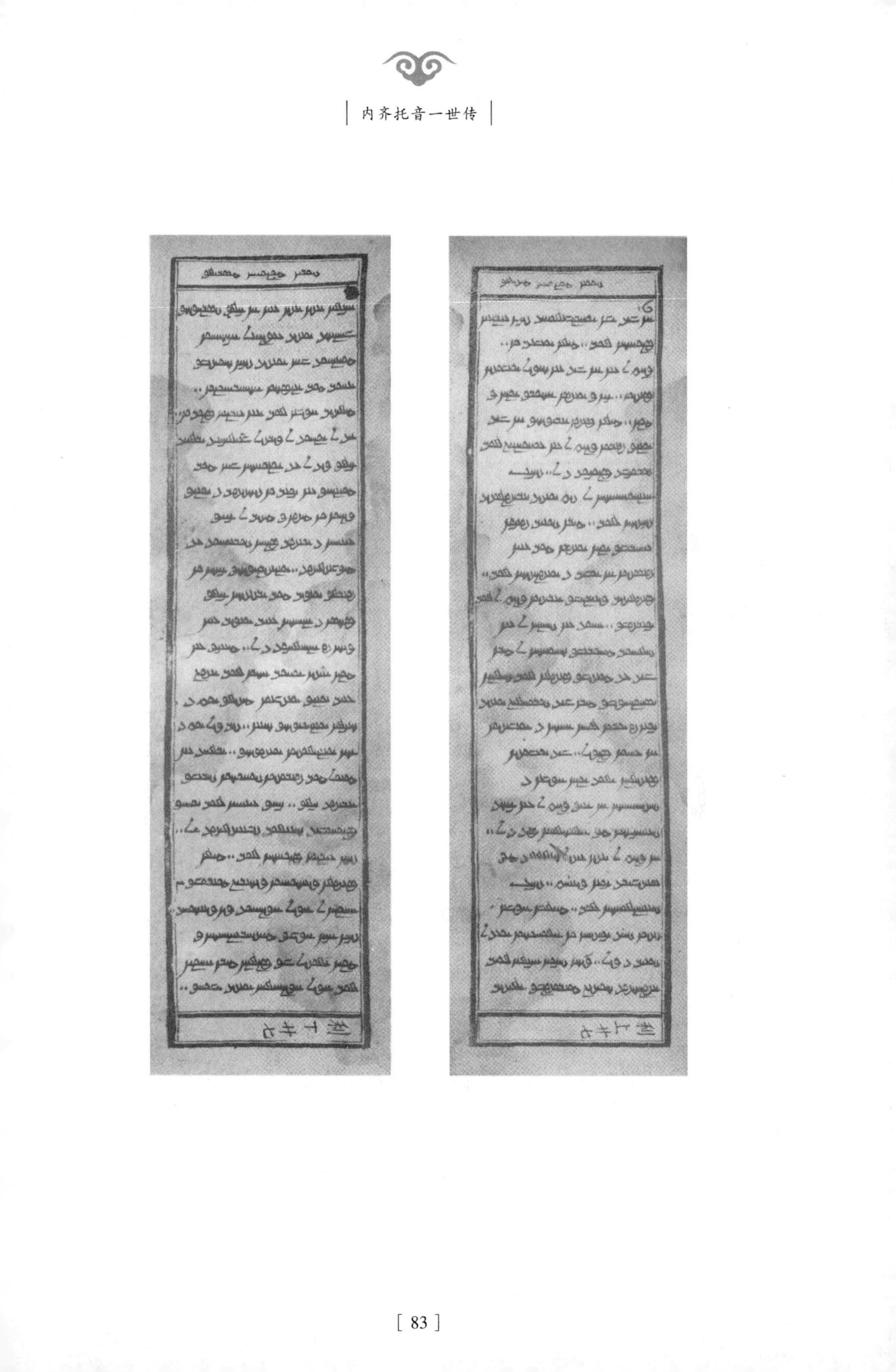

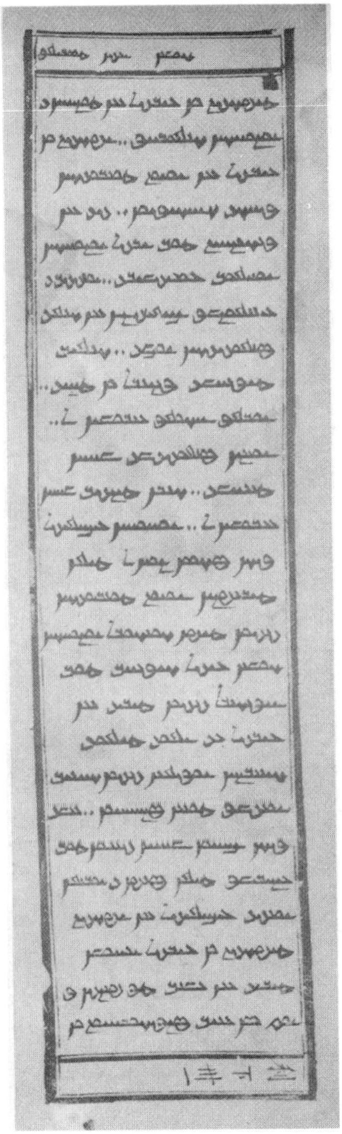

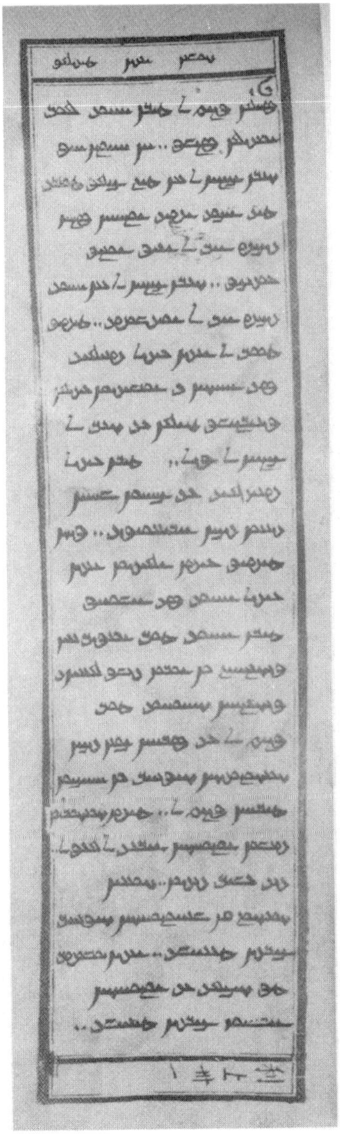

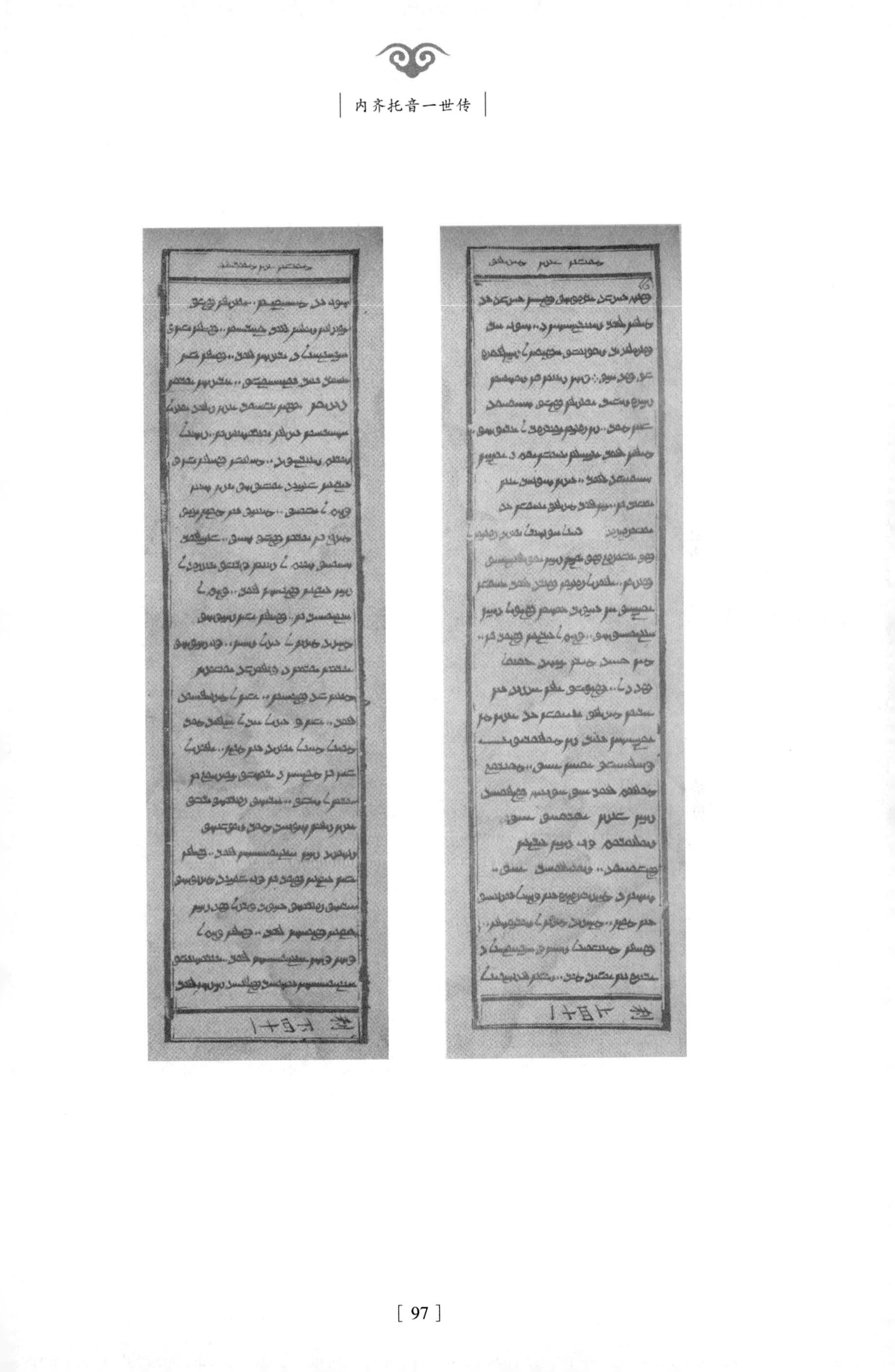

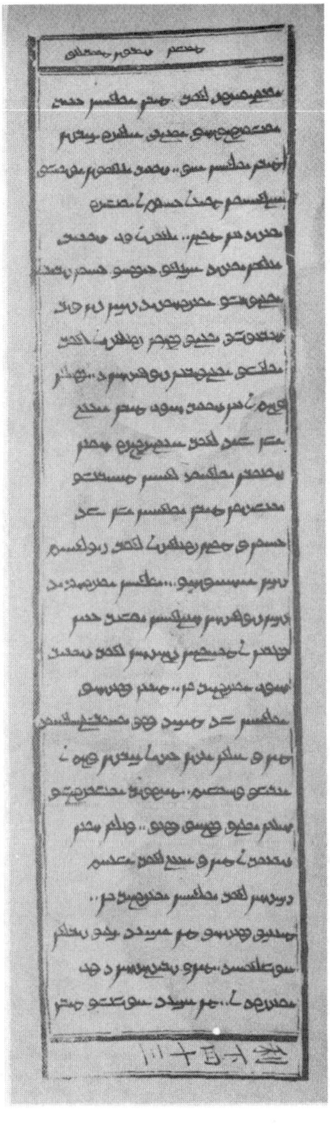

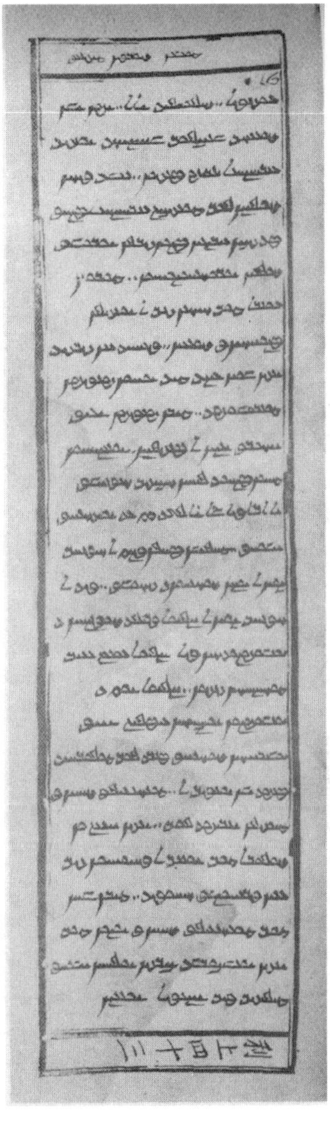

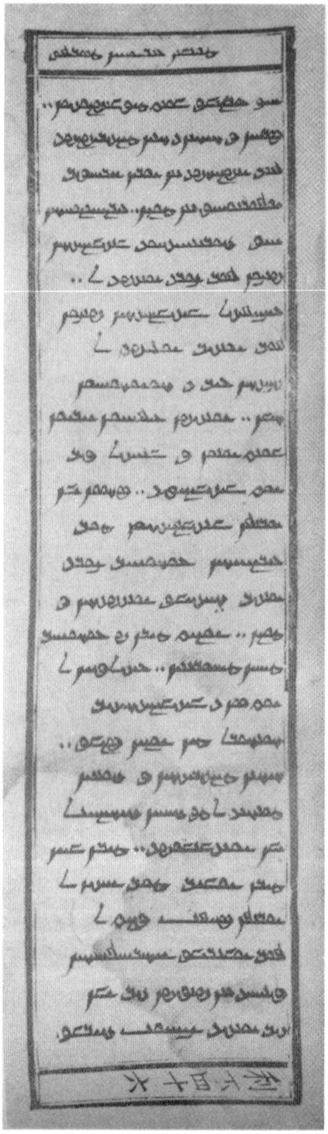

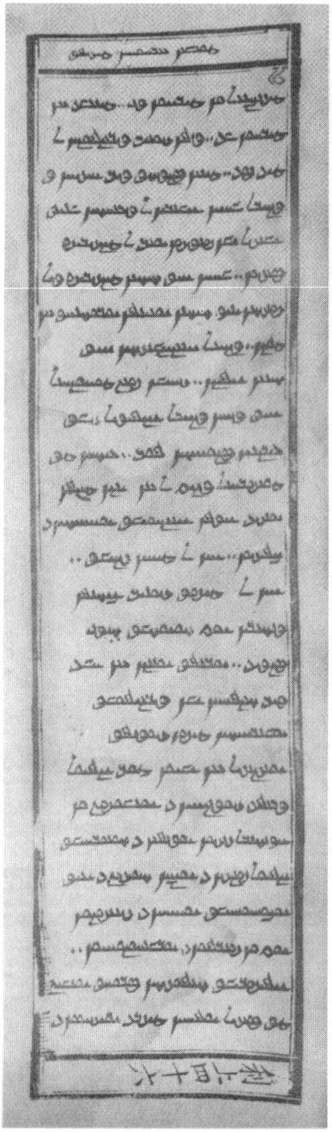

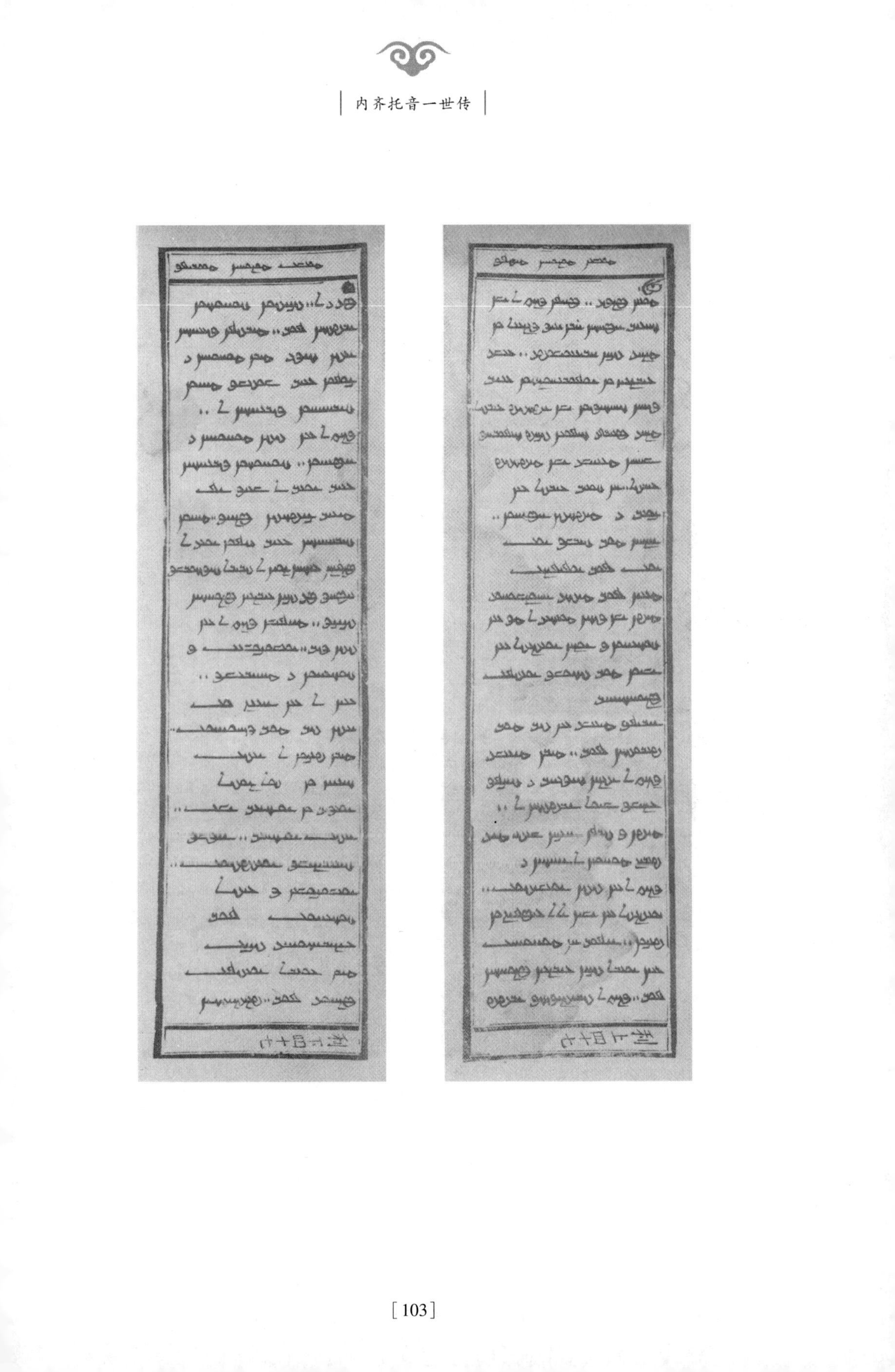

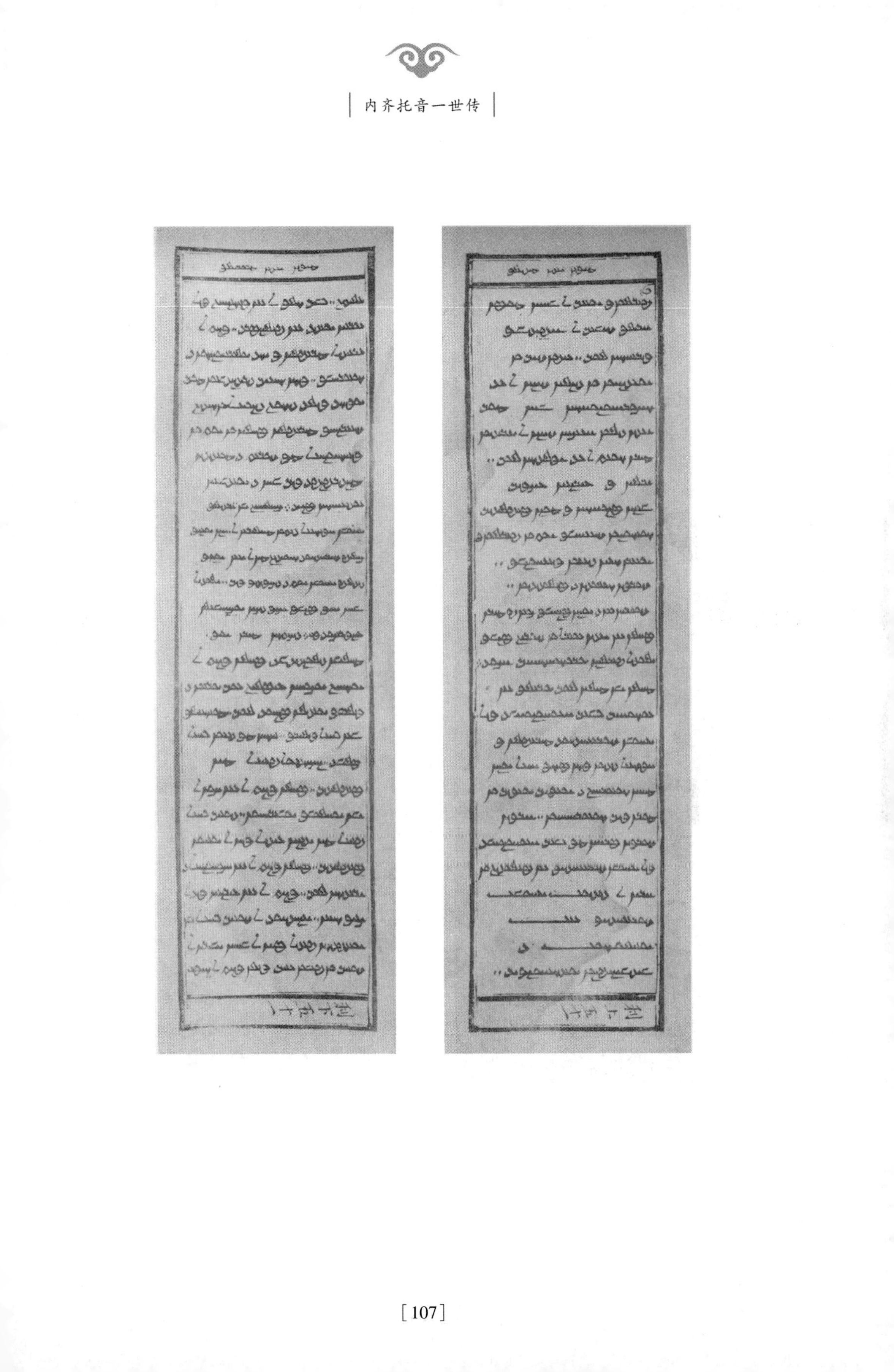

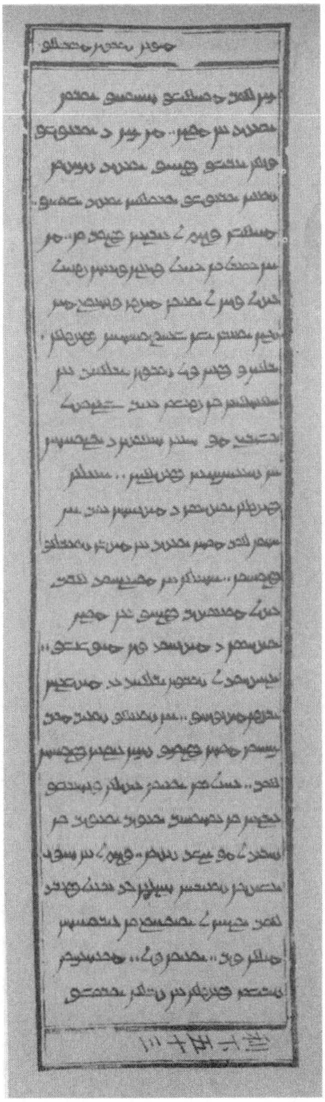

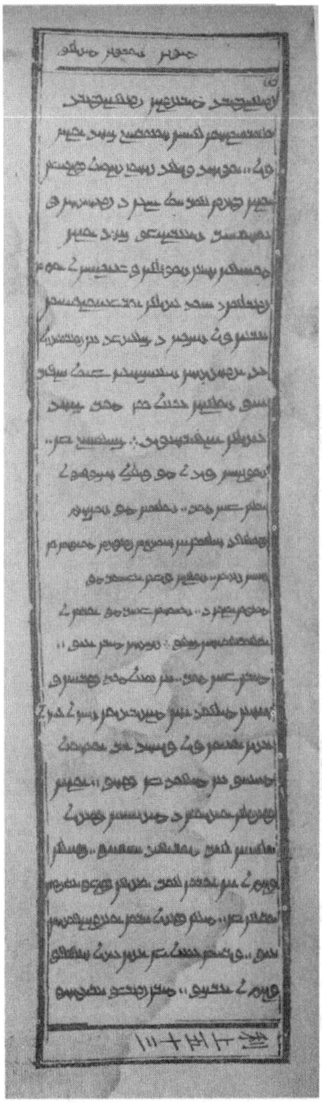

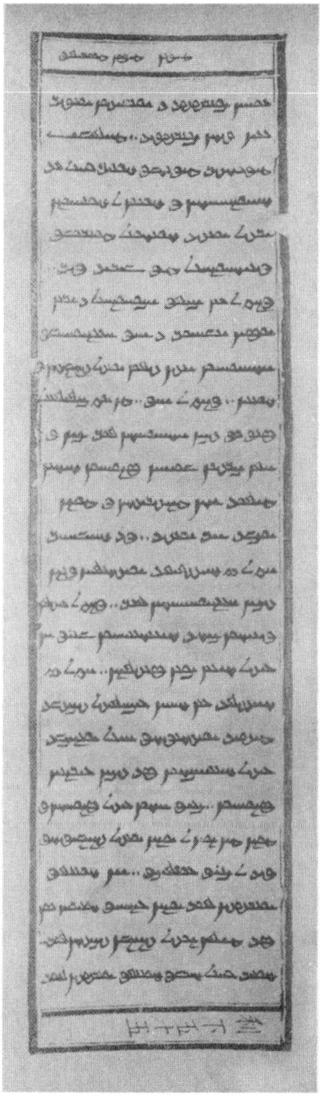

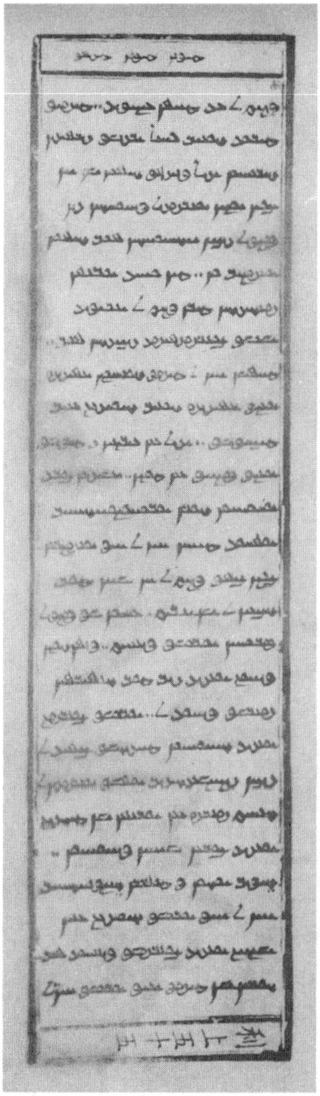

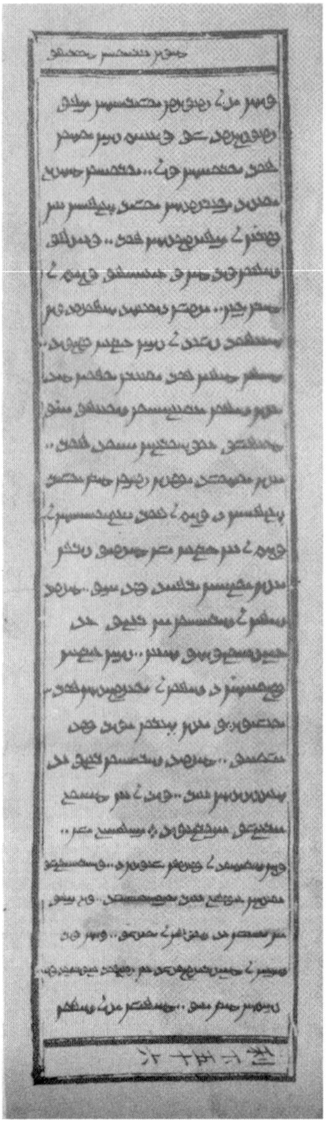

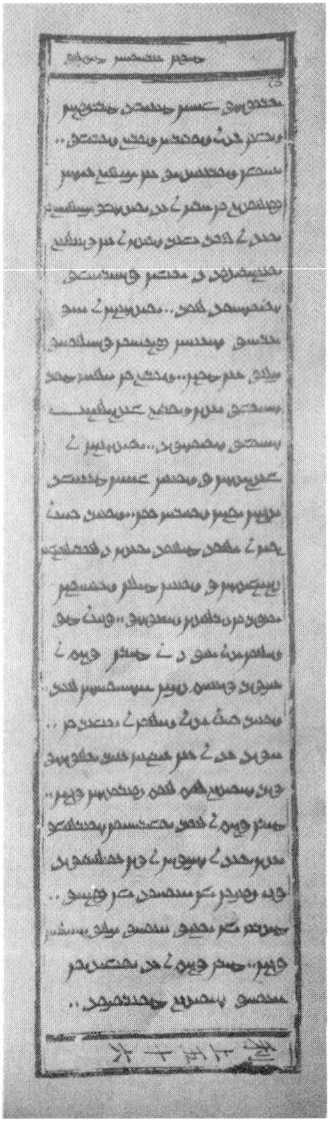

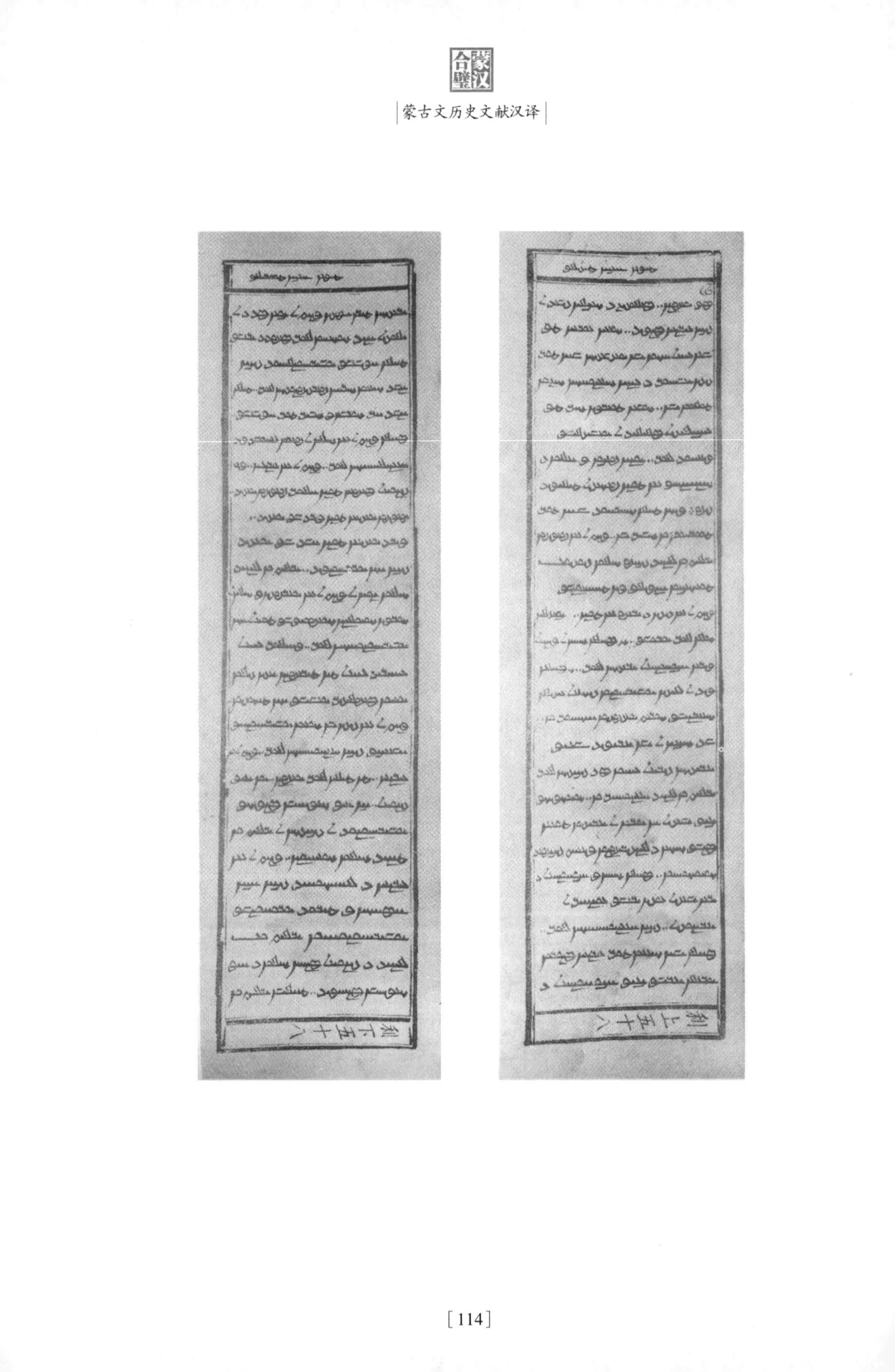

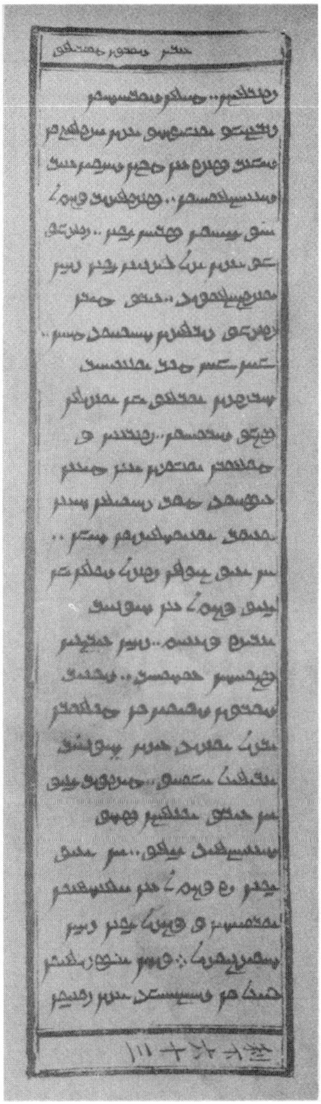

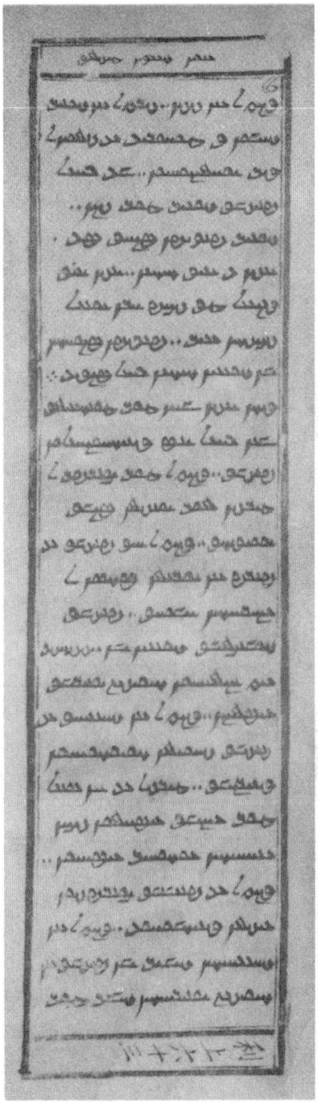

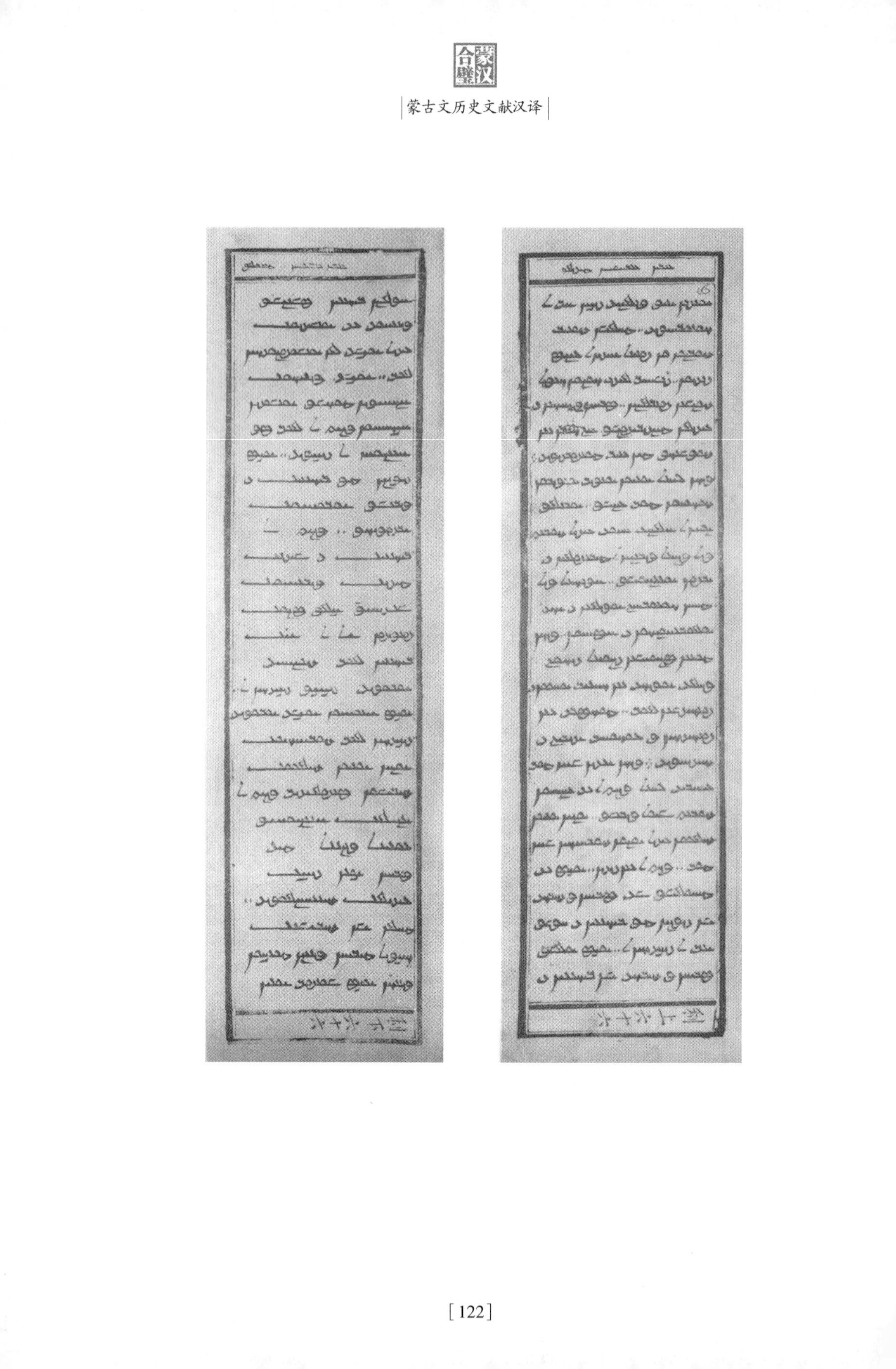

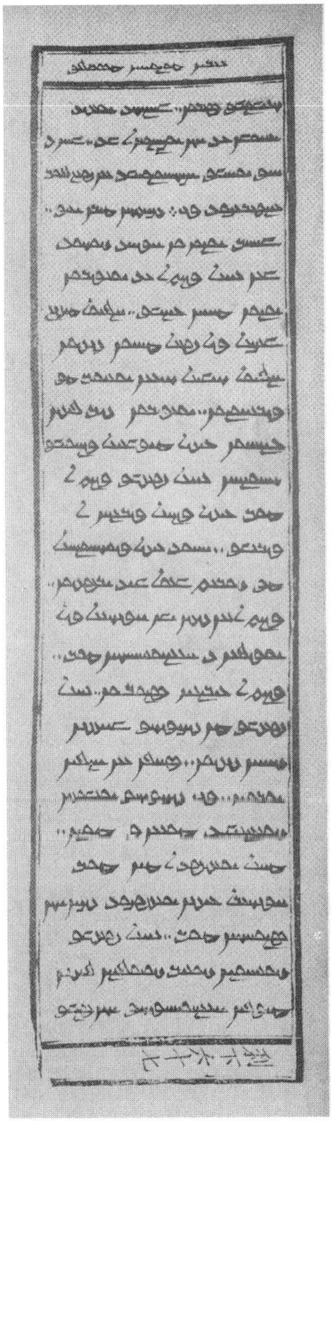

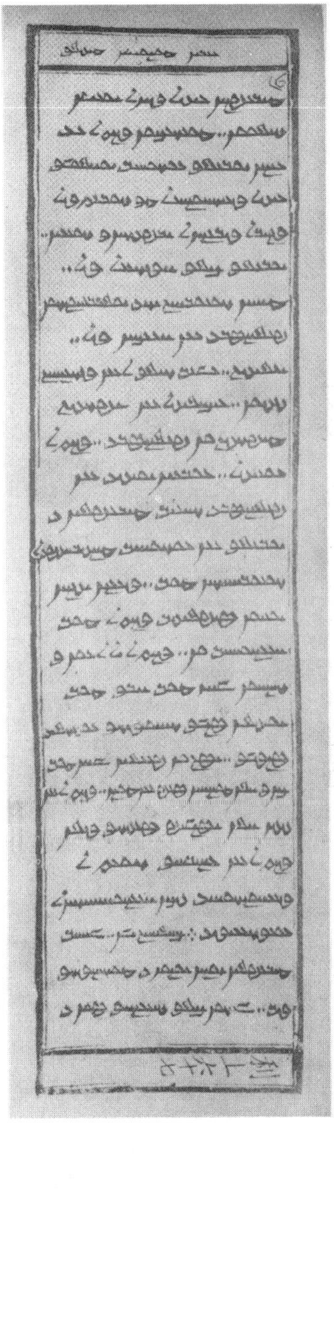

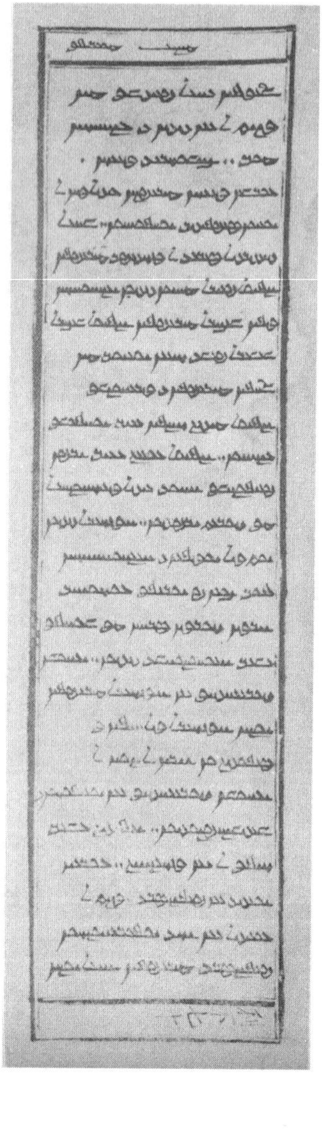

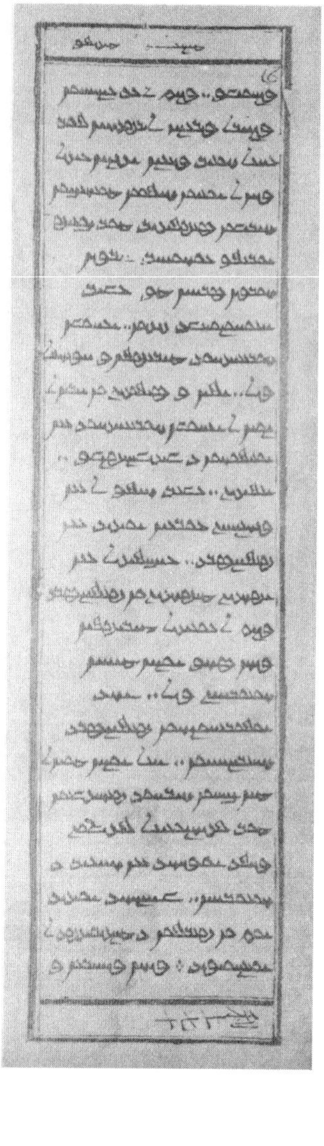

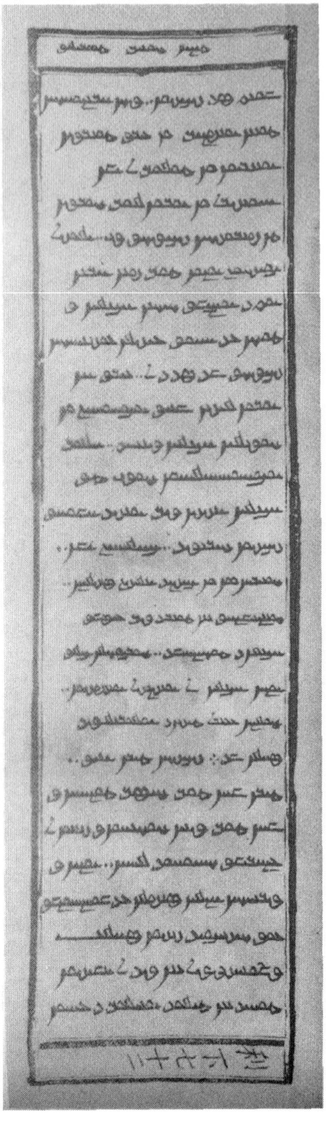

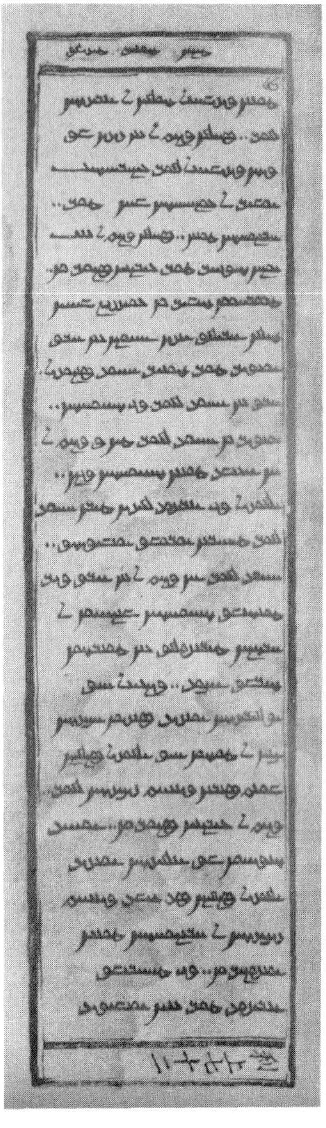

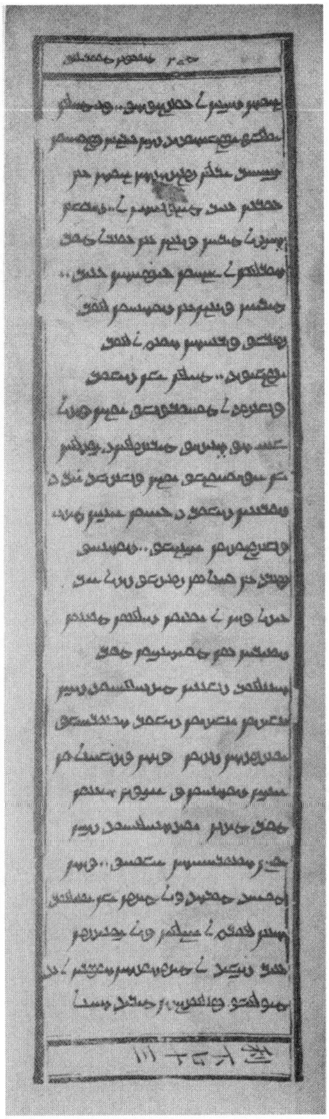

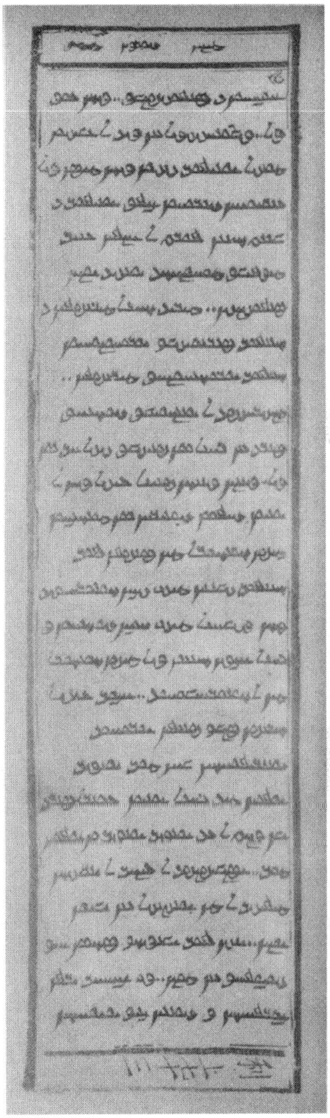

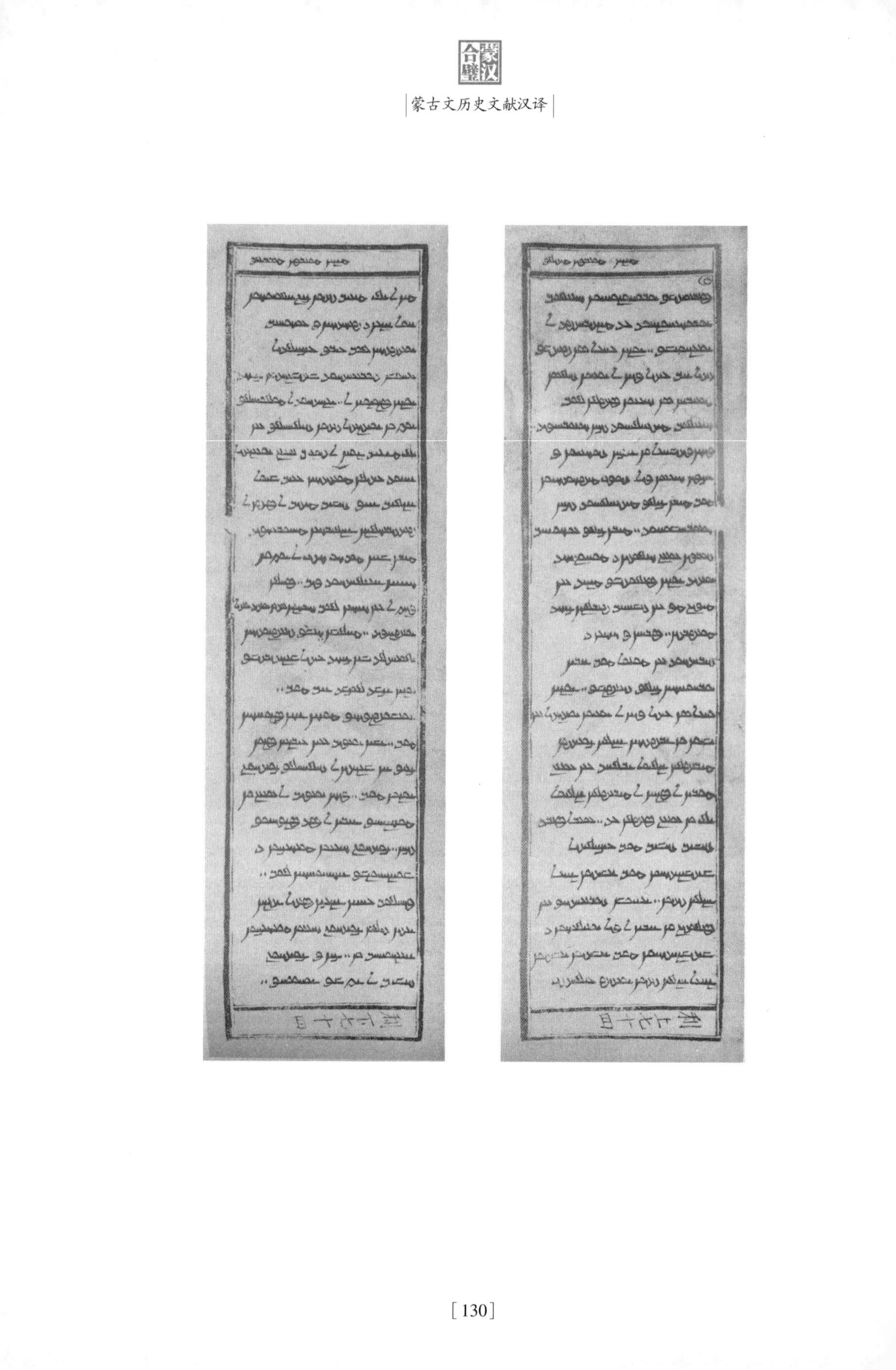

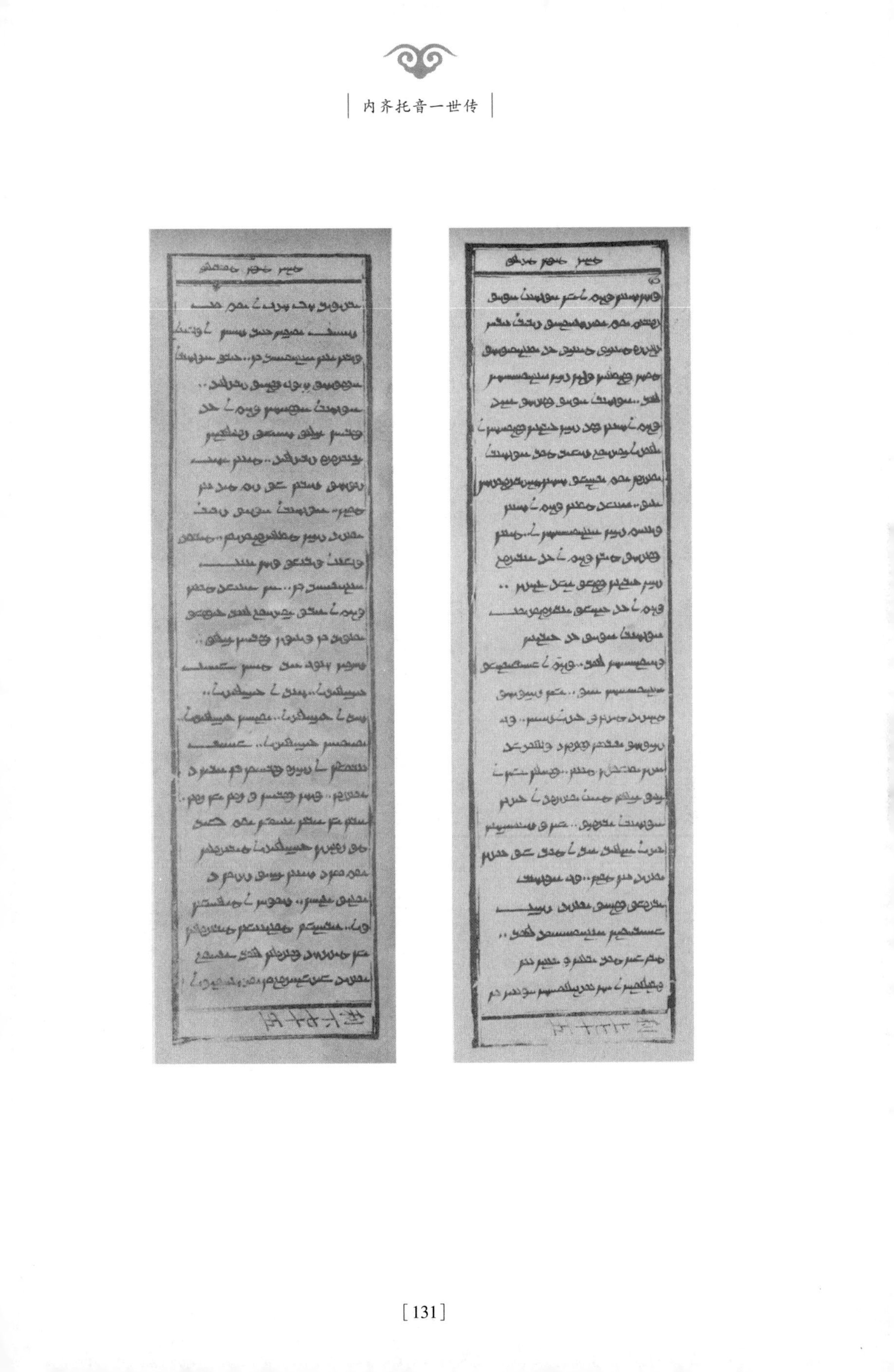

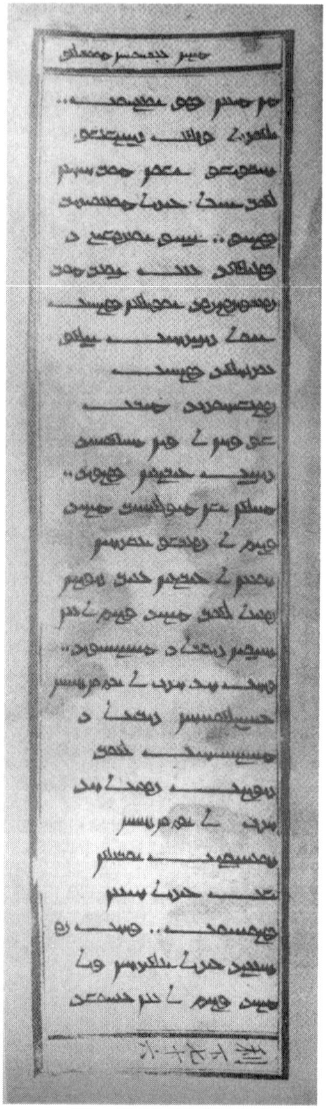

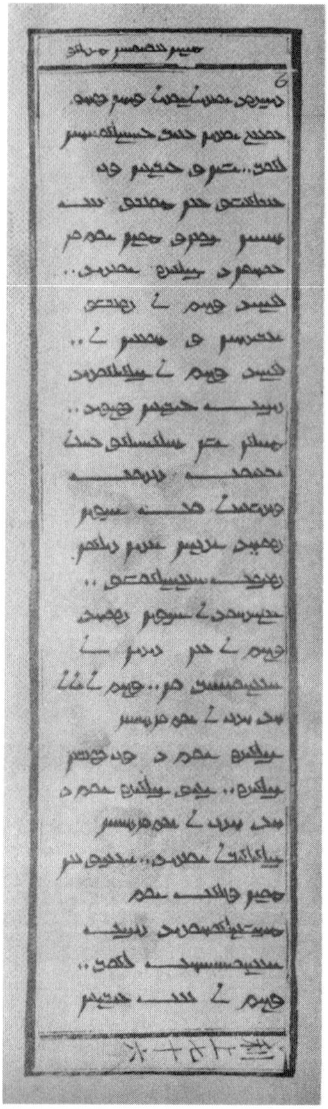

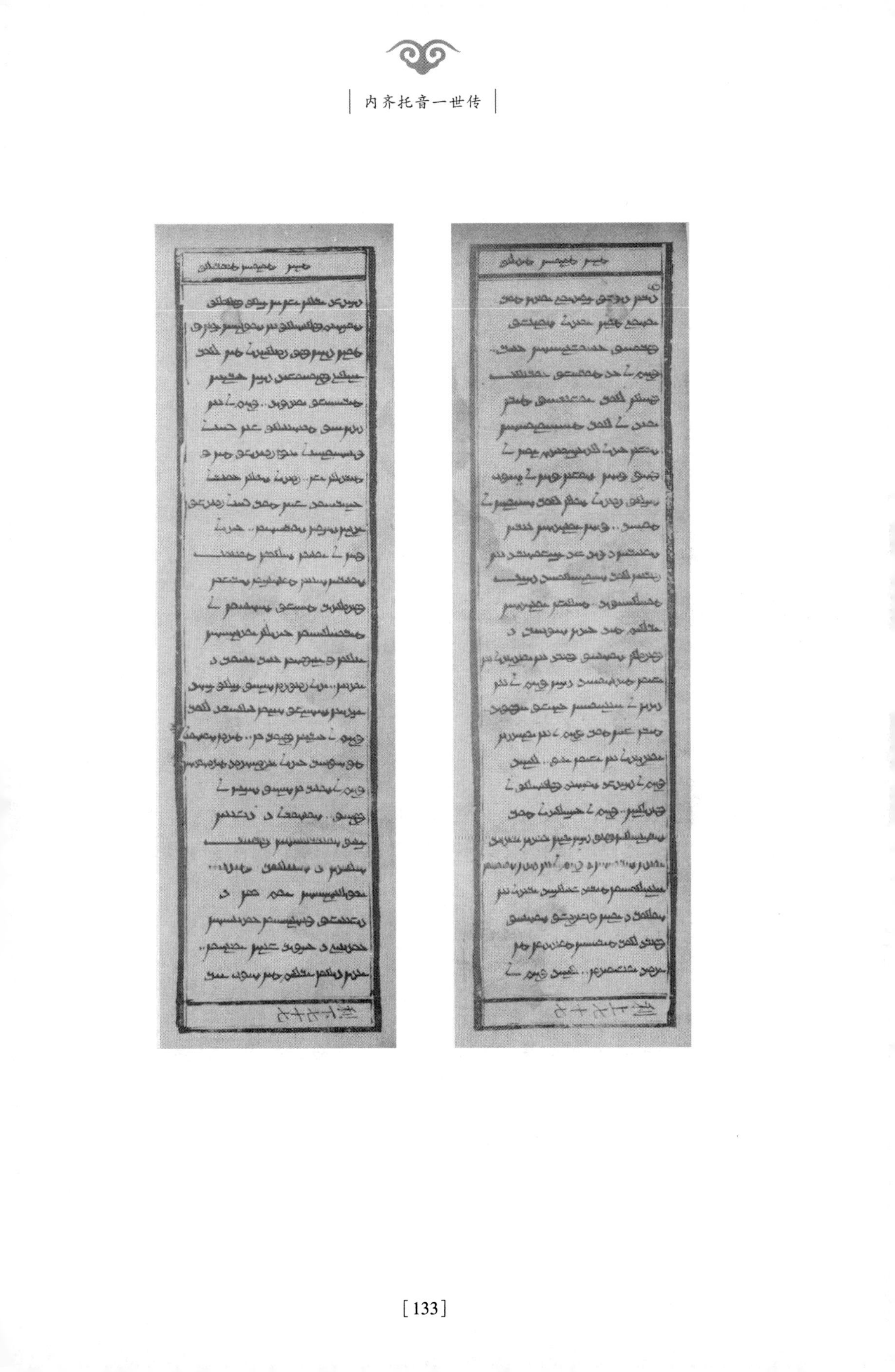

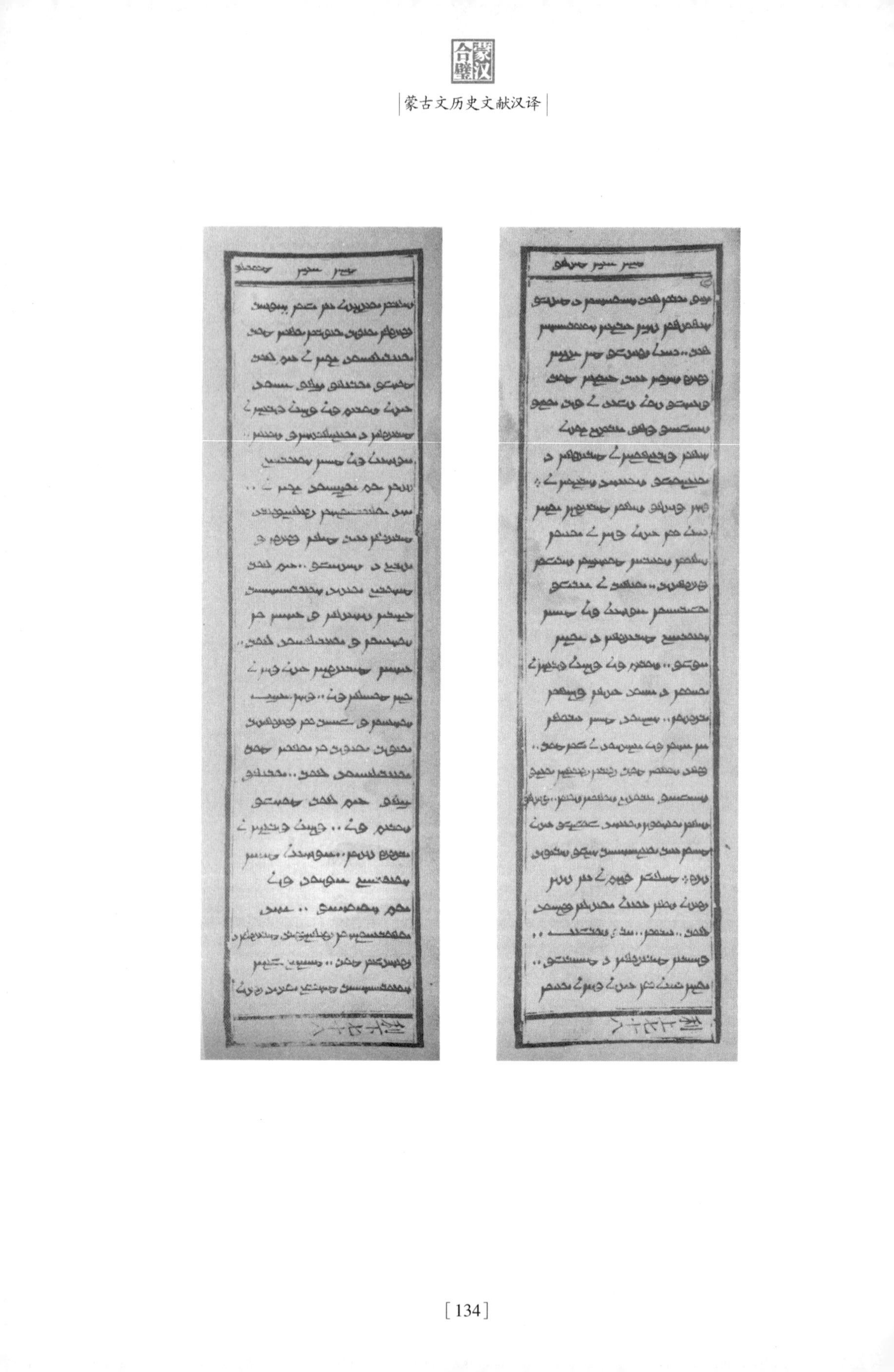

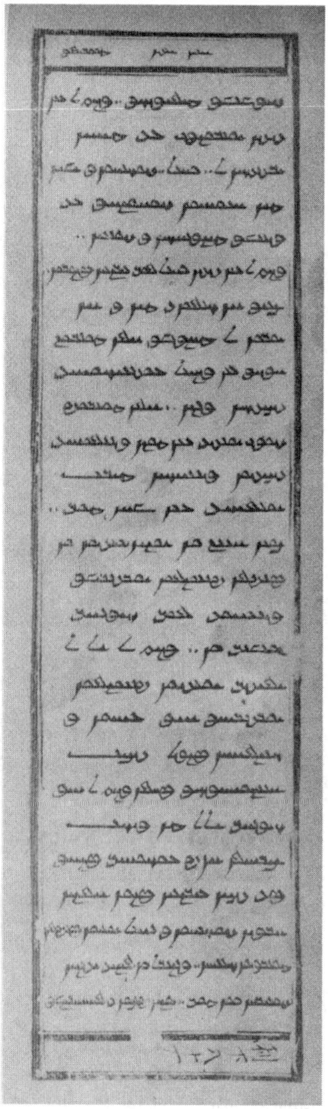

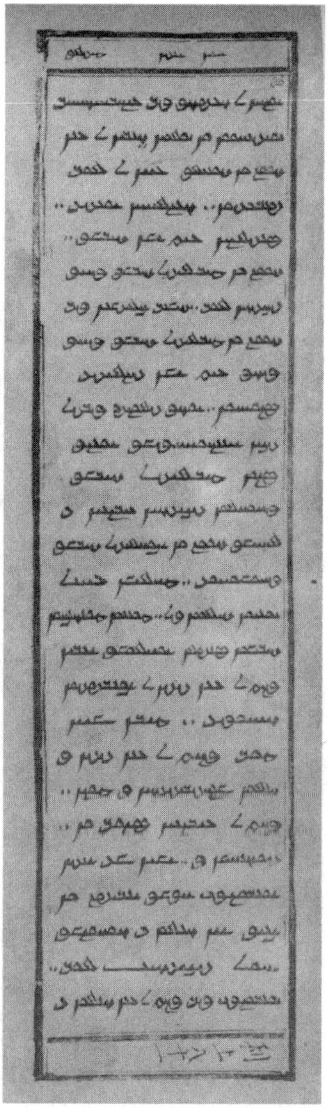

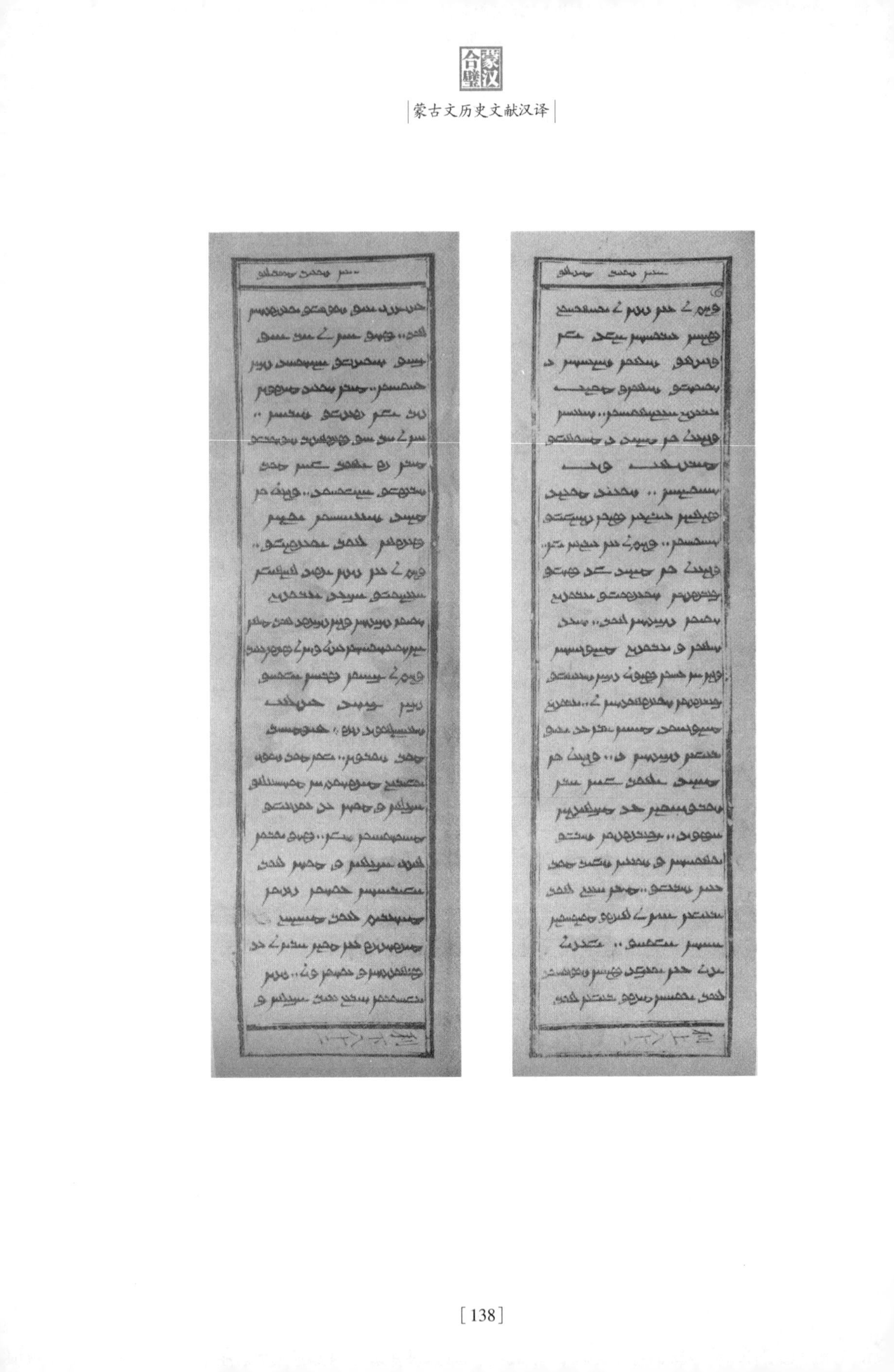

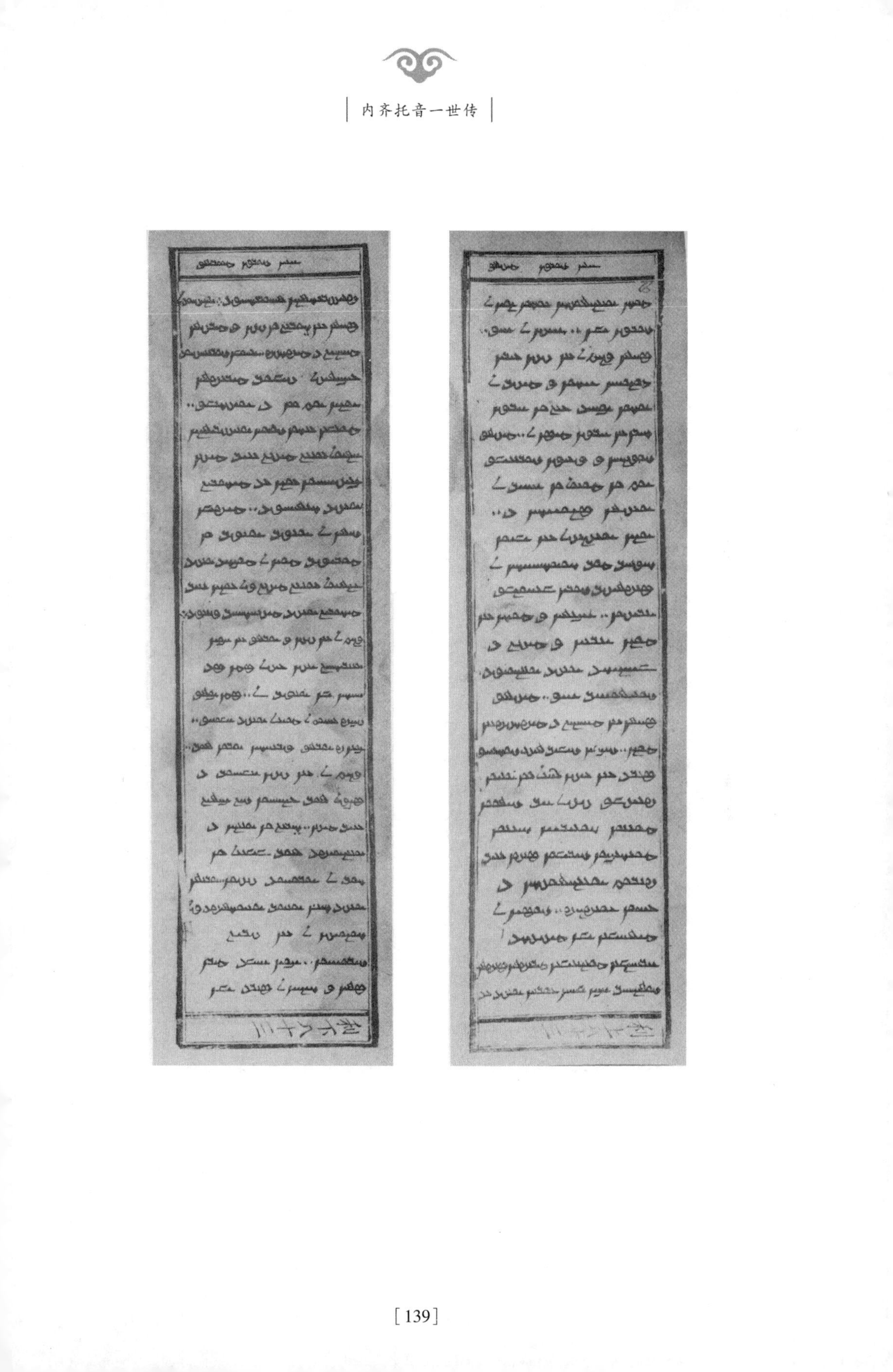

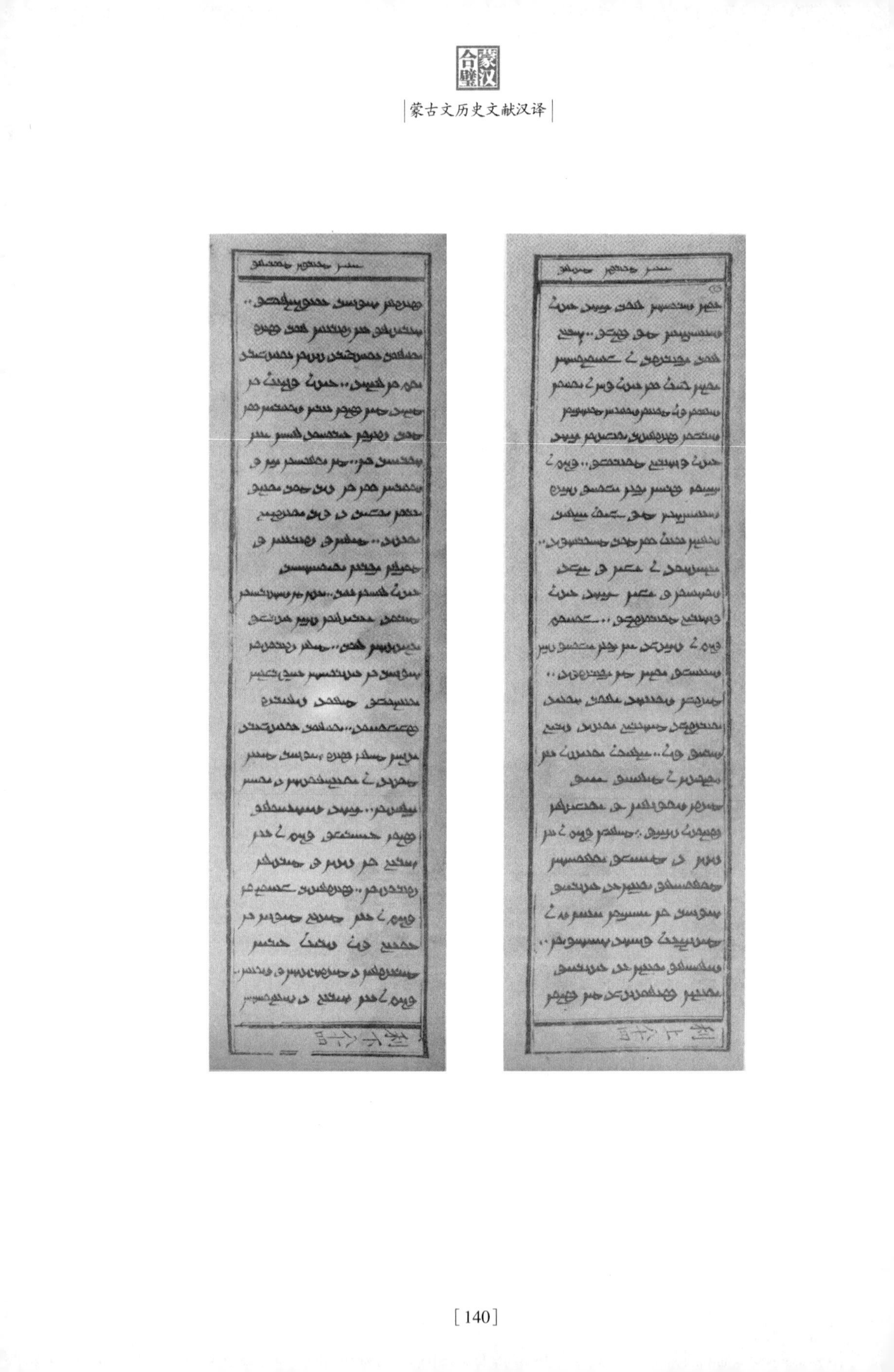

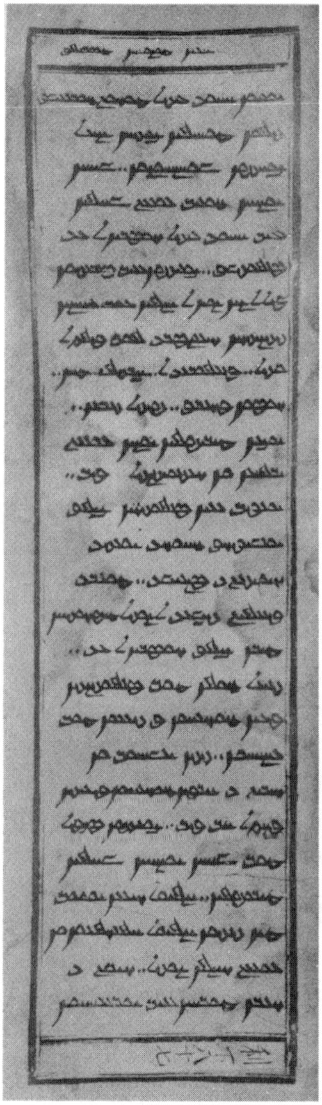

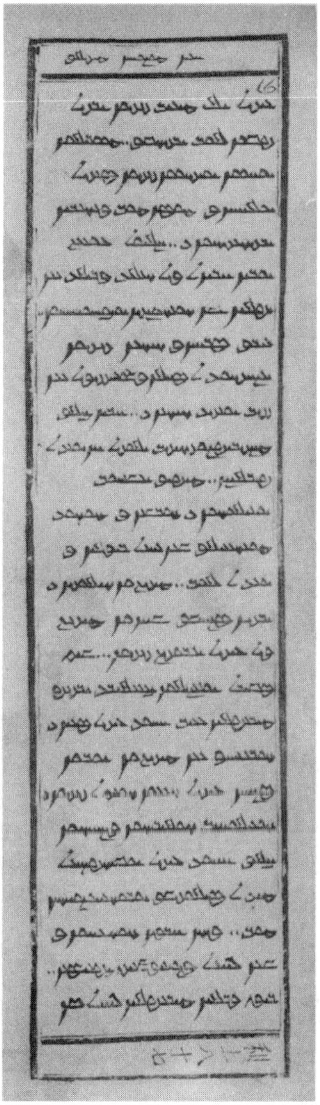

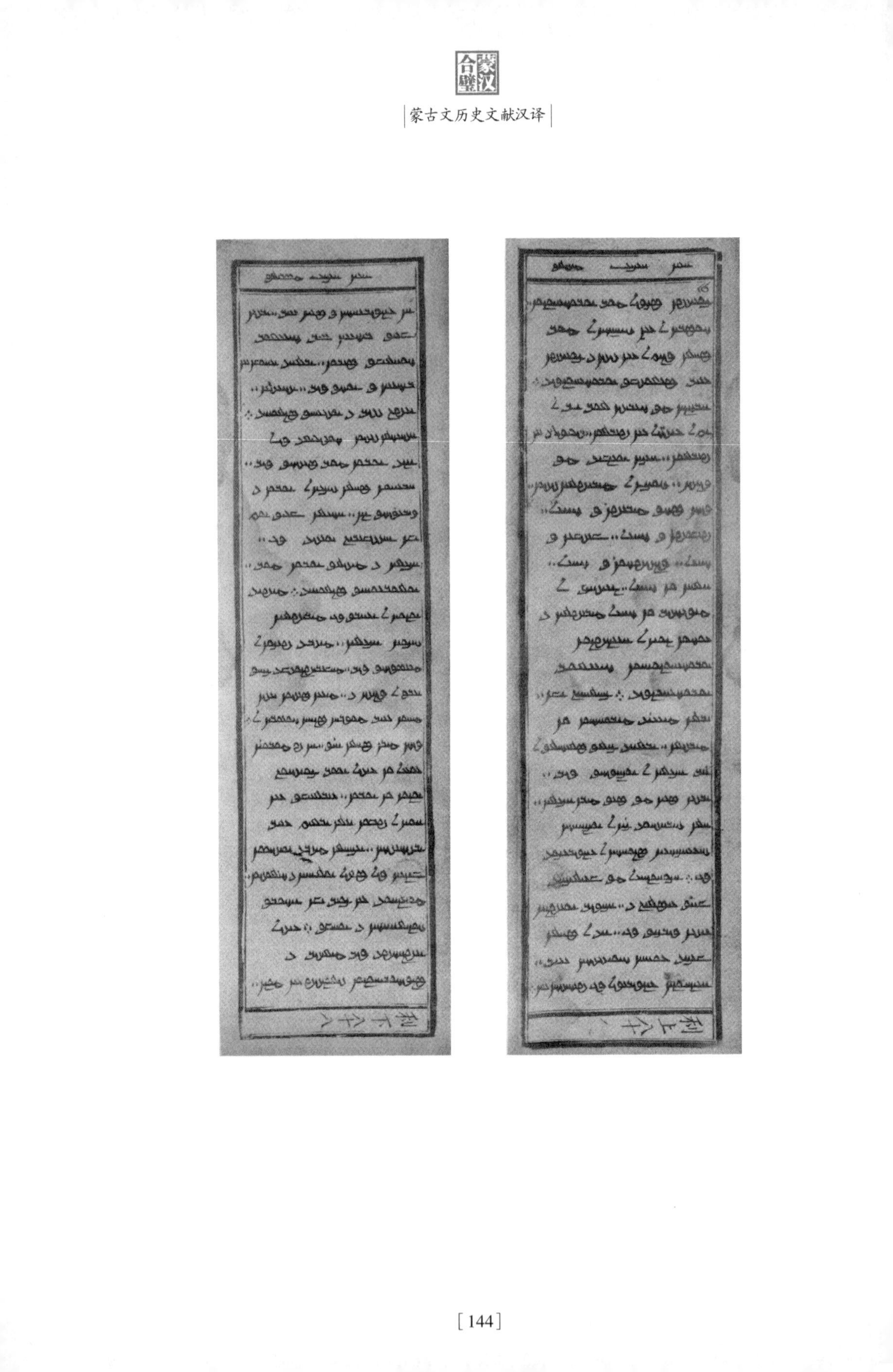

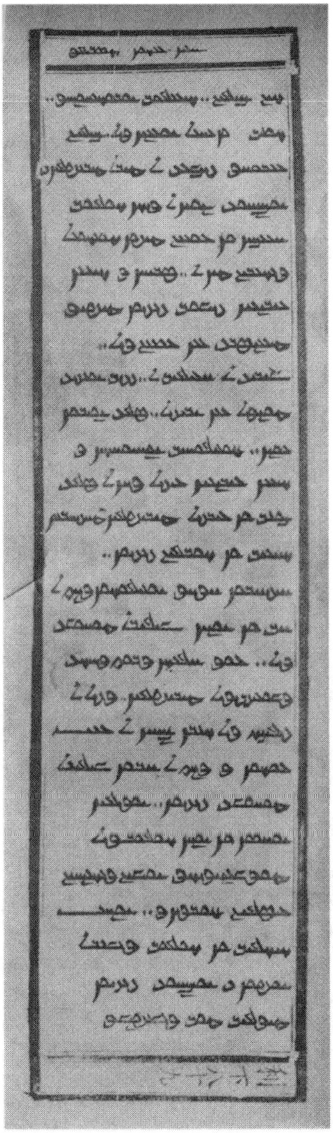

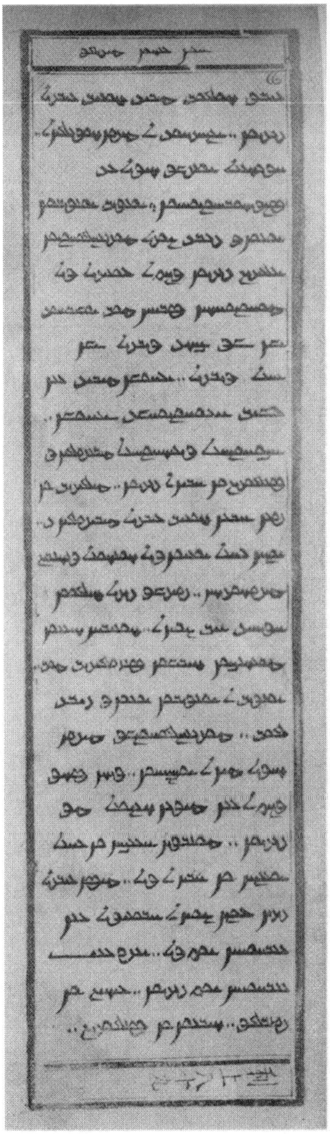

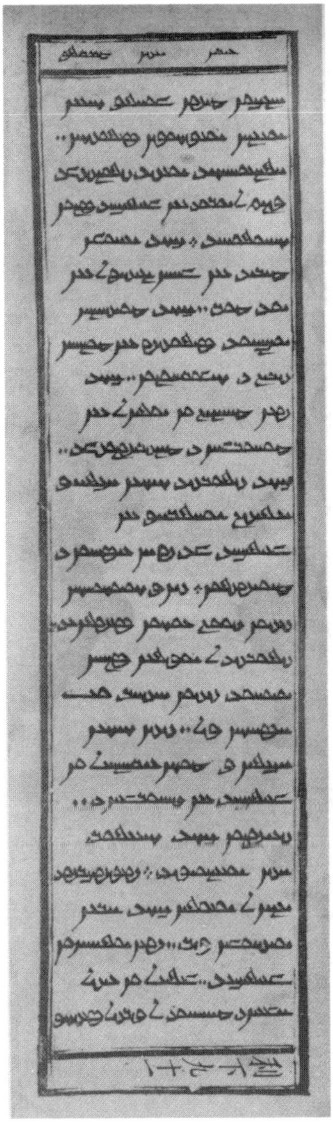

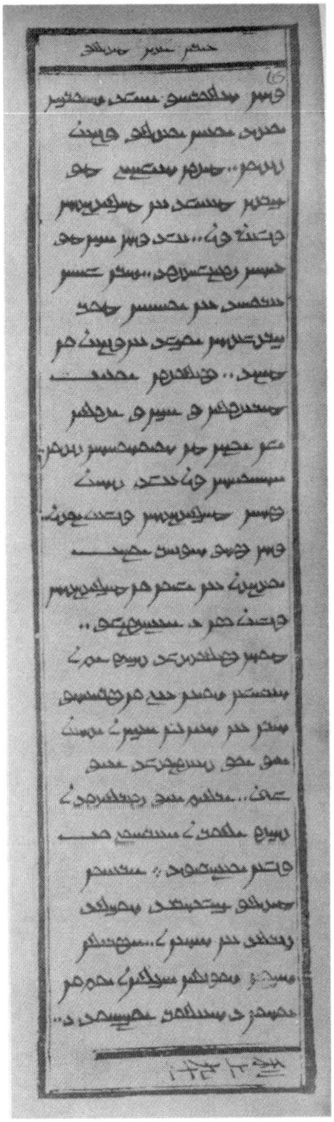

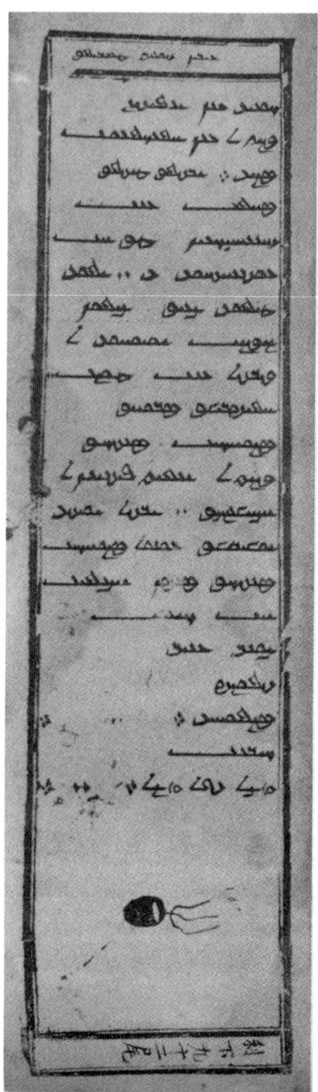

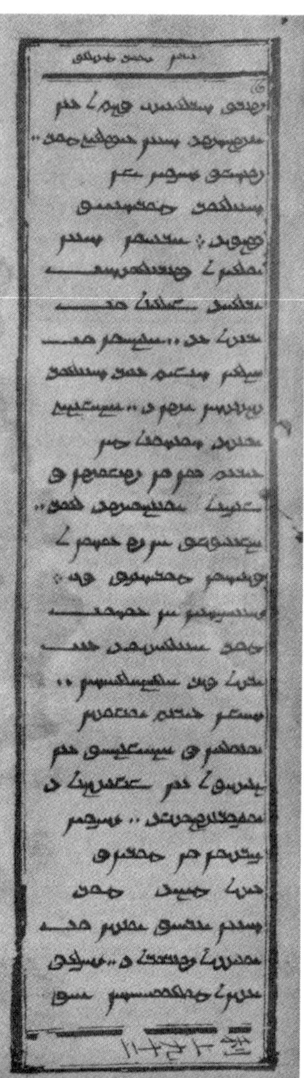

内齐托音二世传

(清)达磨三谟陀罗著　乌力吉图译注

目录

绪言 …………………………………………………………………………（1）
主篇 …………………………………………………………………………（3）
第一章　童年时代 ……………………………………………………（3）
第二章　选入大召 ……………………………………………………（6）
第三章　学习佛法 ……………………………………………………（8）
第四章　奉命为使 ……………………………………………………（11）
第五章　退居佛寺 ……………………………………………………（22）
第六章　中道圆寂 ……………………………………………………（30）
第七章　弟子执事 ……………………………………………………（32）
结束语 ………………………………………………………………（37）
蒙文影印件 …………………………………………………………（39）

绪言

一、开卷祈祷

叩拜遍主，具足庄严，七聚胜者，金刚渡母，与彼具足，无异之法，变化之身，四智之性，尊卑之根，如意摩尼，三业之引，上师威王。

且夫：

敬请无转之上原，消逝之法身，具有遍光明身之魔力，妙相之体，玉体随好，善饰缨珞，展现虹宝，尽善尽美，吉日之至，雅望之飨，信念之本，庄严遍主，金刚渡母，赐予吉言。

敬请具有红花丽质，视之无厌，具足童身，以明察秋毫，智慧宝剑，斩断迷网，予生灵以一切有情之智，六十音韵，美妙歌喉，博学妙主，持明智慧。

敬请具有洁白美丽，视之不厌，音容优美，窈窕淑女，以琵琶之曲，幽雅庄严，传之耳门，于一切有情之意，畅行无阻，妙音天女，出自海中，栖于喉内，讲述语义，赐予瑞祥。

敬请视以怒目，踏以九舞，镇压妖兵，征服邪恶，以高明之识，希求之义，慨然惠允，至上佛陀，六臂神灵，扶助吉祥。

叩拜贤洁善识，经典法术，咸予探究，循循善导，训诫施行，二道次第，能者之教，如日之至，二世胜者，父子相传。

叩拜东方信徒，雄辩善慧，海内驰名，持之教幢，解脱争难，具足完善，千光焕发，圣贤喇嘛，于彼十地，清净至上。

二、内容提要

谨据人之所念，耳之所闻，心之所知，略述具有三宝本性的呼图克图喇嘛灌顶、法术、续部三恩具足之行状。

请智者耐心披阅。在此，为有识之士概述在东方蒙古国传播二世胜者宗喀巴首创之教宝者、圣翁内济陀音喇嘛之转世、声名赫赫之陀音呼图克图阿旺罗桑丹比坚赞之传记，其中包括：

圣僧陀音呼图克图阿旺罗桑丹比坚赞贤庄明公出世缘起；

奏报圣主，迎至本寺；

学习经教；

钦奉圣谕；

修造伽蓝，建立道场；

训诫，圆寂；徒众持教。

主篇

第一章　童年时代

先说明公出世。他是承天启运圣武成吉思汗之弟君主哈萨尔的后裔，出身于明安兀鲁思诺颜之门，其父斡齐尔台吉，其母阿迪思。他诞生于辛亥年仲秋月初一日拂晓。他刚一出世，即声称："我要盘腿坐！"又说："坐上首！"

其母初怀孕时，梦见众僧敲锣打鼓，诵经沐浴。其父则梦见彩虹映现，日月当空，便说道："此子托生，正应验了这些梦兆，他的相貌俊美，我们十分喜爱，一定要干干净净地抚养他。"便给他洗了澡。

他在三岁上，对其祖父说道："你是大内济，我是小内济，应当带头念经。"便读起《无限归依经》、《发心经》与《不可思议经》。由于他远近扬名，遂被查干毕如瓦扎纳、额尔德尼智海、车臣衮布等人听到了。

是时，先翁圣僧的弟子土默特的查干毕力克图禅师，在赴西方行善并往拜萨迦大地与胜者父子之时，向班禅圣识一切苏玛第查纳活佛、底摩护法者、噶本绰桑穷等奏报此事。他们降旨道："为禅教生灵之利，护持蒙古禅教的老翁喇嘛的变化身业已出世。"于是下令："着原座速于空中明文显示其父斡齐尔、其母阿迪思之名。要为活佛祈祷无崇，反复诵读《本尊秘要罗刹王经》，诵读十万次《白伞盖天母经》，尤须尽力诵读《药王经》。"

于是，禅师向本寺及地方檀越、弟子们发布公告，举行上述祈祷，结果，甚至超过了规定指标。正当那公告送达之时，喇嘛活佛出世的消息也传到了活佛的家乡——位于呼和浩特西北的明安兀鲁思。那里的檀越和弟子们听说出了这样一位神童，年老的弟子们便对墨尔根毕力克图和瑜伽二人说道："这公告上讲的和我们听到的那个童子，其方位及父母之名都相符，你们前去探察一下吧！"在他们到达之前，童子声称："我的两条狗来了。我从前曾用肉喂养过他们，如今你们拿饭喂饱他们吧！"

二位弟子来到之后，童子坐在瑜伽怀中，诵读《膜拜僧众五明经》，并对瑜伽说道："你要记住它！"对墨尔根毕力克图说道："在呼和浩特小召，有我的寺庙、佛像和经堂，还有我的弟子。"当问及："那些你都认识吗？"童子连声答道："我认识，我认识！"两位弟子拿出许多佛像，并问道："如果认识，你看这里有没有你的佛像？"于是，童子认出了自己的释迦牟尼像，说道："我就是被派往科尔沁的那位厄鲁特长者喇嘛。你们认识救渡佛母吗？"二人答道："我们不认识。"童子说道："这不是吗！"遂提起了由此继承下来的东部地区王爷、公主之名。墨尔根毕力克图和瑜伽二人心想："无疑是他。"便嘱咐其父母好生注意清洁，言讫而去。

他俩回来报告情况，说道："我们认为肯定是他。"随后，查干毕如瓦扎纳与前世活佛的秘书额尔德尼智海二人又亲自前来谒见，毕如瓦扎纳头戴前世长老的一顶网冠，他见童子以嫉恨的眼光打量他的帽子，便问道："孩子，你为何反复看我这顶帽子？"童子答道："这本是我从前的帽子，可如今它却成了泰宾之子的帽子，因此我看它。"毕如瓦扎纳闻言，跪拜哭述道："我的三十个兄弟及六十个徒弟，谁都不知道我父泰宾之名。"遂深信无疑地想道：肯定是我的圣人。额尔德尼智海便留下来侍候童子。

童子五岁之时，一日，诵读了《最胜次第论》与《白伞盖天母咒》。又一日，把家乡的哈剌盖图山称为雪山，说道："让我们在山前落脚吧！"又说道："今天不就是吉日吗？让我们出行吧！"遂前往那雪山之阳。回来之后，走进父亲屋内，坐于褥席，对他的父母亲说道："白天我到你们家里来，晚上我去额尔德尼智海家里过夜。"遂依言而行。

一日，童子仔细打量着他父母亲家里的佛像问道："额尔德尼！这是什么佛?"额尔德尼答道："这是宗喀巴！"童子又问："谁说这是宗喀巴?"额尔德尼奏道："自古即如此扬名于诸贤。"童子含笑，说道："我不在你们这里住，我要回故地去！夏天来的鸟儿，到冬天该回去了吧！"遂将认领的全部佛像、佛经和钵盂拿出来，检查整理了十天。然后，让人制备神灯、线香、供品，并让人朗诵《宗喀巴传》，细心听取其中的词句和含意。又取过额尔德尼智海手中的《罗刹十三佛灌顶经》，亲自阅读，并说道："我要朗诵！"遂鸣奏乐曲，说道："我要叩拜三遍。"言讫而拜。

又一日，从家往东南方向走去，说道："额尔德尼！你们那里有我的人畜财产各一百零八种。"言毕祷告道：

"叩拜赋予一切法术、镇压秘妖的尊贵罗刹、无比幸福、无限美满的本尊佛。

叩拜慈悲尊贵的释迦牟尼、赐予永寿的阿玉什、赋予无上安乐的药王和生灵的诸般信念。

叩拜赋予阴阳之极的文殊师利、以慈佑悲悯的目光观看生灵的权威金刚持、幸福的三信念。

合十叩拜攘除可怖灾祸的阳光，赋予天上安乐的白伞盖天母、攘除妖孽、障碍、瘟疫的绿衣渡母。

敬请人慈大悲！

敬请拯救八难的救渡佛母、赋予永世幸福的金刚亥母、赋予妙智的妙音天女，为我祝福、慈悲、恩佑！"

又合十祷告："我信仰喇嘛！我信仰佛陀！我信仰佛法！我信仰佛僧！请速保佑我！"曾在那里居住过的额尔德尼智海等僧侣都记下了这些内容。

按：为禅教、生灵的利益幸福而思索，待东方平定之后，朝阳催开憧憬期待的莲花，当旭日东升之际，巡游暗夜的众魔之鹰便会失明。催开昔日葱郁的智慧莲花，赋予庄严的微笑，当暗夜的信念之光，毫无影垢的月母，在天空出现之时，便会引起无限信仰，发出妙语精华。

这是章节之间的韵文，且系讲述活佛首先诞生母腹，长者弟子们识别受命标志的最初一章。

第二章　选入大召

其次，奏报圣主，迎至本寺。

却说，喇嘛七岁上，老喇嘛们派众弟子前往巴林、扎鲁特、科尔沁等地，向大檀越通报说："让我们向皇上奏报喇嘛的转世佛吧！"全体檀越都表示同意，遂有哲里木、昭乌达两盟所属科尔沁旗、土默特二旗、乌拉特三旗及明安旗的全体长吏具名，与查干毕如瓦扎纳、瑜伽、车臣俄木布、阿玛图库利清贵等人一道上书康熙皇帝，奏道："我们的师翁圣喇嘛的转世佛托生为明安旗斡齐尔台吉之子，并认出其前世的佛像和徒弟，为此，我们准备迎入原寺，让他与徒弟们见面。"皇上降旨道："准奏。"并问道："向西藏的班禅额尔德尼、达赖喇嘛奏报过没有？"回奏道："班禅额尔德尼已来信明言其方位及父母之名。"皇上降旨道："如果你们这些徒弟和檀越们确信无疑，那就迎入本寺吧！"

遂钦奉圣旨，在喇嘛九岁上，己未年孟夏四月初三吉日，迎至无畏狮子须弥座之时，尽管他的父母伯父不同意，声称："他是我们的独生子，无论如何不让去。"但是，皇上派来的使臣声言："奉敕迎请！"遂强行带走了。他的父亲和伯父无可奈何，便跟着来了。

寺内，数以万计的徒弟和檀越集会，举行盛大的祈福仪式，诵读《大藏经》等，举行隆重的坚住足蹠莲座参禅仪式，由参加法会的众僧布施大量茶饭，僧俗全体欢宴三日，还向活佛的父母和伯父赠送了大批服装、白银、绸缎。他们也感到心满意足，向呼和浩特的所有八寺处院进献了茶饭。

同年初秋之月，活佛来到北京，向皇上请安。皇上接见，赐茶招待，还赏赐给他念珠和绸缎。向太皇太后和皇太后请安之时，又赏赐给他哈达和念珠。

于是，返回来向旃檀召活佛献上吉祥哈达，叩拜并沐浴，为传扬禅教而祝颂祈福，为禅教兴盛而祷告。

于是，北京城内，先前的大檀越们纷纷把他请到家里，设宴参禅，并进献了大量供品。于是，返回殿内，来到本寺，十分敬重并大批册封其前任的老弟子们，用餐时，把他们叫到身边，一道进餐。当活佛问前任喇嘛长老的情况时，老弟子们非常高兴，各尽所知，畅谈圣贤喇嘛长老扶持圣贤宗喀巴的禅教，以及倡导经咒佛法的情景，咸谓："我们的圣贤喇嘛为禅教与生灵的利益，如此这般行事"云云，并再三劝谏："如今，请喇嘛安心学好本领，恢弘禅教与生灵的利益，胜过前任才好。"活佛降旨道："说得有理，我一定学好本领，请把你们所学的教给我吧！"

老弟子们总有一两人日夜不离地守候在他身边，传授各自的学识见闻。他们称赞道："他年龄虽小，却能明辨是非，顿悟箴言，问则寻根究底，答则推心置腹。"长老们无不称颂和钦敬，都说："全凭前世佛血脉精气，修炼有功，得到进入更高境界的征兆，所以才这样聪明！"这样小小年纪，提问如此深奥，回答如此流畅，没有幼稚的脾气，而有长者风度，具有喇嘛上师的教养，由此看来，确乎没有忘记过去。"

按：自威严的阴阳二致造就出庄严的玉体，满足禅教与生灵的追求，将尊贵威严的皇帝，尊崇于经幢之顶，虔心供奉，赐予庄严的福利者，非您莫属，持坚轮与面具，政教的礼仪似太阳一般升起。照亮胡言乱语、倒行逆施的黑暗之洲，以进行镇压统治，按照皇上的意愿，迎至无畏狮子须弥座，示以学问征兆。

这是章节之间的韵文，也是另一章，即讲述钦奉圣主之命，迎至本寺，俾与弟子们见面的第二章。

第三章　学习佛法

第三，学习经教。

却说在三十名老弟子中的长老查干毕如瓦扎纳、六十名弟子中的长者瑜伽、墨尔根毕力克图、布顿诺颜智海等人的教导下，活佛默记了《信行意念之喇嘛供养仪轨》、《喇嘛瑜伽赞颂祈愿经》等诸多部类，以及大量祈祷经、施食供品颂等祈祷经卷、《白伞盖邬摩天女之祈福经》、《膜拜僧侣陀罗尼咒》等诸多部类，以及《善行祝颂传》等，默记了班禅额尔德尼苏玛第达尔玛韬瓦扎所著《菩提道红纲》、《往拜圣识一切者之坦途》等探究道次第的佛经，研究了大小道次第。令依怙喇嘛瑜伽金刚萨埵时时举行结界。又令少年僧侣们时时学习依怙喇嘛的瑜伽道纲。

由于布顿诺颜智海精通九个星占数码，便很快向他学习了五种演算要素，观五曜而划昼夜，依日月而定岁时，推算日月偏食、全食发生的年、月、日、时等，学习了音韵原理、星曜环图等等，还学习了占卜中的因果吉凶，根据生年、体态、五官推算运气的相面术、掷石爻卦、靖难克险、查知生儿育女等等。

学习了搠思吉斡节尔所著《蒙文启蒙》一书，掌握了蒙文七个元音字母、九十一个辅音字母、两个边音字母，共计一百个字母，以及结尾辅音的单辅音和复辅音的区别，阳性、阴性、中性的区别，强音与弱音的区别。通过学习《大小秘咒读法》，掌握了蒙文阿利伽力字母阳性、阴性、中性的区别和读法，以及五行的区别。通过学习《信智第四解》，掌握了语音规则中的五个过渡音的读法，从中还学习了诵咒新字母的读法。还时常辅导聪明的少年僧侣墨尔根达雅、卓力克图、达尔罕本博、施海等。据当时的老喇嘛们说："由于提高了学习兴趣和爱好，扶持禅教的愿望和信心更足了。"在法会上，经常向僧众施舍白银和绸缎，并且勤奋学习，尽心辅导。

丁卯年,当康熙皇帝召请三界法王宗喀巴的第四十四世坐床者、著名的文殊师利转世佛噶尔丹席呼图阿旺罗觉坚赞活佛之时,陀音拜见活佛,并受先代比丘戒,以及怖畏十三佛之灌顶;还接受了长寿药王经等恩赐,接受了班禅桑布扎喜所著《怖畏十三佛之成果仪轨》及经部师噶尔迪韬瓦扎所著《长寿九佛供养仪轨》。

从此以后,默记了《呼图克图秘要仪轨》、《罗刹十三佛仪轨》、《长寿九佛仪轨》,以及《六臂依怙经》、《阎罗外经》、《邬摩天女长寿咒》、《毗沙门天王供养仪轨》等,还细心向老弟子们学习了《罗刹始末经》、《饰轮纳绕瓦佛六经读法》、《持缶金刚读法》等,每日拂晓坐禅。圣贤喇嘛长者的高足弟子、终生尽心坐禅者、具足德善庄严者、土默特的查干禅师毕力克图,经常在罗刹十三佛处和他一道结界。

于是,年十九岁,给自己的弟子们以及呼和浩特的僧众们授予罗刹之灌顶。

年二十一岁,辛未年孟春,精通五明者、禅教高僧扎雅班第达呼图克图苏玛第噶尔玛活佛,向康熙皇帝叩安,归途中取道呼和浩特,当其时,与这位圣贤初次见面,遂迎至府邸,聆听《秘要成果仪轨》等佛经。

于是,直至癸未年,听取了教宝庄严大智者章嘉呼图克图阿旺罗桑却丹活佛,及圣识五明、博学经咒之扎雅班第达呼图克图罗桑赤列活佛讲诵的《秘、安、怖三灌顶》、《觉、果、业三纲》、《金刚渡母与金刚萨埵经》、《怖畏独母经》、《成就僧众仪轨长寿佛经》、《黑白妙吉祥彩凤经》《白伞盖邬摩天女经》、《绿白救渡诸佛母经》、《白妙音天女记》以及《狮首天女经》、《黑白依怙佛经》、《黄毗沙门天王经》、《本尊佛陀经》、《菩萨天女经》、《法神经》等大佛经以及有关百耳百目等教诫,喇嘛供养仪轨、原道三尊、祭告之纲等项。秘要罗刹等成果仪轨,灌顶要术、始末原委、善入佛门、施食火坛等礼仪次第的各种训诫。

还聆听了前往西方接受班禅圣识一切者噶尔丹席呼图等方士贤者们的训诫灌顶并受格隆戒,还聆听了有关法术的许多佛经。

还接受底摩呼图克图阿旺格列坚赞活佛讲诵的《成就母仪轨》、《长寿佛之灌顶》等许多训诫。

再次接受赖荣额尔德尼阿旺贡却尼玛活佛所授格隆戒,聆听了二百五十三条戒律,还聆听了班禅额尔德尼僧宝所著《持戒要术》之教戒,成为大经部师。还聆听了德塘衮布呼图克图罗桑却吉桑杰赤列纳木札勒讲诵的格珠杰所著《胜教攘灾经》、班禅额尔德尼苏玛第达磨韬瓦扎所著《四续部之内容》等诸多经咒。

还从噶举贤明法王罗桑巴勒珠尔珠杰处接受了妙音根敦坚措所著之《广持仪轨诫》。

此外，还聆听过许多灌顶、训诫、教导，由于尚未获得全部有关文献，所以未能尽述。

以上，是我依据执金刚师长却吉达纳三谟陀罗活佛，以及执金刚绛恰、西藏喇嘛嘉扎三谟陀罗、西藏喇嘛散第三谟陀罗、大喇嘛嘉扎、大喇嘛禅海等人的谈话和记录写成的。

按：在经咒大海之门，初次记诵学习一切戒律之神祇依怙等奥秘，以及智者之八函经卷，获得优异成绩者，唯您而已。教诫之海注满心之善器，辨别得失之智慧愈益分明，睿智慈慧、焕发胜业之庄严，卓著于禅教与生灵二者之利益，为此胜教与圣者所器重，持禅教之中心解脱幡，示戒之尊者，取其心意之极其具足者，依理而成，因为成为持岁月者之精英。

这是章节之间的韵文，且系聆听教诲之第三章。

第四章　奉命出使

第四，完成圣主之使命。

每逢年禧，向皇上叩安之时，所献马匹多被皇上收下。皇上令活佛参加新年祈祷会，并在大喇嘛席就座。对其随行弟子，按照比丘、沙弥的次第供给银粮，并且为其骑乘、驮载所用驼马放饲料。皇上十分器重活佛，幽默地说道："陀音呼图克图呵！我很想赏给你个花翎，封你为侍卫啊！"

庚午年，前来向皇上叩安之时，奏请颁发僧侣度牒及设置新的扎萨克喇嘛，遂册封阿玛图库利清贵为扎萨克喇嘛，并赏赐十五张度牒。

辛未年四月，为重新整饬外喀尔喀七旗，圣主临幸多伦诺尔之地，举行盛会。圣主偕圣贤活佛与内蒙古四十九旗的王爷、官员一道出席大会。会场上，圣主居中而坐，令哲布尊丹巴呼图克图坐于右首，令圣贤活佛坐于左首。科尔沁的土谢图亲王额驸十分敬重地说道："依照禅师的规矩，你们蒙古人尚右，但按我们满洲人的规矩，以左为上，况且您又是我的宫廷喇嘛诺颜嘛！"赏赉之时，陀音活佛受到了与哲布尊丹巴呼图克图同样的礼遇。圣主多次予以接见，并下令整饬喀尔喀之政，创设旗、苏木，赐予爵位和称号。

同年，辛未年仲夏之月，皇上遣使臣召喇嘛活佛至宫中，接见并降旨道："科尔沁十旗乃是你的檀越，也是朕的舅家，那里有我们满洲人的锡伯、呼勒沁部落，你去把锡伯、呼勒沁人请来，朕欲赐赉其诺颜，把他们招收过来。"于是，活佛奉命前往，途中所需差役、食粮，全由府库颁赏。活佛率领明噶塔尔、阿里哈达等近十名都统大臣，取道山海关而来，事先遣使致书于科尔沁诸王，书称："我是陀音呼图克图，钦奉圣谕，因事前往科尔沁十旗各地，望你们扎萨克和硕卓力克图亲王巴扎尔属下所有王、贝勒、贝子、公,额驸们、台吉、官员们全部到会。"

使者奉书到达之后,土谢图亲王额驸萨欣、达尔罕亲王班第、原亲王阿喇善、扎萨克图王乌尔图纳素图鄂齐尔、宾图王达吉布、郡王衮布、郡王毕里克图、贝勒巴克什固尔、贝勒阿必达等全体科尔沁的诺颜、官员们,谨遵上命,齐集于卓力克图亲王府外。

喇嘛活佛与都统大臣们一道途经土默特的查干禅师之禅院,在此逗留了三日。禅师设宴欢迎,并进献大量供品,土默特二旗的僧众、官民数万人集会,叩拜三日,犹未完毕。于是,尚未得以叩见者,奉命在活佛经过的路旁等候。他们分列于三十里长的道路两旁,向活佛叩拜。见此情景,明噶塔尔和阿里哈达赞叹道:"聚集的人如此众多,差不多比皇帝的侍卫人员还多。"后来,查干禅师于喇嘛活佛宿营三日设帐之地,造起了奥思尼噶巴扎雅之塔。

却说活佛一行来到卓力克图亲王巴扎尔处,向科尔沁的全体王公、诺颜们传达了皇上的圣谕,讲明了自己担任使者、奉命前来的目的。科尔沁的七位王爷、二位贝勒、二位贝子、四位公爷等,共计一千多名王公、诺颜、官员一致表示:"我们都是圣主的臣民奴仆,我们的属民锡伯、呼勒沁也同样是圣主的百姓,尽管我们似乎没有理由把他们交给圣主,但是,从我们的祖父直到今天,为活佛效忠,生而尽力,死而结草。如今活佛喇嘛奉使前来向我们恳求,我们一定照办。一来满足圣主的心愿,二来也是喇嘛和我们的荣誉,况且还有益于禅教与生灵的利益,有益于我们的声名。"于是,通过商议,王公、诺颜们将所属大约一百个苏木的锡伯、呼勒沁人全部献出来了。喇嘛活佛遂于卓力克图亲王处逗留四日,并赐予他罗刹长寿佛之训诫。

却说活佛完成使命,返回北京时,上报院部,院部上奏圣主,圣主下令举行隆重欢迎仪式迎接活佛。活佛入宫,向圣主叩安,并奏报圣主,已征收锡伯、呼勒沁男丁一万多名。圣主听毕,龙颜大悦,设宴款待,并令活佛入大内府库参观。活佛得到他所喜欢的一对白瓷酒壶,酒壶外嵌金银,壶内各插一枝纯珊瑚树,都有一尺多高。库内财宝,虽似毗沙门天王般美丽富有,但活佛不贪财物,故未多取。天子赐给他金刚铃等大量赏品,还颁赐给他一百零八张僧侣度牒。对于科尔沁的王公、台吉、

官员，按锡伯、呼勒沁男丁数目，每人各赏白银八十两。

癸酉年新年，活佛前往叩安，圣主对巴图赉大师降旨道：“你给这位陀音呼图克图指定一处寺庙。每年来了之后，让他有个安静的住处。”遂将位于黄城里面的罗刹天王庙赏赐给他，并降旨道：“派你的徒弟们进驻此庙，我给供应粮饷吧！”活佛回奏道：“圣主隆恩浩荡，让我派大喇嘛一人，僧侣二十人居住此庙，进行祈祷。”遂指派一位名叫诺木罕智海的老弟子担任首席大喇嘛，让他带领二十名僧侣入居罗刹天王寺。如今，首席大喇嘛已经过了五代，喇嘛活佛的弟子们依然住在寺内。主上降旨道：“因为你们用蒙古语读经，所以我的寺内例行祈祷，你们就不必入宫参加了，就在罗刹天王寺内祈祷吧！”因此，时至今日，那二十名僧侣代代相传，一直住在寺内，享受着饷银口粮，并按照喇嘛活佛定下的规矩，为圣主万寿及政教永固而祈祷。主上还曾降旨问道：“你看，我这新落成的颐养殿内，宜诵何经？”活佛奏道：“宜从旧岁年底二十七日起，连续三天诵读《本尊罗刹天王经》及《怖畏天王供养仪轨》，还要跳庙舞和施食除祟。”圣谕：“准奏。”

岁次甲戌，科尔沁的扎萨克和硕土谢图亲王额驸萨欣、和硕达尔罕王、和硕额驸班第、二位固伦公主、十旗的王、贝勒、贝子、公、额驸、台吉、官员们，联名上奏康熙皇帝，奏道：“呼和浩特的陀音呼图克图喇嘛，乃是我们祖辈以来的喇嘛大师。现在，请允许我们邀请他去我们家乡读经吧。”圣上敕准后，将圣旨奏报喇嘛活佛，活佛同意前往。戌年孟夏之月，为协理台吉斡齐尔、台吉乌尔图纳素图二人为首的官员们提供差役口粮，前往呼和浩特迎请。遂于寺内举行盛大祈祷法会，率一百零八名弟子，自呼和浩特出发。途经巴林之时，巴林王乌尔根的叔父台吉格日勒图额驸迎请活佛至公主府中，设宴欢迎，奉献大量供品。活佛赐予他长寿之教诫。额驸公主所敬奉的德塘衮布额尔德尼呼图克图跟随活佛而去。活佛一行自巴林抵达扎鲁特右旗，以毕力克图贝勒为首的全旗人众聚于新河之地迎请活佛，设宴欢迎，并聆听了活佛所赐罗刹天王长寿之诫。后将新河改称为“福河”。

却说，扎鲁特左旗寺内大喇嘛毕力克图，早在喇嘛活佛自呼和浩特动身之前即前往叩拜，并奏称：“我已建成一座寺庙，我的寺庙恰位于您去科尔沁的必经之路上，请您届时光临寒寺。”活佛表示同意，遂驾临该寺。

却说,扎鲁特左旗以扎巴贝勒为首的全体官员和夫人们隆重集会,向活佛叩拜,并聆听了罗刹长寿天王之祝颂。遂于大喇嘛寺举行为期三天的播谷祝颂法会。大喇嘛设宴招待,并献银五百两。全旗亦设宴款待,奉献大量供品。据说当时寺内人人敲锣打鼓,场面十分动人。

却说,科尔沁的土谢图亲王、卓力克图亲王、达尔罕亲王等人前往该寺叩拜活佛。在那里,诸王商议道:"如果我们十旗的人都集中到一个地方去迎请,那就显得人太多,让我们每五旗集中起来分两次迎请吧?"由于当今土谢图亲王旗之寺乃是先前专为圣贤嘛喇长老建立的,而且喇嘛长老亦在该寺居住过,遂将活佛请至该寺。于是,土谢图亲王、扎萨克图郡王、图思噶尔公、扎赉特贝子、杜尔伯特贝子等五旗僧众、诺颜、夫人、官员们隆重集会,于巴彦和硕寺,连日举行叩拜仪式。

却说,与会者们都有一个共同的心愿:

渴望叩见喇嘛的心情,一心想着叩见喇嘛活佛,聆听其谆谆教诲;那思念的心情,似浪荡公子见到了美貌女子;那期待的心情,似由衷地盼望着未来的恩佑和依怙;那急切的心情,似干渴的人觅水一般;那崇敬的心情,似凭借往日行善之造化与耐心期待的信念,终于见到圣贤喇嘛,因而坚信众生定能消除病魔,延年益寿,最终定能得到善报;那坚定的信念,似远离的慈母与爱子相见一般其乐融融;而那坚定不移的崇敬心情,决心无论何时何地有何困苦,此生此世以及世世代代,都要敬奉圣贤喇嘛!永不分离!那希望尽力者,以四皈依的崇敬心情,似入水大象一般义无反顾地敬奉信仰僧宝:喇嘛本尊、喇嘛佛陀、嘛喇之法、喇嘛活佛。

在该寺,喇嘛活佛为与会者们授予怖畏十三佛之恩灌顶。为所有的敬奉者们赐予他们各自所期望的教诫。因与会者人数增多,每人所期望的灌顶、佛法与教诫各有不同,遂委托随行的弟子之中的高明禅师丹津坚措、大格斯贵喇嘛噶勒沁智海、中途自巴林跟随而来的德塘衮布额尔德尼呼图克图,以及当地高足弟子杜尔伯特的锡都尔固禅师、土默特的查干禅师、老喇嘛锡迪图智海等人,为众生讲诵了各自期望佛经。

当时,喇嘛活佛年二十四岁,于恩佑之理,如来坚能,诵达十年,遂谨遵恩佑之规矩,仍将担任大德、沙弥、比丘之人交给先前那些贤明喇嘛们,让众人出家学法。

在巴彦和硕寺，众人多次反复诵读《善诫大藏经》、《罗刹天王经》《六臂观音经》、《依怙经》、《法王经》、《天母经》、《毗沙门天王之供养仪轨》，并且投物施食，又令数以万次地诵读《僧众静谧长寿经》、《智慧婆罗门经》、《怖畏天王经》、《白伞盖天母经》、《救渡佛母经》、《金刚渡母经》。

祈祷法会结束后，土谢图亲王将活佛请至自己家中，奉献两千两白银等大量供品，阿比达贝勒迎请活佛，献上一千两白银及各种宝玩、衣物。原王爷阿尔山迎请活佛，献上一千两白银等大批供品。博迪台吉的母亲迎请活佛，除奉献一百五十两银曼荼罗之外，又赠送二十七个元宝，还奉献一个精心制作的金曼荼罗，一座带有饰金顶架的帐幕，一匹配有金鞍的上等白走马，马鞍值一千两白银，马鞍上的八条皮梢绳皆挂白色珍珠，马鞍外面裹着各种上等珍珠绸缎，一件貂皮大衣，值五百两白银，还有斗篷等全套衣物，以此表示对活佛的一片忠心。其兄斡齐尔台吉的夫人及其子智海，母子二人将活佛迎至家中，献上五十两银曼荼罗、貂皮大衣、绛色袍子、氅裘紫袍、精制的优质袈裟、三百两重的大银碗、坐垫靠背以及彩带等，以此表达对活佛的一片忠心。同样，扎萨克图郡王乌尔图纳素图斡齐尔图思噶尔公、纳顺贝子、萨欣贝子等人各自请至家中，设宴款待，奉献了大批贡品。还有豪富大诺颜们亦分别迎至家中，设宴招待，献上金银、貂皮，他们的夫人和子女还奉献了珍珠、东珠、珊瑚等各色珍宝。自粪大、樵大以上都获得了灵丹和护身结。所有尊卑贵贱之人都来叩拜、祈祷、瞻仰，一饱眼福。

在该地，这些法事，以及世间的喜庆欢乐，持续了整整一个月，而后，活佛前往达尔罕亲王公主之寺。于是，达尔罕亲王、宾图王、太仆王、郭尔罗斯二旗等五旗举行集会，连日叩拜和探望活佛，其景仰、钦敬之情一如上述各地。活佛赐予他们各种长寿佛恩佑灌顶，还赐予他们各自所期望的灌顶教诫。在王和公主举行的专场祈祷法会上，以查干禅师喇嘛为首的五名弟子结界达七天之久。在该寺，多次举行了上述祈祷法会，还诵读了《大藏经》。王与公主将活佛迎至家中，奉献了金银器物以及两千两白银等，还有大批珍宝、绸缎和彩绸。于是，为首诸王们分别将活佛迎至各自府中，设宴欢迎，奉献出大批金银器物、白银、绸缎、财宝、牲畜等。

却说郭尔罗斯右旗的扎萨克台吉乌尔图纳素图将活佛迎至自己家乡郭尔罗斯

地方,接受“罗刹天王恩佑”之灌顶,并举行祈祷法会,燃起了火坛。于是,王公们遣弟子前往席呼图之禅院,布施白银三百两。

却说活佛驾临达尔罕亲王之寺,然后前往北京向圣主叩安。活佛又向北京的各处寺院施舍白银一千两。于是,活佛驾临本寺,向该寺八处禅院施舍白银千余两,并举行了祈祷法会。还赏赐随行的一百名弟子,年长的各赏银一百两,年轻的各赏银五十两。总计此次出行,获银约五万两,获马、驼、牛三千余头(匹),获曼荼罗、哈达、黄金、珍珠、东珠、珊瑚等珍宝,还有绸缎、彩绸、貂皮、上等衣物以及金银器物等不计其数。

乙亥年正月,主上降旨道:“陀音呼图克图,派你去西方迎请班禅额尔德尼。据说现在达赖喇嘛下落不明,你也顺便了解一下。”遂将赠送班禅额尔德尼的印信、金册及礼物一并交给活佛,并亲切关怀道:“你去西藏,路上要多保重身体,注意饮食。”于是,首席使臣喇嘛活佛,率领副使呼和浩特的席呼图活佛禅院的达讷多吉喇嘛、北京的扎萨克喇嘛却觉兰占巴、喇嘛本人的弟子扎萨克喇嘛阿玛图库利清贵、主席判事朱善宝、协理萨都沁及两名秘书同赴西方,除按定供给差役口粮外,还专门赏给他们白银一千两,黄金一百两。

喇嘛活佛向主上叩安之后,回到府中,向弟子们传达了皇上派他出使的缘由,并举行了出行祝颂法会。当时,喇嘛活佛向他日常事务助理车臣俄木布问道:“平时你把我们收到的财物毫无保留地分发给弟子们,如今我要钦奉圣命前往西方,不至于让我两手空空而去吧?”俄木布回奏道:“喇嘛您准备带多少东西前往?”活佛答道:“无论如何,没有一二万两白银,我怎么走?”回奏道:“那样的话,我早已备有两万两白银,以应付您急用,现在,在您动身之前,我还可以再凑一万两白银给您。”遂向僧俗弟子及邻近的施主们募捐,并将那些暂时不用的畜产衣物变卖出去,共得白银一万三千两,除用三千两作盘缠外,其余部分都用来买了金银器物、珍珠、珊瑚之类大批精品,还有蟒缎、云缎、绢帛之类上等丝绸。喇嘛活佛得知这一情况,十分满意地说道:“凭老翁准备的这些,我现在可以启程了。”

活佛一行,于孟夏启程,途经多迈东侧之格伦寺、塔尔寺,该地寺庙僧众举行了欢迎仪式,并设宴招待。活佛为此地几个寺庙赠银八十两。

由此出发，活佛一行于初秋之月抵达召城，献上银曼荼罗一百两，并叩拜。向色拉、哲蚌、甘丹等寺，各布施白银两千两。为在拉萨举行的祝颂法会赠银三千两。向上、下二续者拉强、加瓦拉吉、桑吉萨迦各献银五百两。向布达拉宫献银一千五百两、绸五十匹。

于是，八月二十三日抵达扎什伦布，向班禅额尔德尼奉献叩拜礼品黄金五十两，叩见之后，呈递了圣主的书信和礼品。

九月初五日，向圣识一切者班禅额尔德尼苏玛第扎纳活佛奉献金曼荼罗七十两、金钵一具、金制瑰宝金刚铃一具、金茶桶一具、重四十两之金衣一件、黄金二百两、白银两千两、上等绸缎一百匹、金鞍骏马一匹，此外还有珍珠、东珠、珊瑚、琥珀、碧玉等珍宝，以及绸缎一百匹、哈达一千条。向扎什伦布寺施舍白银三千两、哈达五千条。向救渡者协绕僧格寺及班禅班藏布札什寺等札仓所属几处寺庙各布施白银五百两。

圣主皇帝的诏书写道："昔日皇考曾召请圣识一切者，使其辅佐禅教与生灵，成为印度与西藏之供养主。今须召请班禅额尔德尼，俾其扶持禅教与生灵。"

由是，正月十四日，妙吉祥具表上奏圣主皇帝，奏称："为详奏事：我担心如果前去汉地，将罹痘疾，因此，虽圣主欣然派使臣邀请并扶持我，我也本应聆听教诲，接受圣旨，但是，由于我已临近闻、思、行之末期，而且，由于痘疾尚未痊愈，在此亦时常担心罹于痘疾，正加紧休养，防范此病，我尤其认为：似我一介僧人，难以有助于禅教与生灵，徒然增加出行之劳顿而已。"又嘱咐道："望你们根据这个意思请求圣主慈悲为怀，批准这份请求恩准的奏折，我将派第巴呈交详细奏折，望你们予以同情并相机代为上奏。"班禅向喇嘛活佛为首的使臣们分别赠送了精致的礼品。

据说，将奏折放在金刚天王腹内，并连夜启程，喇嘛聆听了治疗血脉精气仪轨等。尽管人们传说喇嘛多次聆听班禅额尔德尼为首的当地圣贤喇嘛讲经，但由于不肯讲明从谁那里聆听了何种佛经，而且我也没有见到有关听经的记载，所以未能详述。

于是，来到德竹，叩见坐在达赖喇嘛床上一位老喇嘛。聆听了圣贤江央扎巴讲诵的第五世胜者所著《恩佑仪轨》、《金色经》、《道次第》，曼殊师利所著《口诫药王经》、《七贤经仪轨》、《玉皇仪轨》等若干佛经教诫。据说,曾受噶尔丹席呼图之比丘戒。但是,目前尚未见到记载有关噶尔丹席呼图之名、及其生平、及其秘教师、及其时代、及其法会次数、及其年、月、日、时等七项内容的文献。再者,尚未确知活佛究竟聆听了德竹贤明喇嘛们的何种佛经,若能获得有关文献,应当确切地写进去。

尽管尚未获得有关活佛向德竹扎仓的大小寺庙奉献多少布施,向班禅额尔德尼等圣贤奉献多少贡物,为听经法会奉献多少供品等详细情况,以及给哪个奉献了什么礼物、有多少等等文献,但是,据当时随行的弟子们声称,在途中,向多迈之格伦寺、塔尔寺、哲蚌寺等大小寺庙,及卓准、萨迦二寺,布达拉宫、甘丹寺、全胜之洲具足庄严哲蚌寺、大乘之色拉寺、上下续者、杰巴、拉里等大小寺院,以及班禅额尔德尼等圣贤喇嘛,以及拉摩、却炯等护法神,以及甘丹寺的银塔等处佛像叩拜之时所奉献的供品及散发的布施等,共用黄金三百余两,白银三万余两,绸缎近千匹,哈达、彩绸一万条。大致符合车臣俄木布所筹集的数目,况且他们也承认陀音呼图克图奉献了大量的施舍。

于是,活佛一行启程回京。丙子年季春之月抵达北京,晋谒皇上,向皇上叩安,皇上对此行表示赞赏,并赏赐一顶用树叶编织的奇特的夏帽,以及诸色细软绸缎等。

于是,活佛返回府中,对为首的弟子们说道:“主上的恩惠不可限量,我虽年轻,主上却将我当作陀音喇嘛长老的转世佛,让我同各寺弟子们会见,还亲自接见我,倍加关怀。为整饬喀尔喀政务,在多伦诺尔地方举行会盟,会上,圣主对我格外关心,赐予无数赏品。圣主又借征招锡伯、呼勒沁之机,让我同原来的弟子们相见,还使我得到大量物品。圣主还赏赐给我寺院及大批度牒。又借迎请班禅额尔德尼之机,使我得以叩拜根续喇嘛、卓准、萨迦以及甘丹塔。皇上对我有如此大恩,为保佑皇上万寿无疆,为禅教与生灵的利益,我们要多建寺庙,迎请佛像,让僧侣们加紧祈祷。”

同年夏,皇上为整饬厄鲁特之政,率中路军,御驾亲征,令喇嘛活佛随行,野营设帐于黄城,与活佛商谈政务,大加恩赏。日间亦带在身边,极为恩宠。那次出征,彻底平定了博硕克图军队的据点。回师途中,皇上在喇嘛活佛的府中住了三日,向召庙奉献了大批饰物和供品，甚至将自己穿戴过的盔甲战袍，以及全套撒袋和弓箭宝剑也都奉献了罗刹天王，还将虎豹之皮也献上了。喇嘛活佛向皇上奏道："愿献上师渡母等众神佛像，以及坐垫靠背和手杖，以表忠诚。为保佑圣主万寿无疆，愿建造难却之依怙者释迦牟尼第七佛之寺，并令众僧诵读《药王仪轨》。拟建三世佛陀、八大菩萨、胜乐金刚寺，规定日常诵读法会。还拟建三续依怙佛寺、三大长寿佛寺。"圣主欣然赞同，并赐给制作佛像主体所需白旃檀木以及各色饰物。寺庙及佛像建成后，活佛再次向圣上皇帝奏报，皇帝降旨称善，为赐庙名，并造香炉，令官府差人送去。所赐庙名，汉语称崇福寺，满语称 Huturi be yedibüre tse，蒙语称 Buyan－i ondorači sum－e，皇帝还将自己戴过的用树叶制作的一顶绿色夏帽赏给他。土默特的阿勒坦葛根可汗的后裔诺尔布诺颜向皇上奏报他本人未获台吉爵位的缘由，并请求给他爵位，皇上便给他恢复了台吉爵位。

当时，科尔沁的土谢图亲王额驸萨欣、达尔罕亲王和硕额驸班第、扎萨克图王斡齐尔、巴林郡王纳木达克、其弟固伦和硕额驸乌尔衮，他们兄弟二人的叔父虎什哈阿喇布坦等老檀越们随同皇帝和喇嘛二人一道来到呼和浩特。喇嘛活佛向皇上奏报什么内容、如何崇敬皇帝、怎样设宴、奉献什么礼物，全部由这些人帮助出主意、想办法，他们十分敬重扎萨克喇嘛车臣俄木布为首的弟子们，他们像一家人一样，无论做什么事情都齐心协力。据说皇上也很尊重他们的风土人情，降旨道："喇嘛与檀越们情同手足，甚善。"于是，皇帝返回北京。后来，正当筹划建造寺庙、制作佛像，以及筹备有关事宜之际，归化城土默特二旗、乌拉特三旗、明安旗、四子王旗、鄂尔多斯、察哈尔八旗、昭乌达盟十一旗、科尔沁十旗、喀喇沁二旗、土默特旗等从四面八方前来叩见活佛，其中有听经者、祈冥福者、出家者、诺颜们、夫人们、喇嘛们以及老百姓等。僧众的号角之声震荡着寺庙、莲花苑等处，六足云集。为仰慕而来的人们祈祷、灌顶、示诫，赐予佛法、祝颂及加持，人们心满意足地得到了各自所盼望的吉祥结与佛像。把人们奉献的各种精美物品收藏起来，备造寺庙、佛像之用。空余时间，聆听扎雅班第达呼图克图、陀音活佛所赐各自期望的灌顶教诫、印度巴拉达术士所诠要义、西藏圣贤们所解释的教诫等。

活佛为了禅教与生灵的利益而日夜操劳。过了一年多，岁次戊寅年，圣主皇帝动身前往祖先发祥之地祭祀祖陵，并前往乌拉地方行猎，带领喇嘛活佛与哲布尊丹巴呼图克图活佛二人一道前往。于寅年孟夏启程。在皇帝巡幸途中，科尔沁的卓力克图亲王、达尔罕亲王等设宴欢迎，奉献礼物。于是，圣主经由达尔罕王的祖父曼殊师利巴图尔达尔罕亲王陵墓之时，亲自设祭，三次默哀，最后，向侍者降旨道："把陀音呼图克图及其弟子们请来，顺便把坐垫拿来。"活佛奉旨晋见皇帝，皇帝令人立刻将坐垫铺好，并请喇嘛活佛坐下，皇帝亲自捧起一条精美的哈达，降旨道："这是我的舅父，也是你的檀越之墓，请你好好作一次祈祷遂聆听了活佛的祝颂。"皇帝还每日同活佛一道进餐，亲切地称他为"我的内廷喇嘛"，并把他带在身边。

皇帝祭祀祖陵之后，来到盛京，带领喇嘛前往崇德皇帝陵所在的昭陵，令其为佛祖洒奠上供。皇帝看见那昭陵内所供奉的释迦牟尼一百零八世精美佛像，便饶有兴趣地指着佛像降旨道："我们北京没有这些吧?"当时，土默特的查干禅师刚从西方回来，派一名弟子前来向喇嘛活佛请安，遂得知此事。喇嘛捎口信给查干禅师，说道："你去西方，是否带来了释迦牟尼一百零八世佛像? 若带来了，那就献给皇帝，并向皇帝叩安吧!"查干禅师确实从西方带来了那些佛像。所以，查干禅师十分高兴，他站在皇帝经过的路旁，将那些佛像、喇嘛佛陀以及香炉、线香等献给了皇帝，并向皇帝叩安。喇嘛向他转达并翻译了皇帝的圣旨。皇帝接收了他所奉献的全部礼品。看到那些佛像，皇帝高兴地对喇嘛活佛降旨道："是你说我喜欢这些佛像的吧!"活佛点头称是，皇帝当着众人称赞道："这位陀音呼图克图真能满足我的任何要求。"皇帝对查干禅师降旨道："如果你见过了你的喇嘛，那么，哲布尊丹巴呼图克图在此，你就见见他吧!"遂让他会见了。

于是，活佛随同皇帝回到北京。当时，章嘉呼图克图活佛奉旨去西方，刚刚返回来。章嘉呼图克图活佛与第穆呼图克图阿旺格列坚赞活佛亦前来向圣主叩安。据说陀音活佛同他俩和济隆额尔德尼阿旺贡却尼玛活佛等三人会见，接受了种种惠赐和教诫。陀音活佛以侍主随军为由，还从济隆额尔德尼接受了具足戒。于是，陀音活佛返回呼和浩特。

按:以往昔福分聚集之力,英名传布于天涯海角,普天同归,一举成就曼殊师利圣主的意愿,及重如金刚之圣旨。由于高悬二谛永止之月,此乃善始果止之极,三大金刚集会,果然围护之中,最胜一百檀越陀音安乐之业得以兴盛。佳音永世传扬,曼珠师利圣主如愿以偿,将二谛毕结于卓准、萨迦等西方思佑依怙之地,善良众生依怙的太阳升起,照亮了将要黑暗的伟大时代。为真正善良的生灵之利益,时时沉醉于耳闻向往之妙音,完成了曼殊师利圣主的使命。耳聪目明者全都向往和喜爱这一真谛,须知这是往昔福分正果,像我这样的人,哪能评论如此奇异的二谛之原理?因为它的能力已经盖过了大海的波涛。尽管如此,这些都是从当时的圣贤那里得知的,信仰与爱好者们只是向往这些善行而已。

这是章节之间的韵文,也是完成曼殊师利圣主使命的第四章。

第五章　退居佛寺

第五，活佛奏请建造寺庙佛像、组织藏经法会以及祝颂圣主长寿的法会，皇帝敕准，并赐予三十张度牒。

自丙子年开始，建起了一座大型主寺，寺高十二丈，上有双重方顶，外表涂以黄釉，寺内供有三世佛、长寿佛、药王佛、八大菩萨、执金刚，如同天堂一般。主寺南面建起一座能容纳一千多名僧侣的双层大庙，主寺西南侧，与大庙并排建起的一座释迦牟尼与七大善逝佛寺，该寺两侧，建起二十一渡母寺。在主寺东南侧，建起三大依怙佛寺，该寺两侧，建起罗刹四天王寺及上座佛寺。主寺北面，建起一座天神殿，长十四丈，高两层。该寺西侧，年高德劭的弟子额尔德尼智海建起一座精巧的释迦牟尼佛寺，在东侧，高足弟子墨尔根禅师建起一座同样的三大长寿佛寺，所供佛像都十分精美。

丁丑年，邀请大智者扎雅班第达呼图克图前来呼和浩特，请他从庄严秘要之门，广诵班禅额尔德尼所著《善德海之角》，于依怙者之上，广诵《善入佛门》。于是迎请扎雅班第达至寺内，接受了他讲诵的四续部，以及各种惠赐，并向他奉献了金银器物、白银五百两、蟒缎、哈达等大批绸缎以及精品袈裟等。那些出类拔萃的贤明弟子夜以继日地读经作法，情意相投，高兴得如见日莲。

戊寅年，皇上封陀音活佛为呼和浩特八大寺院的掌印喇嘛，并将大召之印交给了他。但是，喇嘛活佛不愿担任掌印喇嘛，对众人说道：“要掌印，就得同世人争辩彼此真伪，这是很为难的事，而且对于佛法事业极为不利，因此，我不能接受掌印之职，请你们上奏圣主，免除任命吧！”遂不赴任。老弟子们与巴林、科尔沁等地的大檀越们，以及亲信弟子和檀越等众同事都来劝道：“圣主降旨恩赐，若拒不接受，将有违皇帝的规矩。”陀音活佛说道：“我并非向皇上求什么东西，只是奏报自己没有这种能力而已，你们为何阻拦？”遂辞不就职。巴林王的叔父阿喇布坦公子与宫廷大臣巴图赉大师二人极力劝谏道：“你这样做，等于违抗圣旨，若惹怒圣主，圣主责怪：‘朕如此推恩重赏，可这位呼图克图拒不接受，一定是嫌弃朕吧！’到那时您将进退两难。”陀音活佛听罢，说道：“我本来打定主意，任何人的劝告都不听。然而，我一向是同你们二人商议之后才上奏的，否则，我将感到不安。如今，你们二人如此苦苦劝阻，那我就依你们二人的话，暂且按受这一任命。”遂未上奏。

于是，活佛依照佛法，着手整顿八大寺院。因延寿寺已年久失修，琉璃瓦俱已破损，遂向皇帝奏称：“我愿自己出钱，更换新琉璃瓦。”皇帝敕准。当时，修庙所用琉璃瓦，价格昂贵，按每块三钱银的价格定做，共用银三千两，遂将该寺修缮一新。

于是，活佛亲自与席呼图呼图克图及八大寺院的扎萨克喇嘛、大喇嘛以及禅师等，于延寿寺多次举行法会，自罗刹天王之门，讲诵根敦坚措达赖喇嘛所著《善入佛门》，又于福寿依怙之地，讲诵《善入佛门》，并散花开光，举行聚轮法会。活佛向席呼图呼图克图等僧众讲述佛法，为本寺法会上的僧众传授各种知识。用蒙古语重申大扎仓学院旧章，规定诵读善诫《大藏经》及《庄严秘要福寿经》。规定依照罗刹十三佛阿修罗之旧章，诵读甘地韬瓦扎所著《大罗刹经》，依哲塔理之旧章，诵读《长寿九佛经》，规定于罗刹天王寺，诵读《罗刹天王经》，连同《依怙法王经》、《大母经》、《毗沙门天王经》等，共四部佛经，每日各读一遍。在西侧药王佛寺，任命济隆米博额尔德尼呼图克图为坐床喇嘛，令其给四十名僧侣讲授藏语，改药王佛寺为学院，规定了祈祷、赞颂、祝愿等项制度，还特别规定诵读第五世胜者所著《大药王经》。诸佛之饰物、画像、幡幢、手鼓，与各种供品、曼荼罗之仪轨，及诵读天王经所用铃、钹、锣、鼓、螺号等，都尽力备齐。回赠之弥勒活佛像及庙舞所用衣物，大祝颂法会所用供品，仪仗队所用幡、幢、扇、旗等，法会上僧众所用斗篷、黄帽、披风等必加赏赐。对于才学出众者格外恩佑，特予嘉奖。为严厉禁酒，设置监督，规定重罚。嘱咐禁止买卖交易等荒谬之事。总而言之，遵照喇嘛关于供佛、诵经、作法、尊老、携幼、谦虚、文静、诚实、机智、信行等佛法及世俗之理的指示、嘱咐和教导，遂使禅教与治之事发扬光大。

同年戊寅年仲冬之月,喇嘛听说圣贤章嘉活佛因去西方期间叩见第巴,受到圣主批评,闭居自己府中达一月之久,遂前往北京,借向主上叩安之机,将章嘉活佛闲居自己府中的事启奏皇帝。于是,皇上敕准,说道:“章嘉呼图克图确实是个好喇嘛,我也十分想念他。”

己卯年正月初一日,主上派人向活佛拜年,并赐赉哈达一条。当天早上,圣主临幸旃檀召,活佛出迎叩见,圣主赐赉哈达,情意融洽。当下,活佛又请求主上宽赦呼和浩特原席哷图呼图克图罗桑纳木扎勒扎萨克喇嘛,这位喇嘛因与活佛(章嘉)一道出行而受皇帝批评,并被派往盛京。圣主说道:“准奏。由于章嘉呼图克图也表示忏悔,那就把他从奉天召来,仍然让他回席哷图召去住吧!”活佛又于延寿寺奏请皇帝仍旧让这位喇嘛担任原来的扎萨克喇嘛职务,并用皇帝府库的模板印制了一部藏文《大藏经》存放在寺内。这位喇嘛在大召举行的祝颂大法会上坐床。法会上,要诵读圣贤宗喀巴所讲演的《极乐世界之祝词》,但是,喇嘛原先未曾背诵过,到了晚上,临参加法会之前,突然想起在这延寿寺法会上,照例是要诵读《极乐世界之祝词》的,心想:“这可怎么办?我原先未曾背诵过。”这才赶忙拿起佛经,一连读了三遍,到第四遍上,刚刚读了一半,法会时间已到,掌堂师们前来迎请,于是,前去参加法会。背诵祝词之时,延寿寺的一位珠嘉见背错一句,眼看背不下去了,便给他提醒了一下,除此之外,其他章节,背得一字不差。众人议论道:“这么快就背会了。记性真好!”事后,对那提醒过他的珠嘉说道:“多亏你帮忙。”遂赏赐给他一匹绸缎。后来,章嘉呼图克图活佛对扎萨克喇嘛阿玛图库利清贵降旨道:“你的喇嘛天资聪颖,圣贤宗喀巴在求学之际,只不过自称一昼夜能背诵十七页佛经。如今你的喇嘛大概只能背诵十七页。你要多加小心。”后来,喇嘛涅槃之后,扎萨克喇嘛捶头痛哭道:“章嘉呼图克图活佛曾告诫我:‘你要多加小心。’原来是这个意思呀!我这个该死的脑袋,当初怎么就没问一问‘多加小心’是什么意思?我应如何是好?”由此看来,他果然天资聪明。只是由于他担负地方职务及圣主皇帝委托的大量公务,不得闲暇,才未曾进过法相学校,尽管如此,据说他在经咒典籍的阅读及文句含义的辨析和理解方面,同那些科班出身的喇嘛一样精通。他还通晓梵、藏、汉、满等文。只要他有余暇,谁若未曾受过扎雅班第达呼图克图活佛授予的灌顶教诫,他都给予讲授。他自己还研究过有关经咒诠释的大量佛经。

陀音活佛向章嘉呼图克图活佛奏道,他要写一部《具足成果仪轨》。于是,他以深入浅出的笔法,写了部老少咸宜、通俗易懂的成果仪轨。他写道:“持三世法王宗喀巴苏玛第吉里谛的东方教宝者,在伟大的世界上到处传播教宝,因而成功地实现了他的愿望。”这个仪轨就是遵照一切生灵的利益与安乐的导师土达呼图克图罗桑丹津嘉措的指示写成的。

于是,呼图克图讲诵道:“他将天才法主讲诵和创立的禅教广于东方,这是他在先世就传播和向往的成果。如今,此生此世,普遍具足,好生成就身、色、相以及教诫与心智之具足仪轨,成就了禅教与生灵的利益。”

圣贤们经常称颂道:“活佛所持有的贤、洁、善,在本质上就是生灵之导师,由于他转生于两足生灵的时代与天人之世,所以,终于获得般若波罗蜜多佛之菩提,成为安乐之导师。由于他智勇双全,慈悲为怀,广布禅教,遂成为生灵之导师。”

两位西藏喇嘛说:“法名中的‘津’字与‘措’字,提名者误为‘比’字与‘赞’字,书写之时作了更正。而诸贤则如此称呼,未知孰是。”

在早他没有济隆之名,自噶尔丹席哷图受戒之时,亦无济隆之名,其后自济隆额尔德尼受戒之时,在自己法名前加了“阿旺”二字,不过,这是在活佛著作《行事仪轨》之后,因此,“阿旺”二字并未加上。

自戊寅年至癸未年,孜孜不倦地学习经咒、韵律、仪轨等等。授予墨尔根禅师丹津嘉措等弟子们以《庄严秘要灌顶》、《指导依怙喇嘛金刚萨埵仪轨》以及班禅额尔德尼所著《菩提道次第》、《喇嘛供养仪轨》、道之三大尊所研究之《秘要罗刹起源次第》等等,讲授了信约戒律。时常亲自以秘怖二者结界。向与会僧众施舍银绸。巴林、扎鲁特、科尔沁等二十余旗及乌拉特、明安,以及察哈尔八旗的喇嘛、诺颜、夫人、百姓等常常大批前来叩见,活佛便赐予灌顶教诫,使他们各得其所,授予讲诵纲要等等,使他们如愿以偿。为众生祝颂,使他们清除一生中的病患孽障,延年益寿,以及最终得到三菩提之善缘等。祝颂五明善逝者之福,以及成就佛、法、塔等三大供养仪轨等,如众人所愿,精心造就,皆求恩佑依怙,祝颂永不分离。

岁次庚辰年,刻石立碑,历数行世以来,直至今世,历代活佛受到顺治皇帝和康熙皇帝之隆恩的概况。

辛巳年三月十八日，乃圣主喜庆之日，活佛前来叩安，奏道："圣主之恩，贫僧无以报效。为保万岁永寿，五台山乃救渡佛妙吉祥加持之福地，请允许我决然结界，前去念佛。"皇上降旨道："你是呼和浩特大喇嘛，又是众寺之主，怎能断然结界，长住五台山呢？如你十分想去，非去不可，那就给你三个月的假期，三个月之后，返回呼和浩特，处理寺庙、弟子及僧院之事，逢年过节及有事之时，来这里给我叩安。"活佛表示遵旨照办，遂返回府邸。

那时，扎雅班第达活佛曾事先向大墨尔根活佛请求密多罗经与阿比达经的金刚怖灌顶，然而活佛却答道："等有时间再说吧！"

当时兰占巴却吉甘珠尔与喇嘛墨尔根兰占巴三人等为奏请密多罗经的灌顶，等待喇嘛活佛从北京回来。过了一个月之后，喇嘛活佛回来了。喇嘛活佛向班第达活佛奏道："我这次启奏皇上，为祈祷圣主万岁，我要去五台山诵读密多罗经。诸位活佛欲按时为我赐予灌顶，甚善，不过等我以后有时间再来接受吧！"遂邀至府中，接受了非常教诫，还听取了所向往的佛经韵律与法术纲要，为去五台结界积德，奉献大批供品食物。于是，活佛向呼和浩特的众禅师及僧院中的众僧提议："这是我们这个地区从未传播过的灌顶，十分难得，你们众人不必等我回来，大家断然在此接受，善哉！"

于是，活佛驾临五台，于菩萨顶等五大禅处上供洗礼，顶礼膜拜。走遍五台山，于诸寺之内，向加持之众佛烧香、上供、膜拜。活佛复云游千佛殿及五百罗汉堂，叩拜并奉献了大批彩绸、绢帛。曼殊师利活佛等人，在游览寺庙、佛像之时，发现东西两峰之间现出五色彩虹。活佛一行向僧侣、和尚们奉献了度日之粥。向男女老少万余名百姓供应上等茶饭，供给了大量布施和供品。于是，结界达三月之久。结界甫毕，那里的僧侣、和尚、平民等一万余人集会，叩拜并宴请活佛。

如此，于巳、午、未三年，每年结界三个月。结界余暇，活佛游览五台，赞叹道："亘古之时，救渡佛虽是胜者之父，但在汉地宝族皇帝之时，妙吉祥却现出幼童之相。其居处位于五峰，地势较他山为高，低矮的群山恰似众僧朝拜天神。一看到这种情景，我便肃然起敬。"中峰似高傲的雄狮，青金石地有甘露之福，萨迦王与二语自在及妙吉祥、至善佛,以及守门之二天神,共计七位尊神所居。东峰似高傲的大象,乃阿閦佛之地,自龙王庙、石塔及阿修罗峡谷降下甘露。南峰似天马横卧,乃宝蕴之地,系观世音即妙吉祥宏福石体所居,其所居之宝座,轮广十丈,坐上两千人亦绰绰有余,坐上一百人亦不算宽绰,参观这些奇景,便联想起许多世代。

在其南面有呼图克图沐浴之清凉水井,能解除各种病痛。喝此井水,则能出神入化,易于托生。西峰似牛犊欢跳,乃阿比达之地,其上有妙吉祥龙王庙。在其南面有两股甘泉。喝此南侧与西侧两股甘泉之水,能解除病患。喝此八戒俱足之泉水,行动无碍,所向安然。北峰似仙鹤翩翩,乃敬礼佛之地,其上有金龙之海,十分凶暴,若有劣迹污行,则聚而为云,亦时而电闪雷鸣。五台山上有五座宝塔。此外,还有特殊的气候规律,即:冬暖夏凉。山上出产各种名贵药材、药石,还有八戒之水。飞鸟翱翔,鸣禽啁啾;野牲成群结队,走兽出没无常;目遇之而成色,耳闻之而成声;繁花遍地,鼻嗅之而馨香;鲜果累累,口尝之而甘美;花枝草木,身遇之而温柔。且夫心智倍增,业障尽除,得为奇妙胜地之主,解脱浮生之悲凉,恻隐温柔,因生灵之庄严依怙,故命名为"庄严",技艺高超,益寿聪明,以智慧之刃斩断业障愚氓,将三世佛牢记心中,为把法性平衡,载于菊花上册,金刚盘足,居未染污泥之莲花,席阴则毕备之日月。

甲子年十一月十五日,生自"杉"树,居于中峰之上。由是变化为观世音、弥勒、普贤、大势至四大文殊师利,居于四面山上,活佛见之,赞叹道:"顶礼膜拜尊师妙主!圣洁的法身,以公正慈悲之心,在空中得知护佑生灵之时机,持文殊师利之相,以往昔祝颂之力,护佑此岸生灵,以诸般加持,造化了五台山。若能描述所造化之地的状况,那就请以贴切的话语来形容吧!圣洁的五台山的中台上狮鼻崖,乃是观音圣贤文殊师利活佛。由此又变化为其他各地的千百尊佛,其相貌同前者一模一样,似乎皆因瑞兆而各自成佛。还有那千佛殿与五百罗汉堂等,勇士、天仙、法神等,皆善逝祝福。圣洁之主文殊师利,似狮圣释迦牟尼于印度旋转一切法轮一般,于此地护佑生灵。若观夫洞府之奇景,其环山之状,似阿修罗、天王、龙王、八戒齐集一般。呜呼!佛陀、菩萨们所居之地,还有其他树木与森林,以及虎狼等猛兽。勇士、天仙们的道法神明,为猛兽所不知,非常可怕。婉转啼叫的群鸟,与清澈甘美的潺潺泉水，以及可以安居憩息之清凉草坪，生灵各自如愿以偿，如此优美胜绝。还有夏日繁花，其祥瑞之馨香漾溢于世间。供奉一切佛陀，山顶变得如此美丽，其奇妙之本姓自不待言。常有敬仰者前来叩拜，先前则难以想象。妙主文殊师利的这些造化岂能尽述？只不过把我们经常欣赏的共同叩拜之瑞兆略述一番。十方之一切佛陀加持，妙主文殊师利恩佑，为了永远如意，请予祝福！为了一切生灵依靠善福之力，为了一切生灵的利益，归依圣贤文殊师利，为了获得宝贵的菩提而祝颂。”

上文是喇嘛亲自撰写的。

癸未年夏末之月，活佛返回府邸，朝拜者似夏日海潮一般从四面八方涌来。遂有杜尔伯特旗信善具足之协理台吉乌勒莫吉奏道：“前来朝拜者们有十二个旗的喇嘛、诺颜、夫人、百姓等，共计二千余人。”遂赐予怖畏十三佛之自在灌顶。

活佛严肃地指示道：“把我说的话转告给扎鲁特、科尔沁的僧侣们，就说：你们在那儿，若依佛法而行，我就放心；若违背佛法，我就头疼。尤其饮酒，为了生灵，连如来佛也未曾恩准，所以，你们若把我当作喇嘛对待，那就用茅草尖儿蘸酒尝尝吧！你们一一转告扎萨克、大诺颜、大喇嘛们，要严禁僧众饮酒，要让他们学习技艺，努力读经！”遂向众人赏赐了佛像和吉祥结，为他们加持，并降旨道：“为信仰、尊崇与遵旨起见，须知‘喇嘛’一词乃‘上师’之意。为学习、受业与遵旨而行，须知沙比一词乃弟子之意。而这念珠，乃是念诵佛法之兆，且须记住每日念诵之次数，因此，你们要手持念珠，不断诵读所学之佛法。要尽力默数啊、喇、吧、咂、哪与摩尼，以及无欲经。”遂为众人授予自在灌顶。

在台吉乌勒莫吉家中，自罗刹之门，燃起安宁之火坛之时，众人看见火苗从右而旋，彩虹映现，馨香四溢，便纷纷说道：“真是佛陀降临了！”喇嘛也露出了笑容，遂为台吉乌勒莫吉授予身、口、意三密。

当虔诚睿智的台吉智海奏请迎取《大藏经》之时，活佛把老弟子额尔德尼智海精心抄就的一部《大藏经》赠送给了他。叩拜者从四面八方赶来，听经者络绎而来，似纷飞的大雪连绵不绝。杰出的科尔沁之土谢图亲王阿尔山、扎鲁特右旗的毕力克图贝勒、扎鲁特右旗的毕如瓦贝勒等人，每年他们各献俸银一百两，年年不断，

世世罔替。弟子、檀越、尊卑贵贱一切人等，即使身患重病，也要发誓将自己穿的衣服、骑乘的骏马，直至罄其所有，将最好的东西献给喇嘛，向喇嘛烧香燃烛，并面向喇嘛，亲自叩拜，祈祷解除病祟妖孽，延年益寿。至于为死者祈祷冥福，则须七七于四十九日之内尽力祈祷，诵读《大藏经》及《续藏经》。喇嘛亦须派弟子慰问死者家属，赠送吉祥结及佛像。

仲秋之月，察哈尔八旗檀越以及锡伯、呼勒沁部的信徒们，前来接受罗刹根本灌顶，一位锡伯居士看见寺前坛城之上，现出五色彩虹，其中还有罗刹坛城。那居士向喇嘛活佛叩拜，并奏报了自己所见的情景，于是，众人亦随之叩拜。喇嘛降旨道："对于虔诚的信徒们来说，喇嘛虽远，亦如坐在门前。求佛不必他求，求之于己可也。希望你们真诚信仰，不可骄傲自大，忘乎所以。"

按：胜者大发慈悲，在圣业广布之胜地、佛陀的三界宫廷，造就善业之道。在禅教生灵的利益和安乐所生之地，充分发挥机缘慈悲之能力，以中庸之政教，焕然成就至上之教诫。由于三宝如此欢乐，百种生灵俱全，因而满足了那些向往者们的心愿，更加信仰帝释尊胜造化之极。在自己与他人的利益幸福所生之地，将四续部佛经之深义讲授给他人。自己专心从事极圣之业，得到诸贤赞助，不是奇而又奇吗？

这是章节之间有韵文，且系记述建造寺庙佛像，建立道场等的第五章。

第六章　中道圆寂

第六，示诫、圆寂。年三十三岁涅槃。癸未年初冬之月，圣者额尔德尼往赴极乐世界之良辰，乃十月二十五日吉日，活佛降旨道："但愿成为禅教传布之瑞兆！"向众僧分发了袈裟，并降旨道："你们全体僧众，按照先世喇嘛和我本人，我们二人制定和教导的规矩，以及我们做出的榜样，努力学习基本技能，互相爱护！"又说道："全体大小喇嘛们，你们每人带一条哈达来！"于是，那全体喇嘛手捧哈达，前来叩拜，活佛对他们说道："'喇嘛'者，所以讲经示诫也，'弟子'者，所以习经听诫也，从今以后，你们人人都要努力习经听诫，闭经修炼，努力行善。如果我有余暇，你们就听我讲经说法，如果我没有余暇，我将为你们指定老师。例如：丹津嘉措、童头智海、布延图、布施海等人，这些人可以给你们传道授业。现在由我来讲诵。"又以一切佛陀皆为喇嘛所信仰，能使喇嘛迅速加持者，乃是喇嘛仪轨，遂讲诵了班禅额尔德尼所著并由喇嘛曼殊师利伴奏之《喇嘛仪轨》。又谓进入一切法门之信念及产生一切圣洁而进入大乘者，乃菩提心是也，遂讲诵了《发心经》。还降旨道："讲诵大海一般的《续部经》之本尊佛虽然不可胜数，然而，从古至今，我们历来供奉的佛陀，乃是秘要金刚畏怖天王，你们要格外努力地颂读这两部佛经，要胜过祝颂吉祥，要坚持不懈地颂读，要学好道纲，坐禅修炼！"遂讲诵了《罗刹先行缘分经》。降旨道："现在，我已经带头讲诵了一遍，你们应该懂得努力学习，严守誓约戒律胜于生命，和睦相处亲如父子，如能做到这些，有生之年有益于寿命，最终也有益于禅教，将会得到利益与幸福。"又降旨道："这次法会上所缺少的袈裟，以后补发吧！"最后再次说道："要为禅教事业而努力！"

于是，有一日，活佛拜毕释迦牟尼佛像，登上庙顶刚刚坐下，从召庙墙内跑出来五匹全鞍马，活佛向求寂占星善道者问道："这是怎么回事？"答道："大概是兰占巴

却吉启驾之祥瑞马群。”活佛降旨道:“唉!如今他人的祥瑞如此为我而来,不知你们以后还将为谁效劳呢!”这话是什么意思,求寂占星善道者未能请教。

又一日,活佛来到召庙西侧一座新建的五间雅致的寺庙内,降旨道:“唉!将来这里大概要住一个小喇嘛吧!”又悲伤地降旨道:“通常,对于喇嘛僧人来说,有了学习本领的智慧,再也没有比学而时习之、修养之,更为高尚的了。如今我却掌管世俗官吏所持之印,执掌世俗的法律,真是毫无道理,无论如何也要作罢了。”

又有北京的弟子、檀越呼尔查道尔吉安班逝世后,过了几日又复活过来。这位大臣说道:“我死后,有两个夜叉将我送到阎王面前,阎王从一面镜子里看了看,说道:‘他还没到该死的时候,赶快送回坟墓去!’”他复活之后说道:“阎王要请圣喇嘛念经,正在修路,扫地,手持幡幢,全都焕然一新。严禁任何王公在那条新修的路上通行。”

还有一位宫女死而复生,她说的话同前者一样,说道:“由于我们旗主不慎走了那条新修的路,阎王就用火鞭把他打了一顿。阎王用三条龙驮运喇嘛的书,还说要亲自去迎接。”

与上述二人同时,即仲冬之月阿利伽力沉沦之日——二十五日夜,一向无恙的活佛突然化作一道光芒,遐升法身之宫。于是,大弟子们举行法会,多次颂读《大藏经》等佛经,接连颂读《四续部仪轨》,达百日之久。特邀席哷图呼图克图燃起火坛,活佛本体化为无数佛陀舍利,将舍利收集起来置入浮屠,建立起天人共祭之祠。内外弟子及檀越们以悲痛的心情哀悼,盼望转世佛尽快出世。于是内外全体人员共同努力,多次举行平安法会。于是,翌年,岁次申年,活佛诞生于乌拉特旗的一个贵族诺颜家里,依然成为生灵的希望。

按:获得永寿高尚金刚之身,具足无限大慈大悲之心,慈爱此界之生灵犹如独生子一般,复以妙计显示扶佑他方幸运者字瑞兆。为之传布我们众人永远尊奉的禅教,转瞬之间遐升于无比法身之宫,然而,为了成就圣识者高尚事业,其转世佛将会以各自安然之歌舞而莅临。难劫之祸福所依,尽管以增进勤奋智慧之兆,将我们众人藏之于此界天空之圣地神山,仍请将智慧之莲花生长、开放于东方之山巅!

这是章节之间的韵文,且系记述训诫、示寂之第六章。

第七章　弟子执事

第七，其弟子们传布所训之持教规则。

在我的执金刚喇嘛却吉达纳三谟陀罗与贵族喇嘛巴喇尼扎二人的笔记中，记载了喇嘛活佛制定的持教规则。据载，喇嘛活佛提倡听、诵、学、祷、修等五事，他降旨道：

"最初听、诵之时，要给初学者讲授蒙文字母中的 A、E，藏文字母中的 Ka、Kha，梵文字母中的 Ah-Li kah-Li。随即让他们记住进入佛门之信念，初入大乘之无限菩提心，迅速加持之喇嘛仪轨。要让他们记住喇嘛光大禅教之五事，即：喇嘛佛陀赞颂之类，清除罪孽，忏悔恶行，增长智慧，妙吉祥增长智慧之赞颂，与文殊清除妖魔危害之慧心，大火之赞颂，白伞盖天母之益寿结发，药王之长息赞颂咒，消除秽、障、病魔之思维钵，以及成就各种善事的祈福善业之祝颂，弥勒之祝颂，上、中、下之祝颂，幸福之祝颂。

"要让修炼灌顶者记住呼图克图规定的秘密总汇，阿修罗规定的畏怖经，阿难陀格鲁迪规定的般若经，赤陀梨规定的药王经，他们的续部喇嘛们的祈祷，自愿膜拜及自觉祝颂吉祥等，祈祷财神、法王、天女、毗沙门王等四大供养及善逝金星弟子等。

"要讲授上述佛经的诵读仪轨，及敲锣打鼓、吹号鸣笛的方法，以及音韵节律等。学习仪轨时，首先要学习信奉喇嘛之仪轨，及有关信仰的教诫，与此同时，还要讲授有关知识。

"声明处，要讲授标音方法，以及唱偈的五德相应方法。

"星占方面，要讲授五曜道法，以及日月食仪轨，五曜出没日期，新宿之消逝及

其时机。智者考察三日,唱偈十次。

"藏译蒙方面,要讲授并让他们背诵通译瓦鲁所著之《赞多》,通译捌思吉斡节尔所著之《蒙文启蒙》。

"书法方面,要向心灵手巧者讲授并要求学会书写安详麒麟佛的字体,内外坛城的字体,浮屠的字体,火坛架的字体,密咒的字体,以及其他书法等等,还要引导他们掌握绘画技巧。

"工巧明处,要讲授如何识别人体,识别母子亲疏,预测兴衰;爻卦占卜,以预知年月日时之更替规律;投石观测,以预知亲族的命运,和聘女娶媳,以及患者的灾厄,并为之祈祷。根据死者行状,观察年月日时。根据爻卦占卜,观察星曜吉凶,以及观察风水等等。

"医方明处,要选择品行端正,心地善良的人,给他们讲授并要求背诵《四部医典》,务使领会内容,运用自如。

"因明处,要学习《四部吠陀经》,以及《正理经》等论理之学,启动其深奥道法的钥匙。要学习秘密、怖畏二尊者始末次第的深奥道法。尤其要注意学习并牢牢记住那些行善入门的方法。

"内明处,无论僧俗,都要着重学习尊敬喇嘛三宝的祷词,怖畏十手、没有五德等忏悔轻重罪孽的祷词,成就十善戒经的祷词,严守誓约戒律的祷词,在世上和睦相处的祷词,尊敬兄长等明哲有德者的祷词,慈佑同人及晚辈的祷词,以及深密大小乘心愿的祷词。

"修行方面,要求他们始终按照所学的内容注意修行,尤其要按照噶当派四大戒律修行。努力掌握噶当派、格鲁派喇嘛们的戒律。要让虔诚的信徒们始终不渝地修行。

"行为方面,要教育他们具有从思想和缘分两方面信奉喇嘛的行为,对于罪恶的思想和行为即使在生命的紧急关头也要摒弃的行为,遵守居家者或出家者的戒律的行为,以自己的生命来严守誓约和戒律的行为,对于喇嘛及父母兄长们唯命是从的行为,行善积德的行为,慈佑扶助弱小不幸者的行为,依照以往的优良秩序恂谨而行的行为,善于分清身、口、意之内容的行为,未卜先知的行为。"

众弟子中的出类拔萃、聪颖智慧、心地善良、德高望重、威仪具足、贤明的墨尔根台吉丹津坚措赛音朝克图等品行贤洁善良的喇嘛长者及聪明的弟子们追念第一世长者喇嘛及这位圣贤活佛建树禅教、刻苦学习教规教义的情景，墨尔根台吉率领自己的贤明弟子，向府中的固始墨尔根锡迪图满都呼学习了蒙文标音方法等五德相应方法，及藏蒙名词互译，以及词句的变格等方面的著作《赞多》，印度的梵文等九种文字的读写方法，以及占星、占卜等方面的细节。

医师巴罕格隆智海、医师丹巴林沁、医师阿旺珠杰等人学会了论述医学理论的后三部医典，并分别向老师学习了医术要略，还请西藏、喀尔喀的名医们诊断了疑难病症。

达尔罕本博施海向占巴学习了圣者噶珠所著的《怖畏法轮》及《火坛正义》等法术的钥匙。

洛本却吉达纳三谟陀罗赛音朝克图向卓却吉苏玛第萨伊喇甘珠尔及墨尔根法王德塘衮布额尔德尼、格列却吉、格列却帕、甘沁协饶达扎、席呼图却吉苏玛第勇德等众先辈们学习观看了四续部灌顶仪式，深入学习了运用蒙、藏、梵文的正字规范进行书写和翻译的方法；向师长喇嘛查聂杰三谟陀罗赛音朝克图、师长喇嘛甘地三谟陀罗二人学习了大量诫咒的主要内容；还向喀尔喀的额尔德尼图讷玛勒深入学习了号角笙笛的吹奏法，曲调唱腔的演唱方法，尤其是额星所著《唱偈十部》；还向格列却吉深入学习了杰出的查聂杰三谟陀罗所擅长的工巧艺术，以及甘地三谟陀罗的庙会舞蹈、法会朗诵等仪轨技艺。

大喇嘛智海、坐床禅师库利清贵二人学习了语言翻译、医疗技术、佛经音义等。

扎萨克喇嘛因固始布延图虔诚信佛，阅读佛经，听过《大藏经》等善诫诠释方面的诸多教义，信仰益坚，于小召圣者喇嘛之舍利塔及五台山地方分别举行过十万颂般若祈祷。他始终保持虚心笃信，恂恂如也，努力于阅读和朗诵佛经等等，对他人则诲而不倦。

扎萨克喇嘛衮布，则自幼勤奋学习写作和艺术，纠正了蒙文的十四种缺点，写作七艺具足，他能按照规格制作精致的酥油圣饼，细心学习星占卦卜之术，在行动上努力支持这位圣贤的禅教，心地非常善良。

索本固始大喇嘛法海，自幼崇拜墨尔根达纳及却吉达纳三谟陀罗，学习了各种技艺。

杰出的有愿喇嘛班丹沁恰巴等人向活佛学习了大小道次第，以菩提心深入研究了妙吉祥的教诫。他还学习了祷词纲要，并亲自坚守招福菩萨的陀罗尼三戒。他还向卓巴墨尔根兰占巴、康旦呼图克图兰任喇嘛，甘珠尔以及墨尔根法王等人学习了三戒的全部教义。他还修行三大教义，遵守有关誓约戒律的教诫等等。他勤奋学习，努力实践，还学习了其他方面的许多技艺，为禅教做了大量贡献，限于篇幅，兹不一一赘述。

以上诸位都努力学习和实践，他们受圣者喇嘛的嘱托，为实现其遗愿，人人努力学习，精心培养自己的善缘弟子。尤其是我——达磨三谟陀罗，自幼受到执金刚索本却吉达纳三谟陀罗赛音朝克图、两位师长喇嘛、贵族喇嘛查聂杰的抚育。圣者喇嘛在给我们的遗嘱中说：

“长者喇嘛在先前，以及我在今世，扶持禅教，制定法规，按照从前的教导，努力学习技艺，努力祈祷修行。今后，你们要勤备学习禅教，继续教育后人。”

圣者喇嘛还对我说：“你要如此这般学习。”遵照他的指示，我向却吉达纳三谟陀罗等三十多位高僧学习了听、诵、写、译、书法、占卜、音乐、医药以及工巧等等实实在在的学问。人致说来，圣者喇嘛教导我们说：

“在学习方面，听取并学习其善诫诠释以及所有的学科。”

“在祈祷方面，始终以善良的愿望进行祈祷，专心致志于胜佛四愿祈祷。”

“在修行方面，始终致力于掌握佛法，修行中留意于那些优秀的经咒。”

“在行为方面，始终保持广阔胸怀，慈善心肠，行善时亲睦和蔼，遵守著名的誓约和戒律胜于自己的生命。”

“特别是，若能归命于喇嘛，遵旨而行，就会诸事如意。”

上述这番话，也有人作了记录。例如，我的执金刚喇嘛就有如下记载：

“以那些贤明弟子为首的全体弟子们继承持教业绩，努力实现高僧的遗愿，并依照教规和遗嘱，教育后人努力学习和实践佛法。于是，所有加入这圣贤之教者，都笃诚信仰，真心行善。其中优秀的贤者努力于听、学、诵，并按照他们学到的知识努力实践,他们至今仍在传播佛教,特别是第二世胜者(宗喀巴)的禅教,以及圣者(陀音)喇嘛的禅教,扶助驯良的有缘者们,因而成为佛陀集结之地,使其禅教依然存在。这些就是圣者喇嘛教导的听、学、祷、修、行五业。"

按:圣者为具足善缘者们认真提供了法王柔信、苏玛第吉里谛什理的法规,使法业似朝阳一般发扬光大,他权威地教导了一切法事。至圣尊者,为东方禅教之善良信徒与生灵建立了教规。他的成就,似大海一般广泛传布,为禅教与生灵提供了巨大援助。他那奇异明晰的教诫,似阳光一般美妙幽雅!从而发现了听、学、祷、修、行五业。他以讲诵与实践,为禅教与生灵开创了利益与幸福,令人赞叹地照亮了无限美好的事业。

结束语

立传缘起。

先辈的善行似天道一般广阔无边，而我的见识却微若毫芒，为此，谨向圣者喇嘛及诸位贤哲们忏悔我的无知谬说，以及挂一漏万之弊端。

但愿我同回忆者还凭借孜孜以求的真诚之力，以及自幼侍奉圣者喇嘛的一片忠心，在此继承和发扬听、学、祷、修、行五业，成就那利益与幸福！

但愿欣然实现圣者喇嘛的遗愿，准确地表达出圣者喇嘛的贤良道义，成就当代禅教与生灵的利益和幸福，最终顺利达到地道之极。

但愿始终不渝地认真聆听一切学问，努力学习内外因明，专心致志于善行祈祷及杰出的四愿祈祷，注意领会所学的知识。

但愿尽快参加卓越的佛法修行，顺利通过五道十德，获得当代善意的缘分。严格遵守誓约与戒律，并同生命连在一起。

但愿如上所述，重视掌握听、学、祷、修、行，并以讲诵、造就、奋斗、创作、实践等等，像太阳一般照亮圣者喇嘛的禅教，使众生都能具备贤、洁、善的本性。

这位天生圣人的功德无量，而我乃是土生土长的一介村夫野老，哪里能够毕录无遗？只是由于虔诚信徒们的催促，为了让众生获得无上之正道，才把自己的见闻写了出来。

天生圣人卡那珠陀音呼图克图讳阿旺罗桑丹比坚赞赛音朝克图。我们为之折腰的善行之传记，题为:《精通七艺之信灯》。原先，天才的拉玛札布公与智勇双全

的却扎布台吉二人指示我:“你把这位圣者的传记写出来吧!”我虽然接受了任务,但是由于自己年轻幼稚,孤陋寡闻,迟迟未能动笔。后来有幸见到喇嘛活佛在世时的弟子执金刚喇嘛达纳三谟陀罗及贵族喇嘛查聂杰等两位师长喇嘛。我访问了他们,并作了记录。后来乌拉特旗德勇双全的贺其英贵格隆嘱托罗刹天王寺的扎萨克喇嘛、功德与信仰双全的衮布,要求说:“为圣者写一部传记吧!”衮布又把这一任务转交给我。这位扎萨克喇嘛根据自己的所见所闻,写了一份简要的材料交给我,并嘱咐道:“请你参考这份材料,写出一份比较充实完整的东西来。”于是,我对照从前的记录,加上目前从许多长老那里得知的材料,整理出这部传记。我——达磨三谟陀罗,从丙子年到丁丑年十一月初四日,斋戒写毕。但愿此书能使宗喀巴派的信徒、永恒真理的保持者、禅教高僧的教宝,得以无限传布,永垂不朽,将圣德之信徒,世世代代供奉下去!

色界宏宇。

蒙文影印件

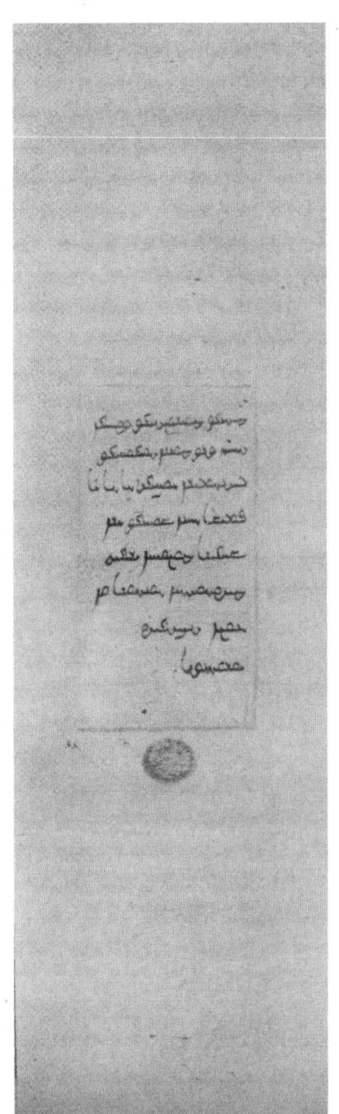

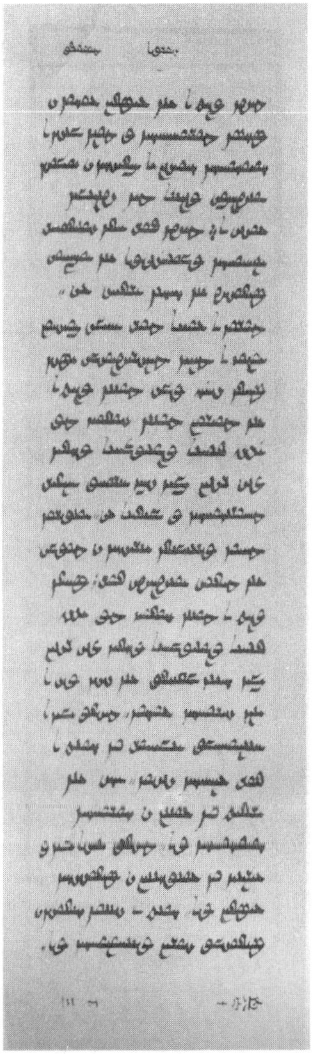

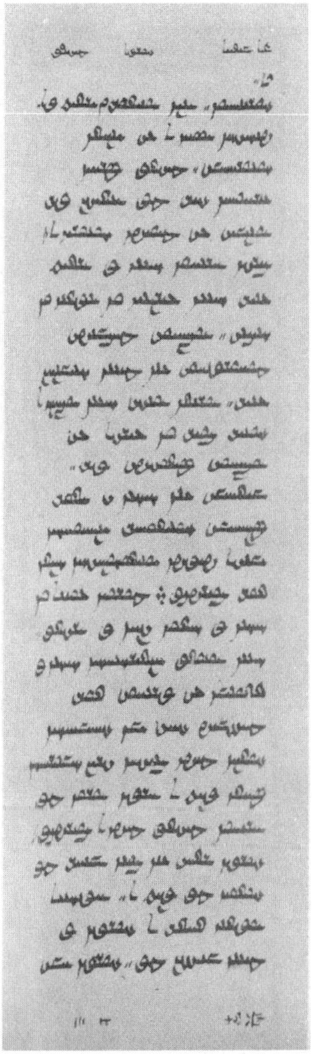

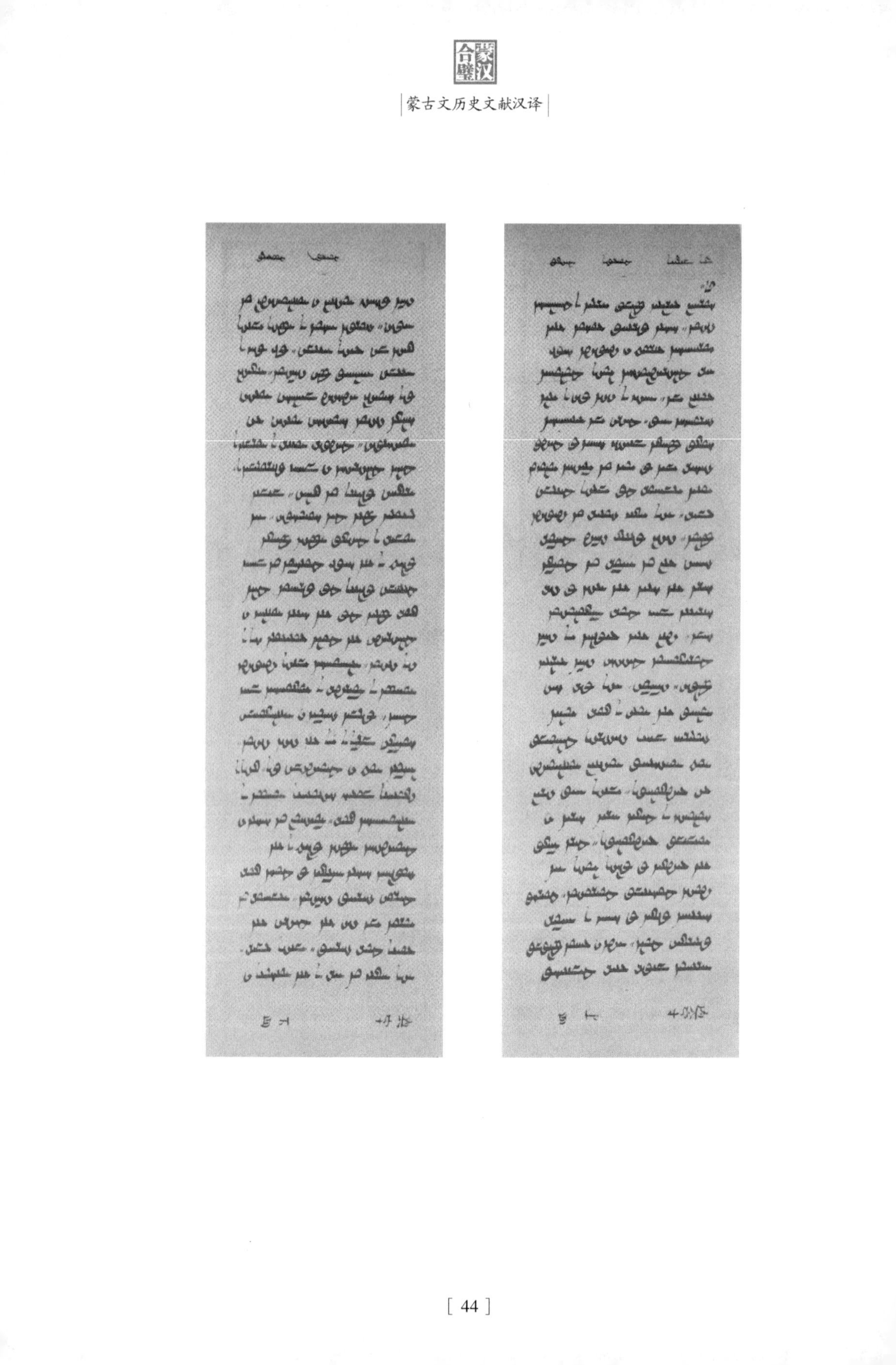

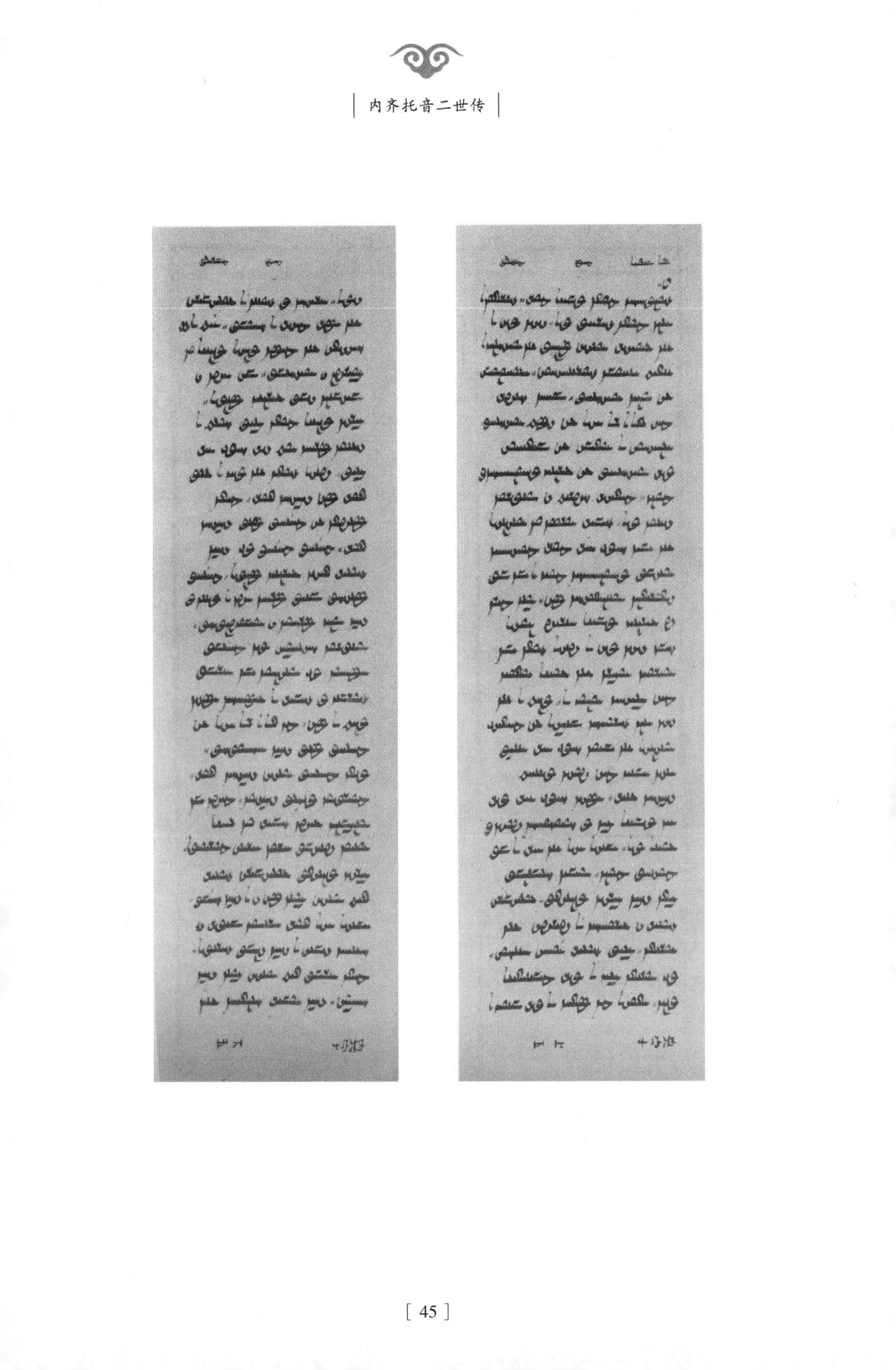

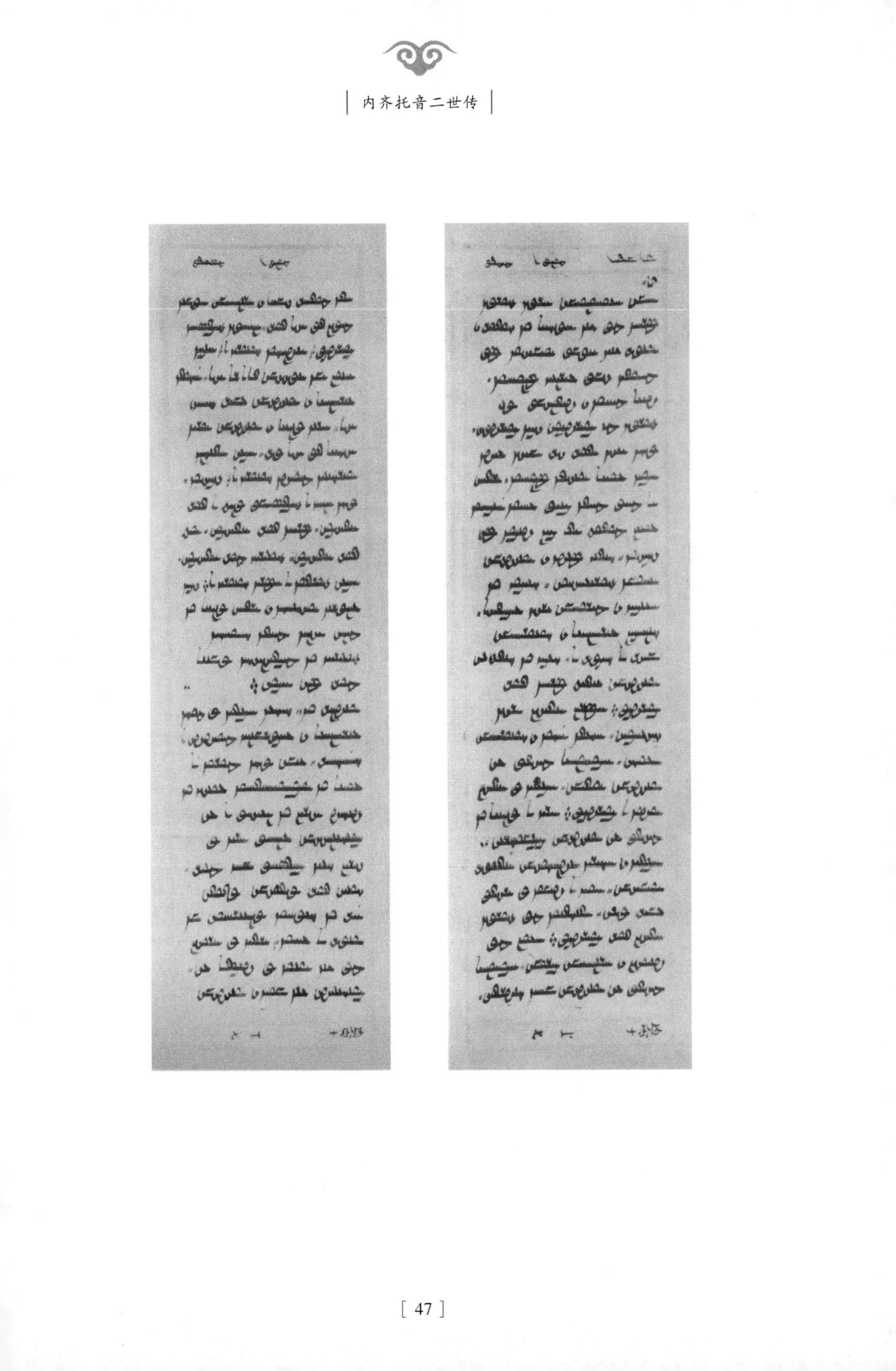

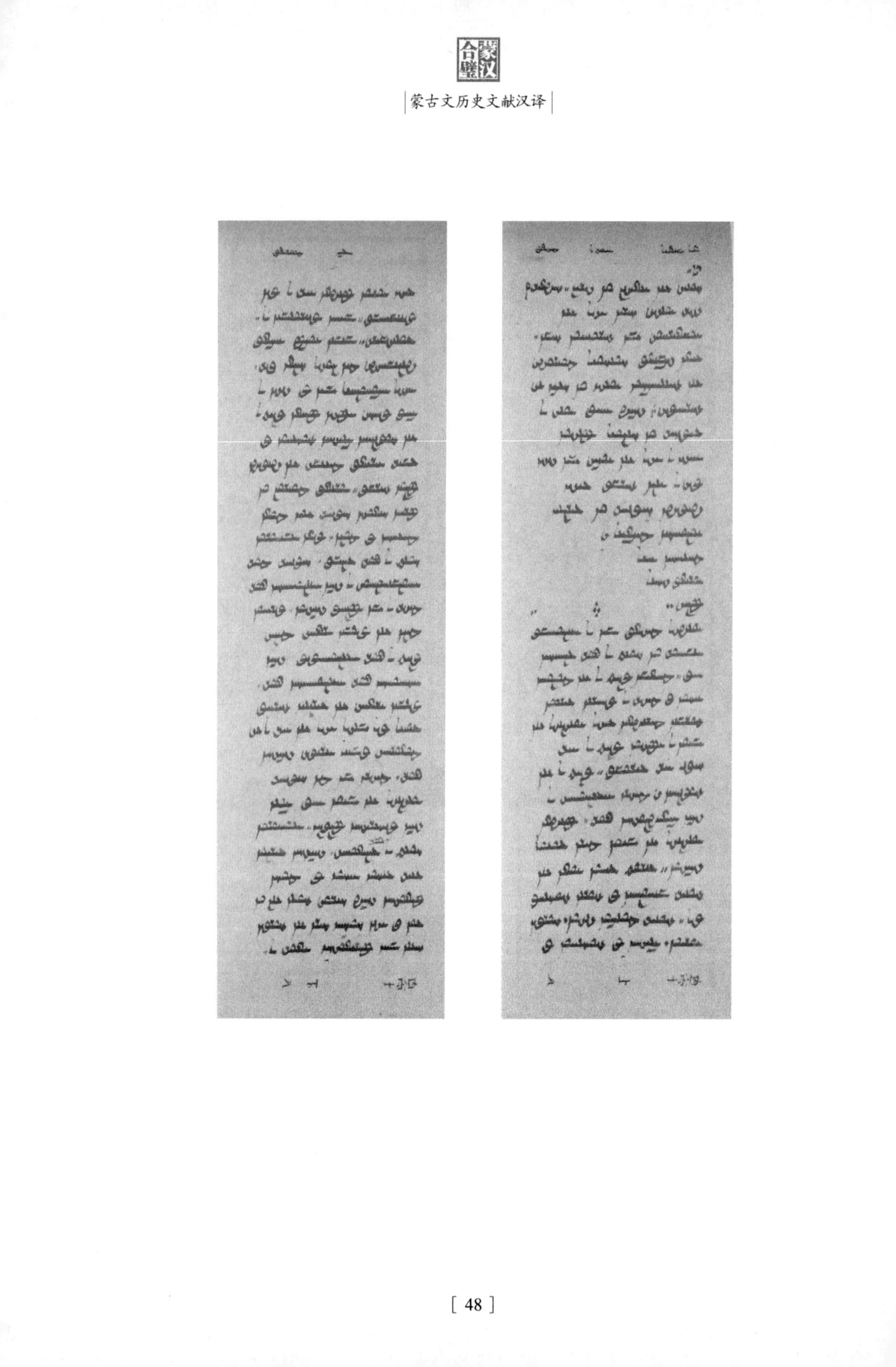

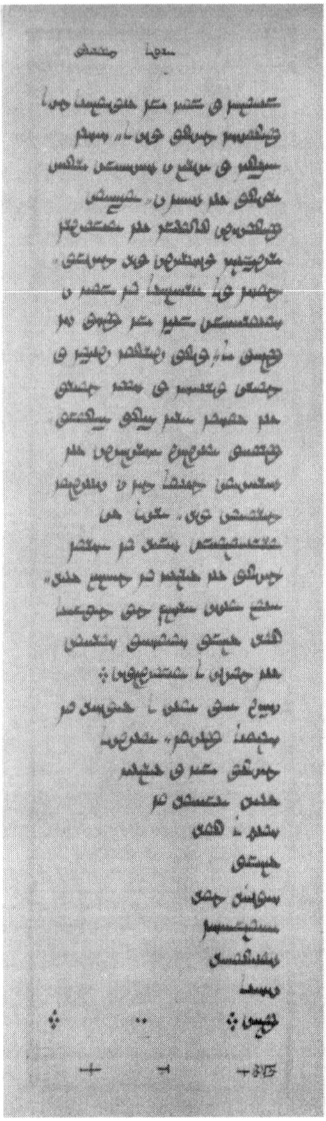

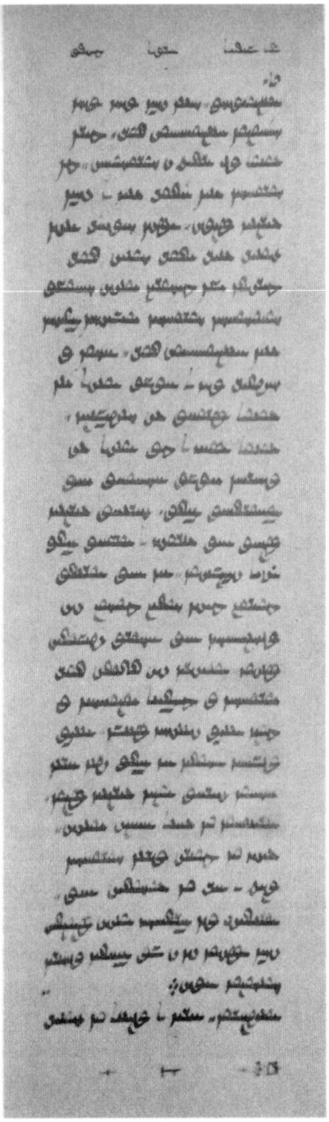

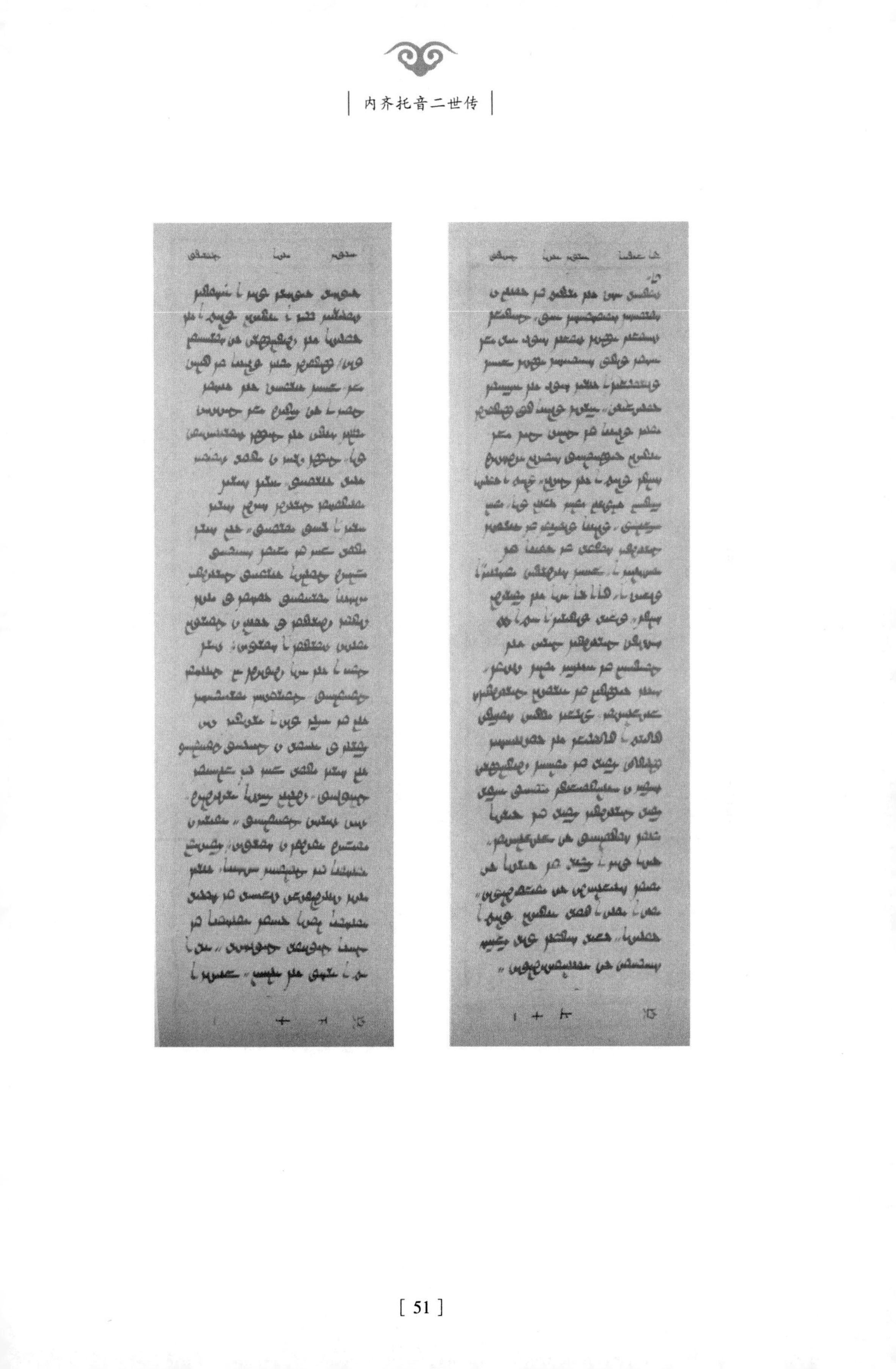

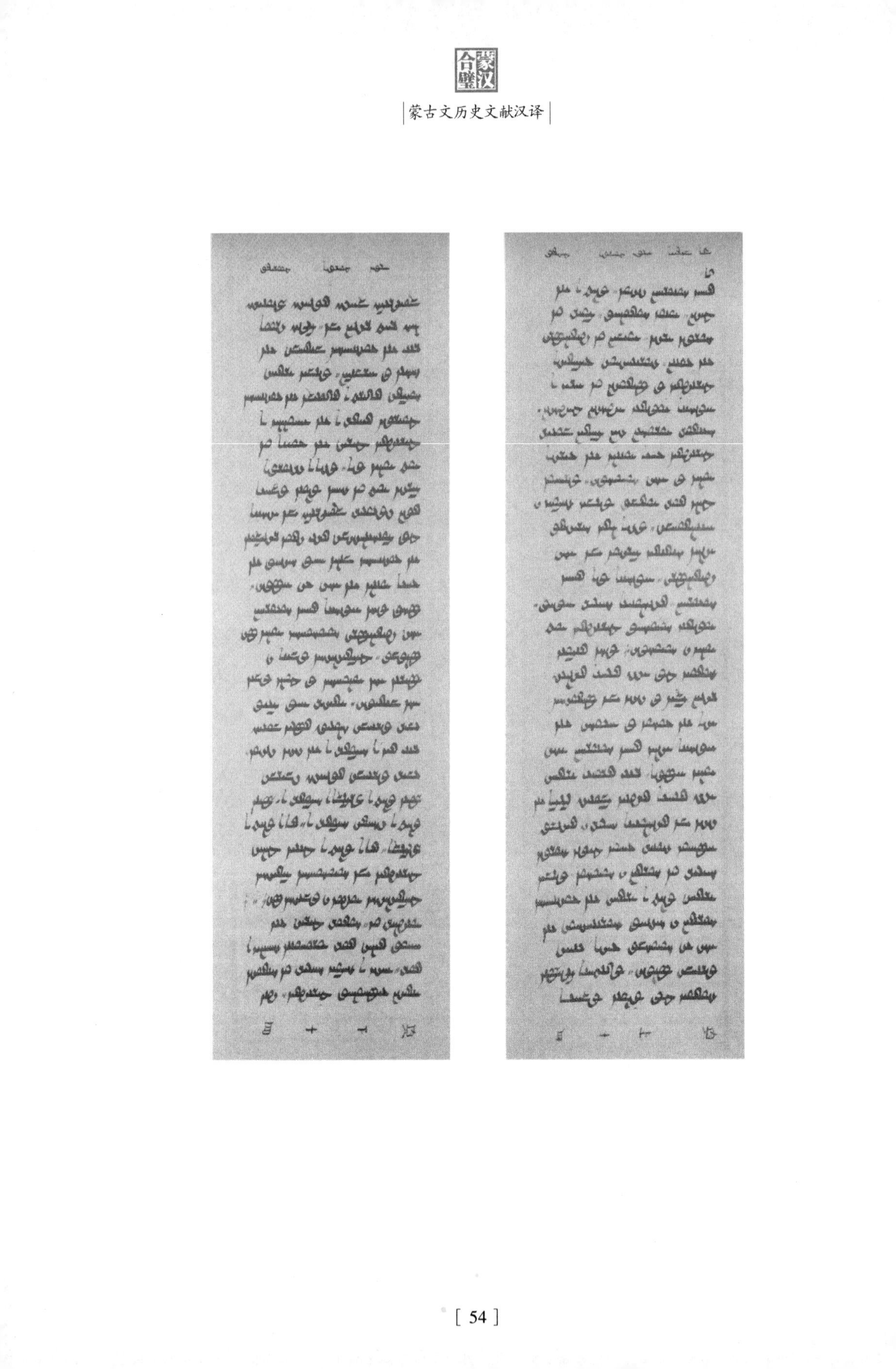

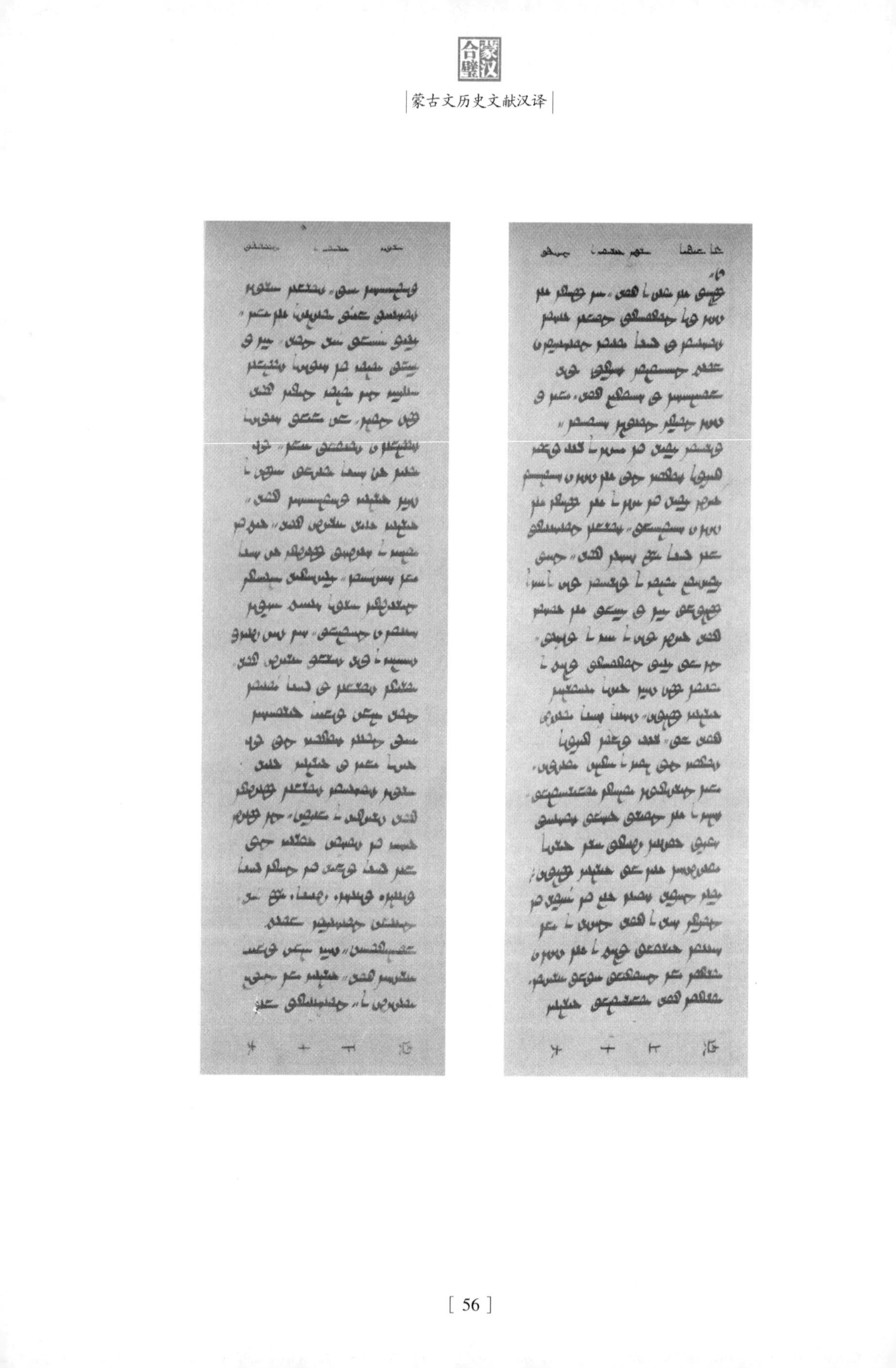

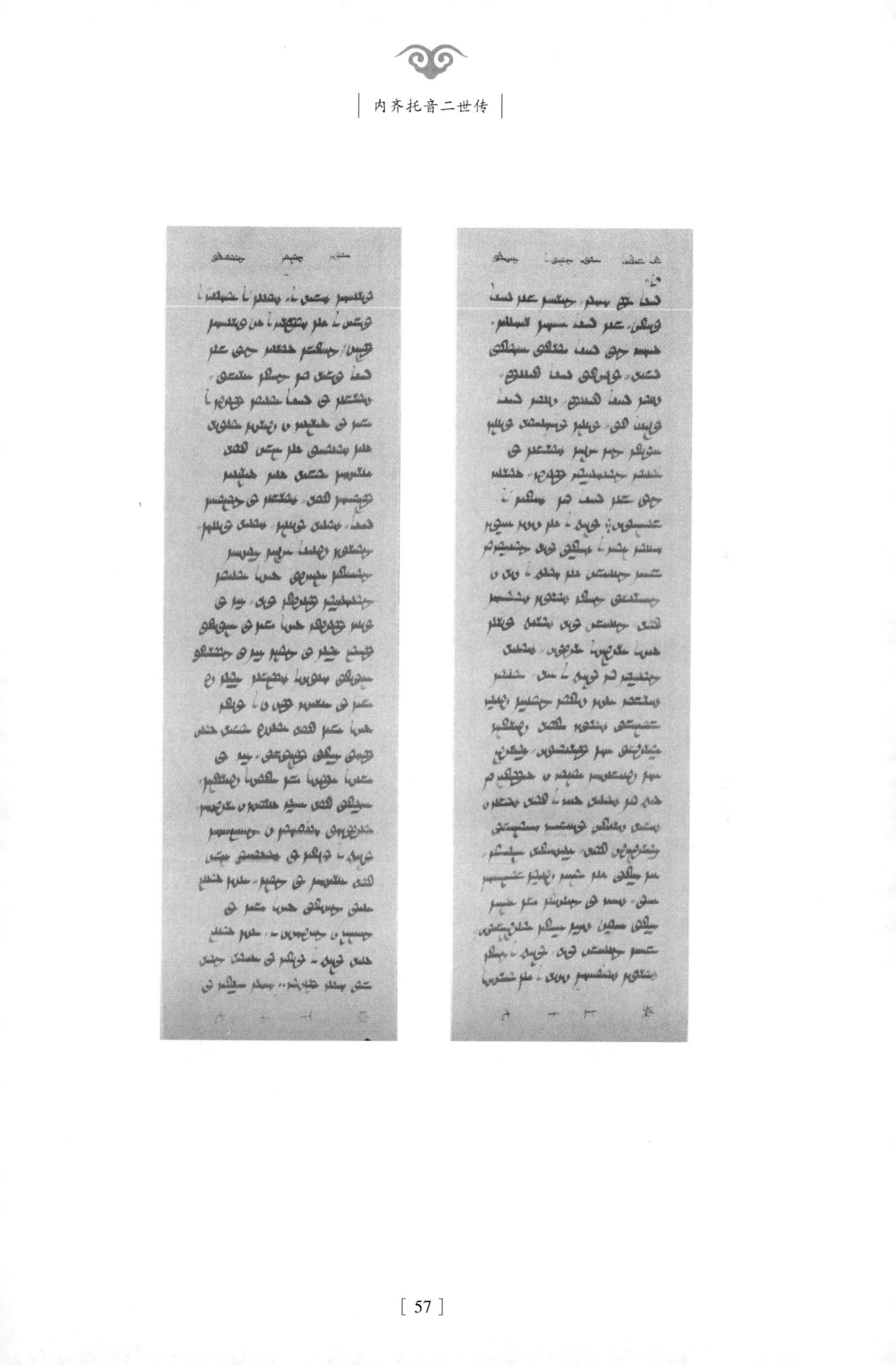

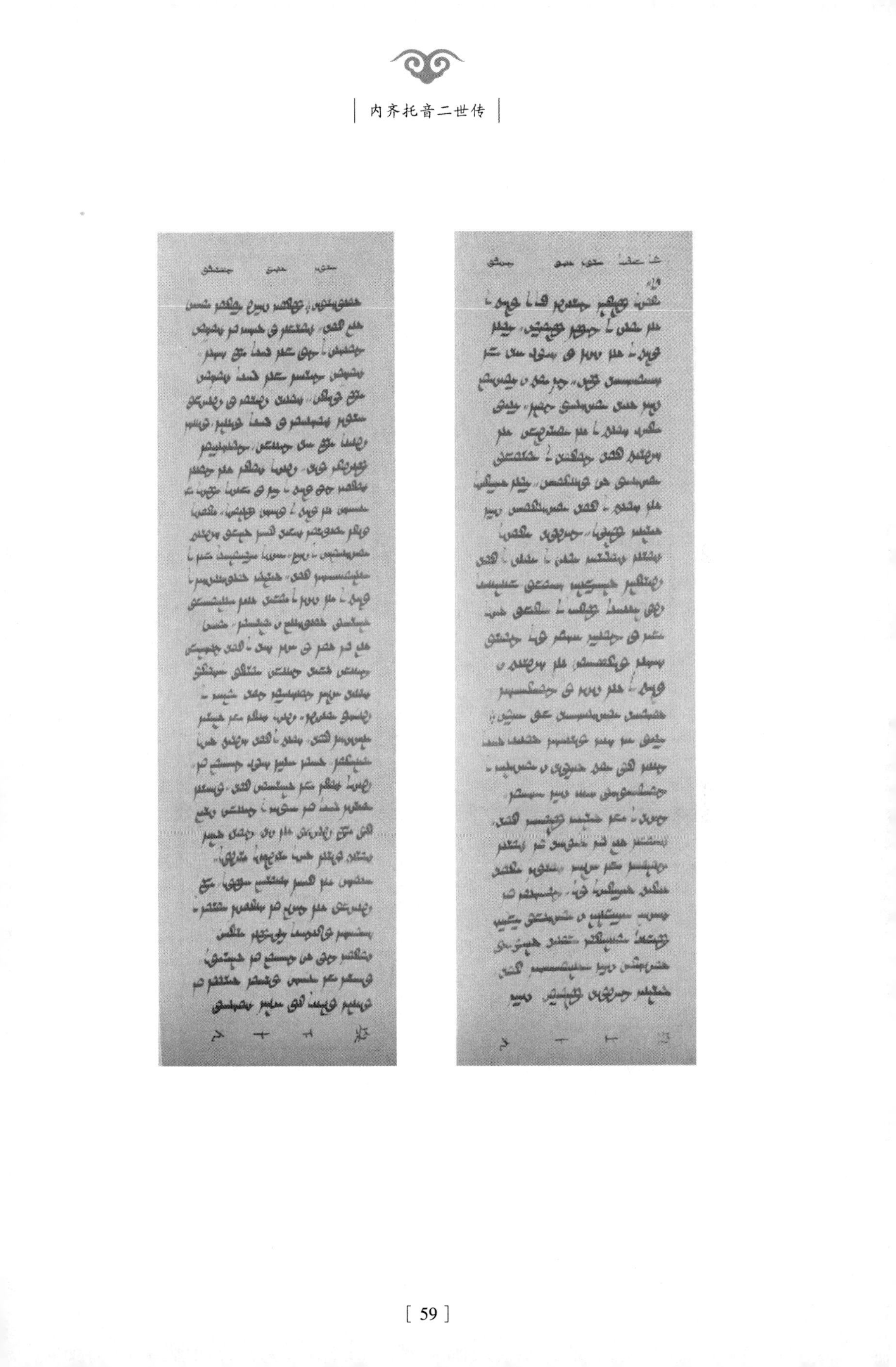

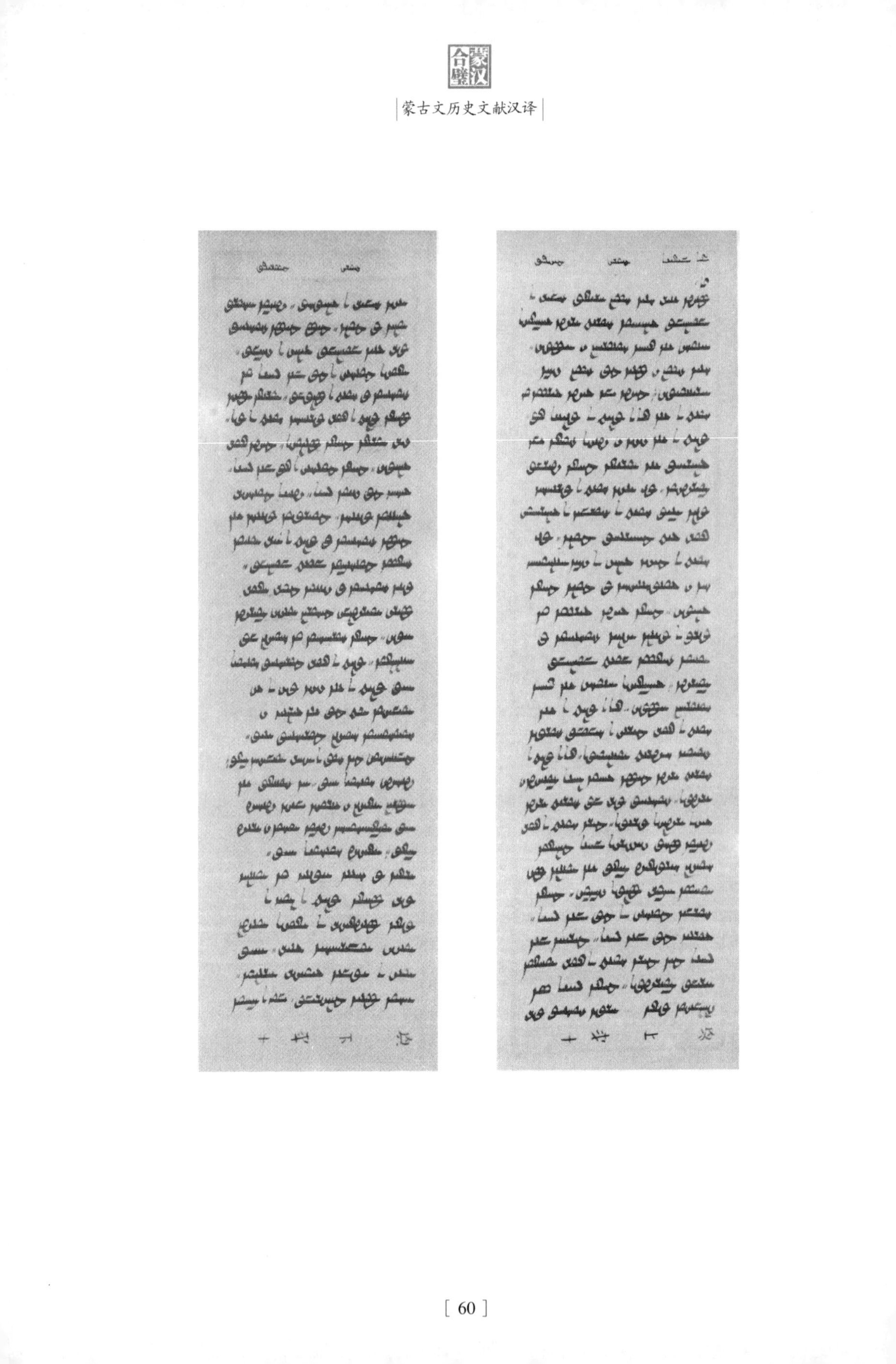

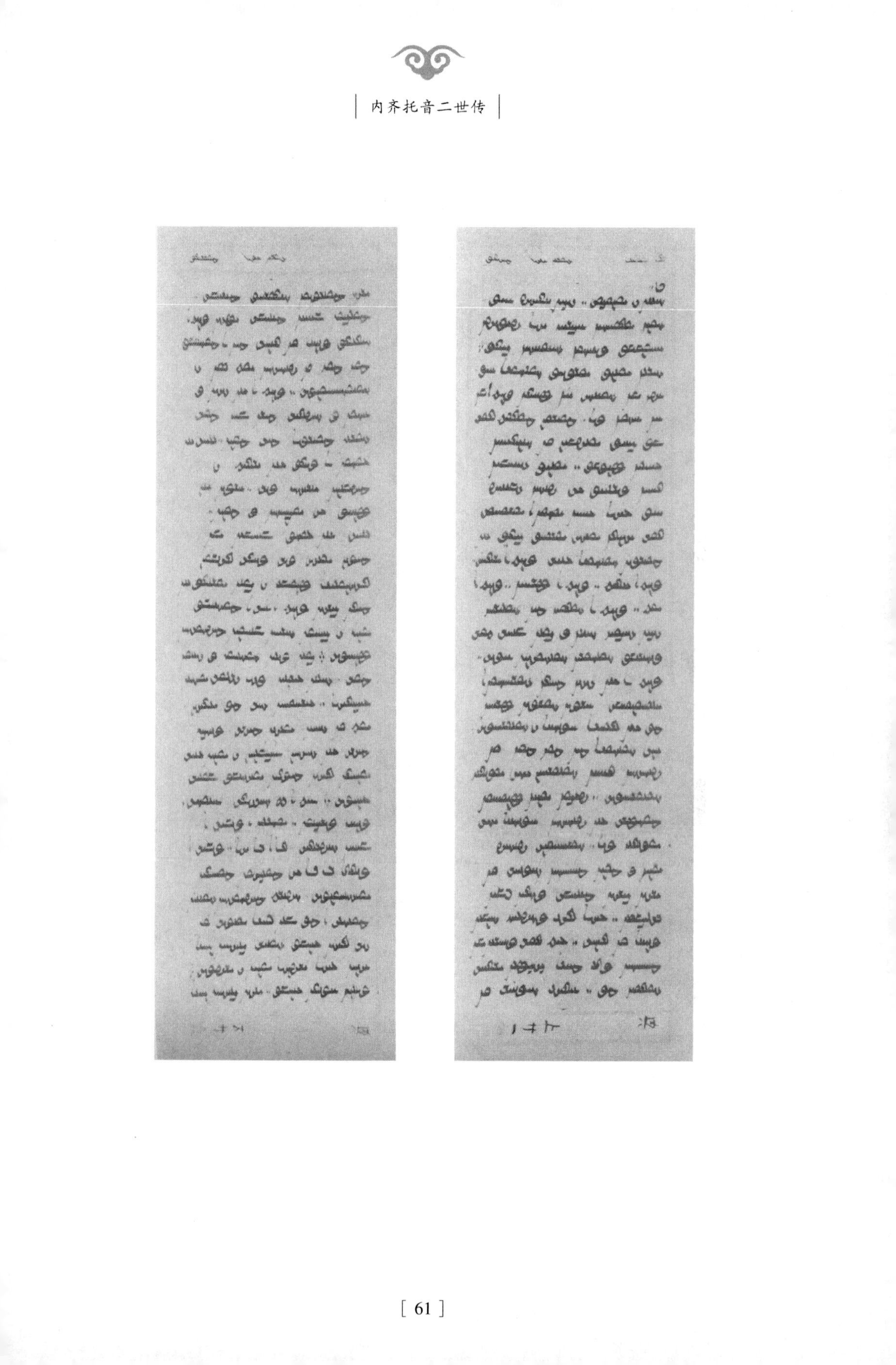

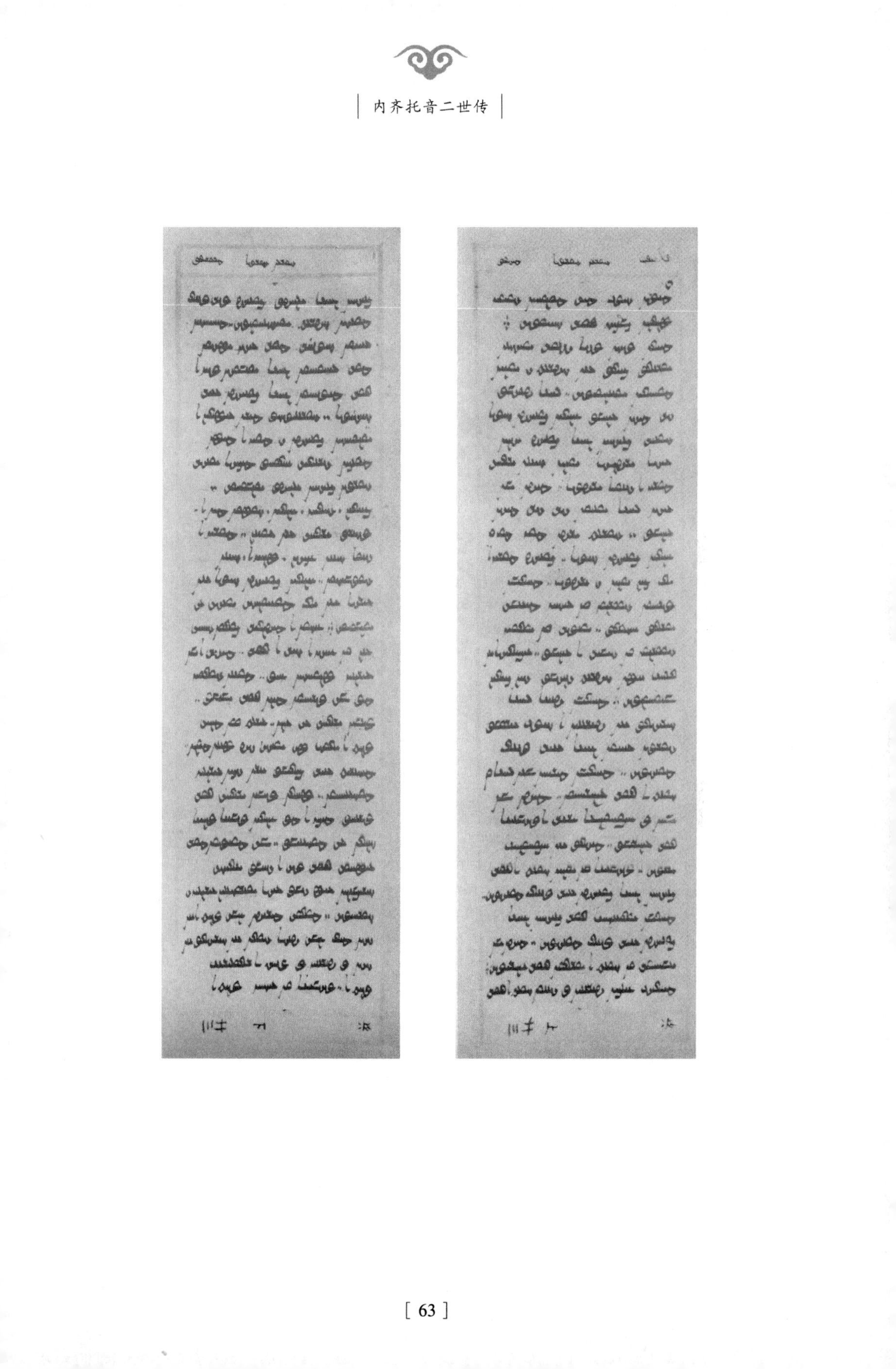

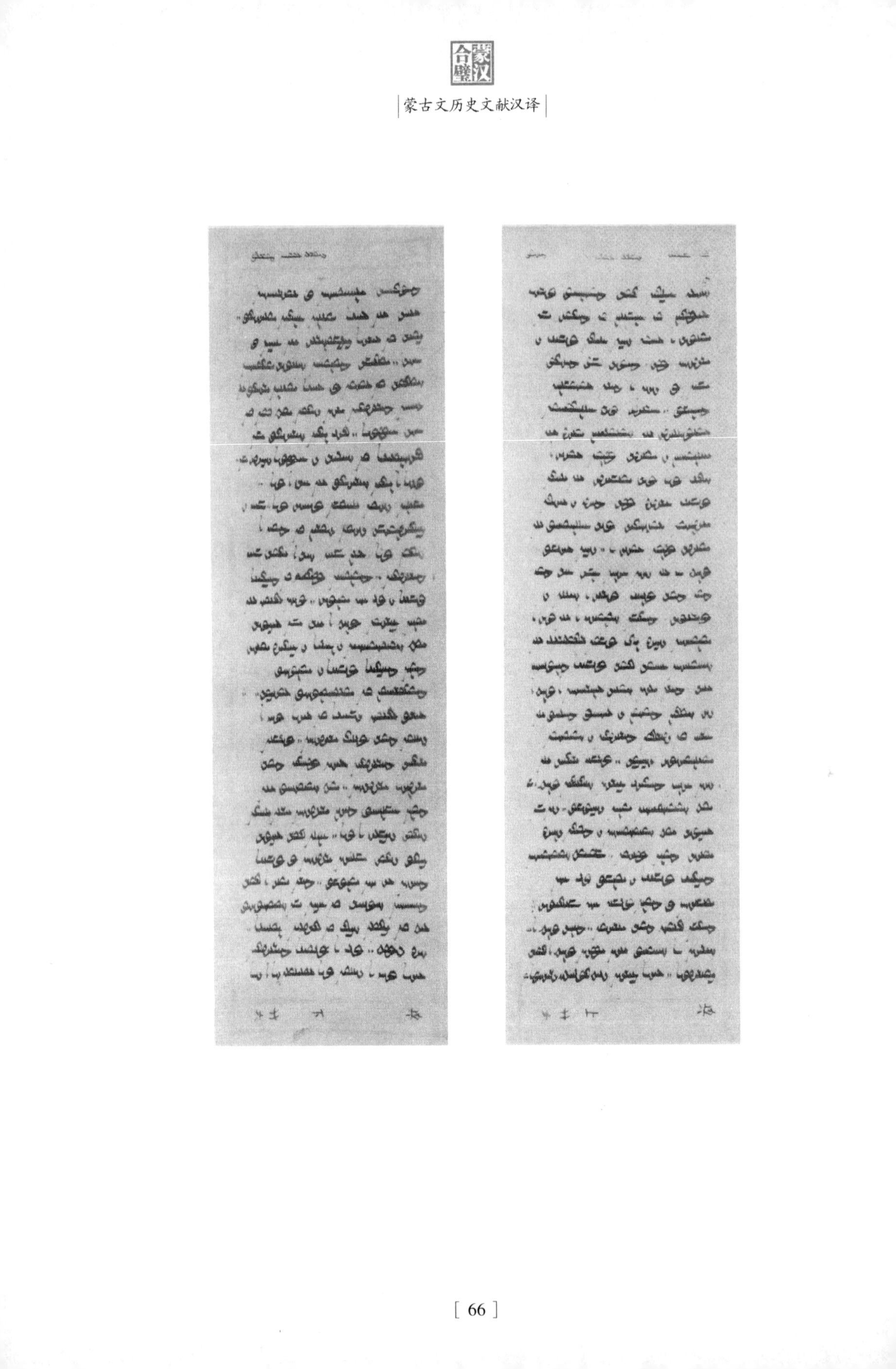

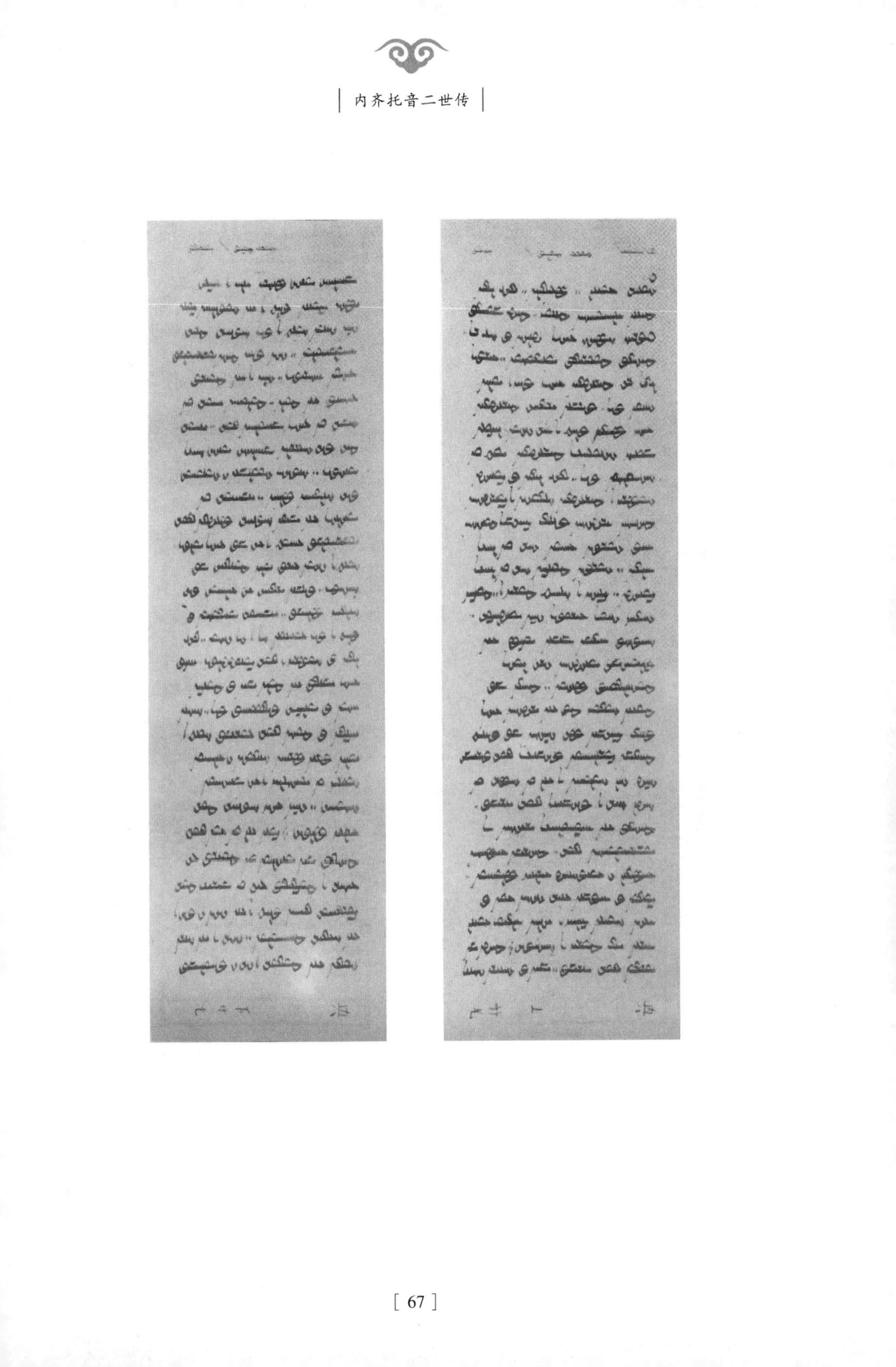

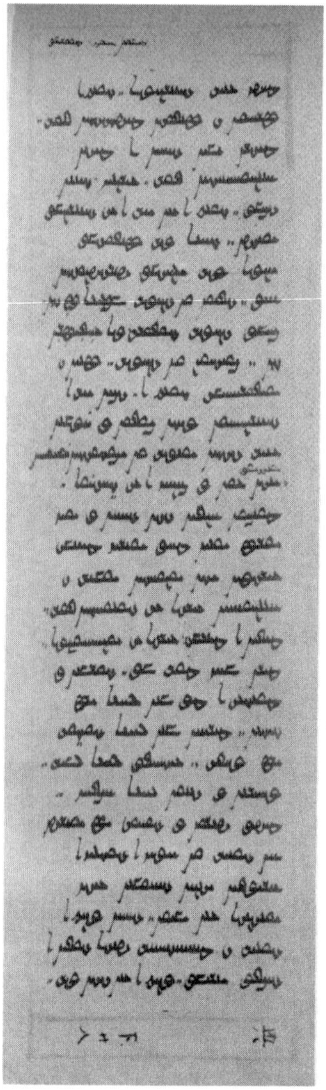

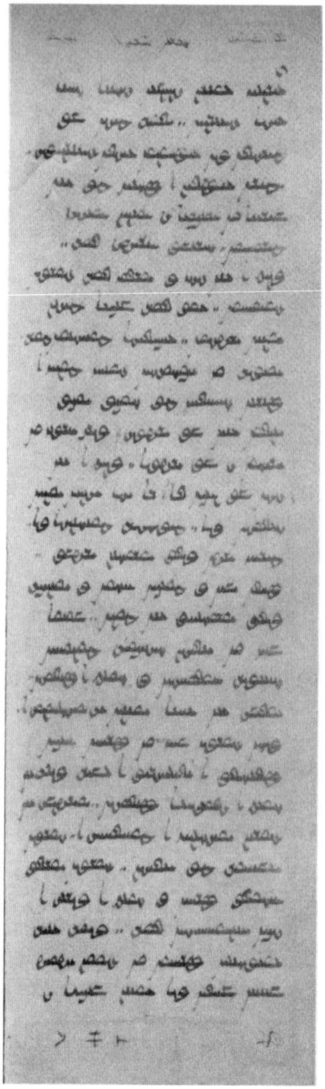

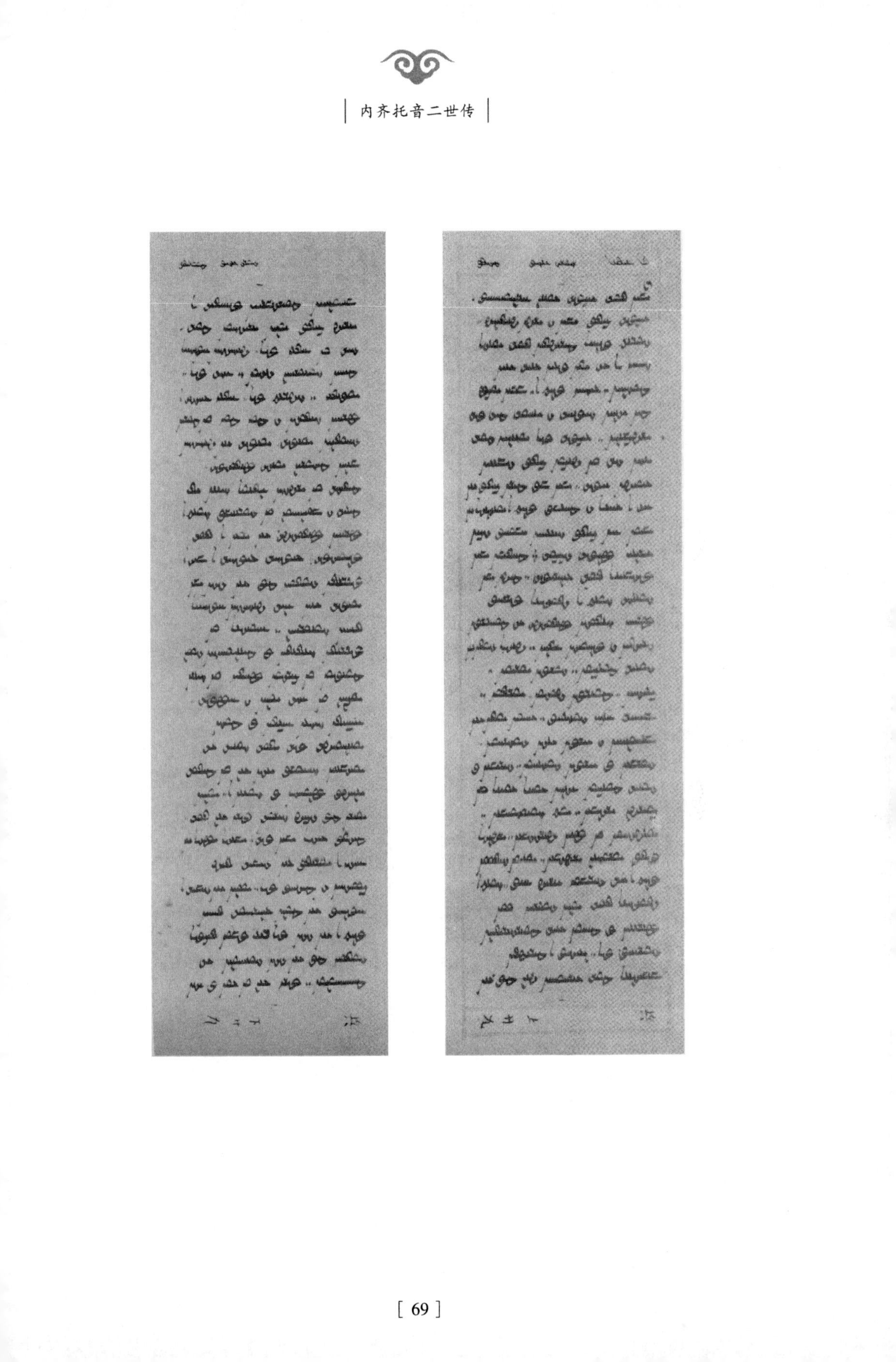

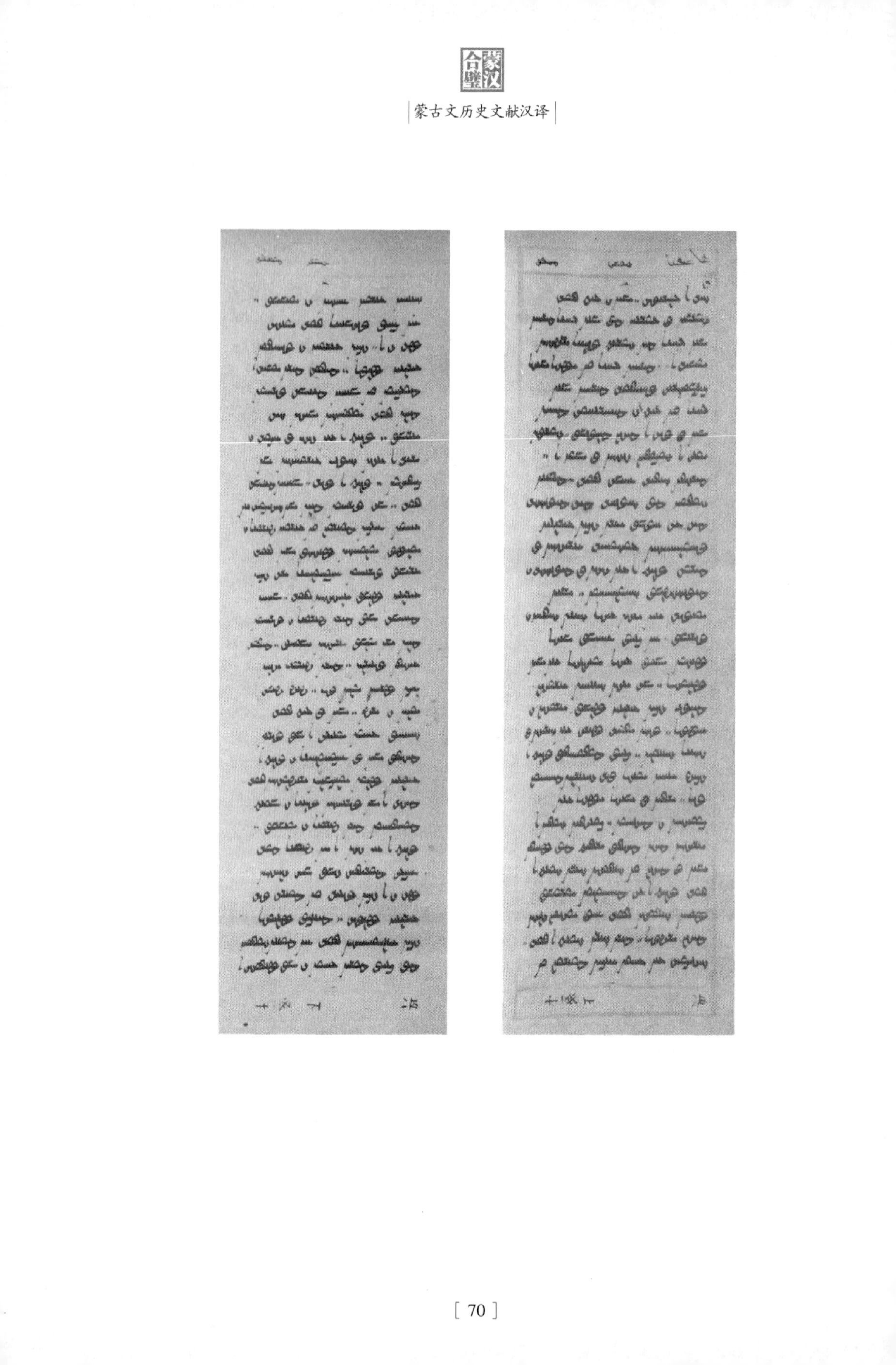

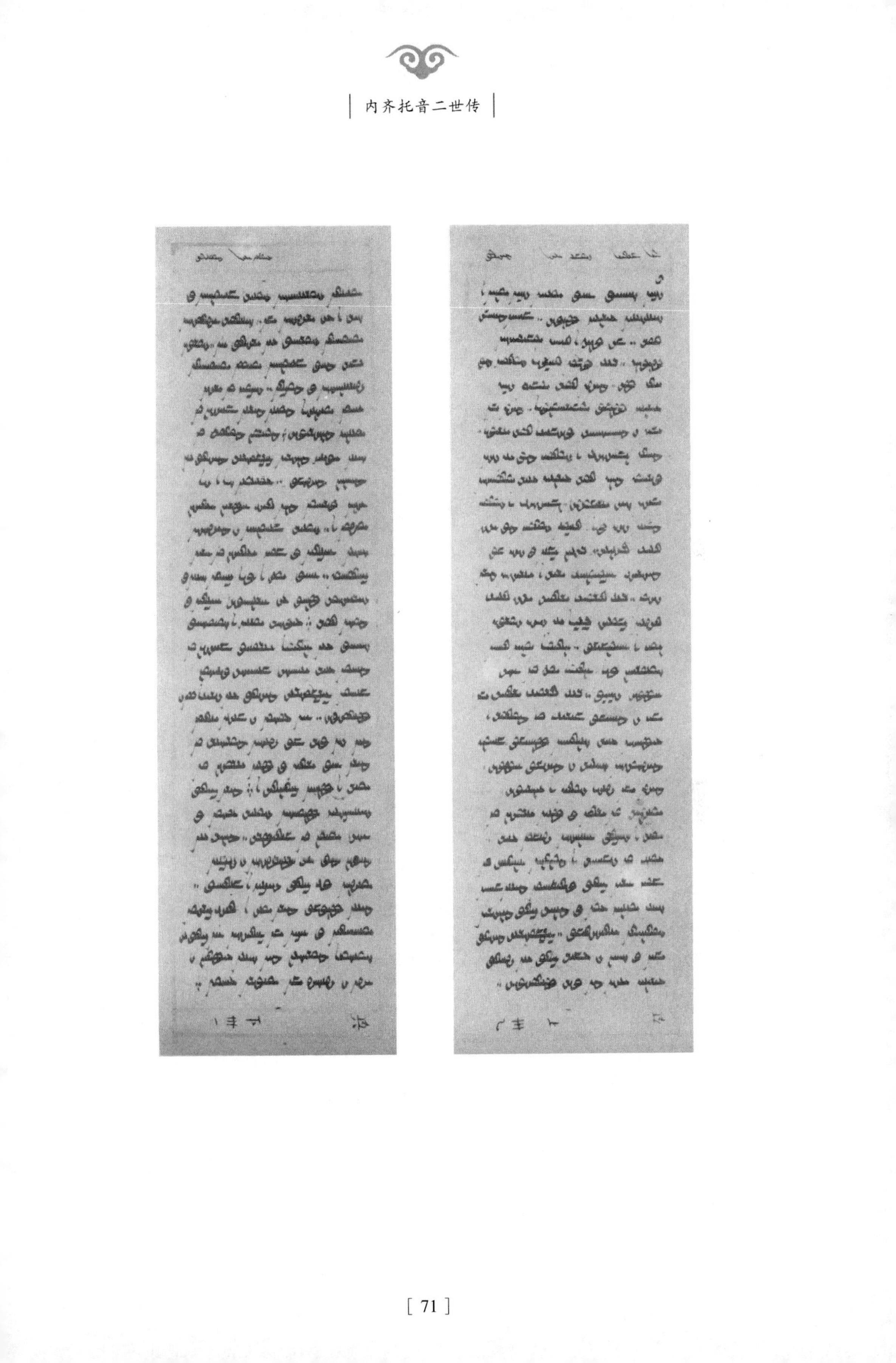

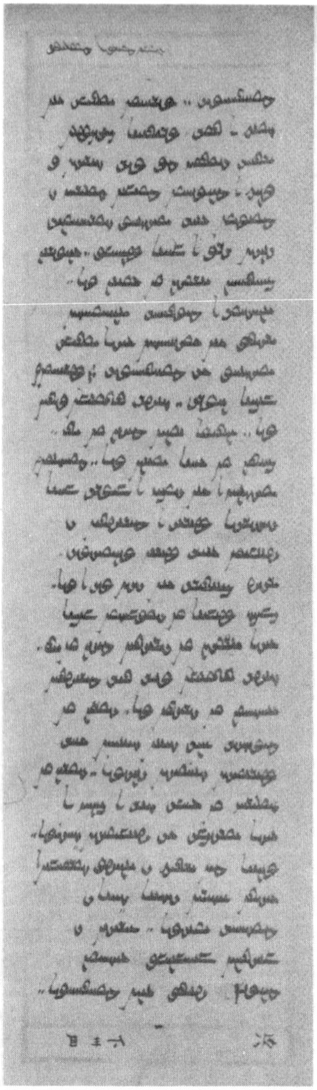

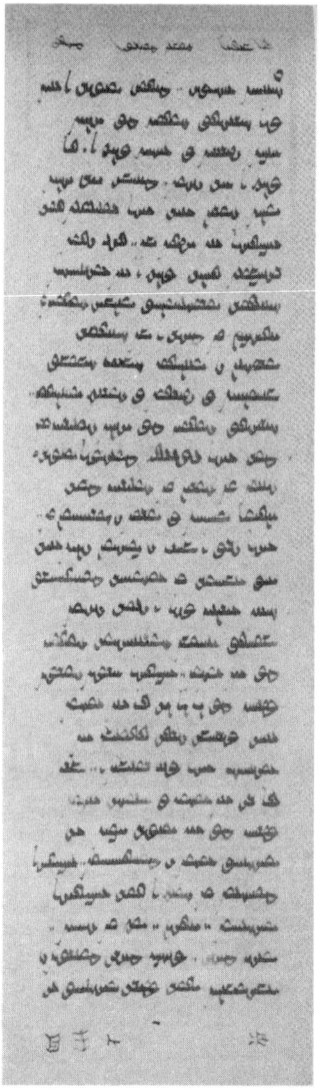

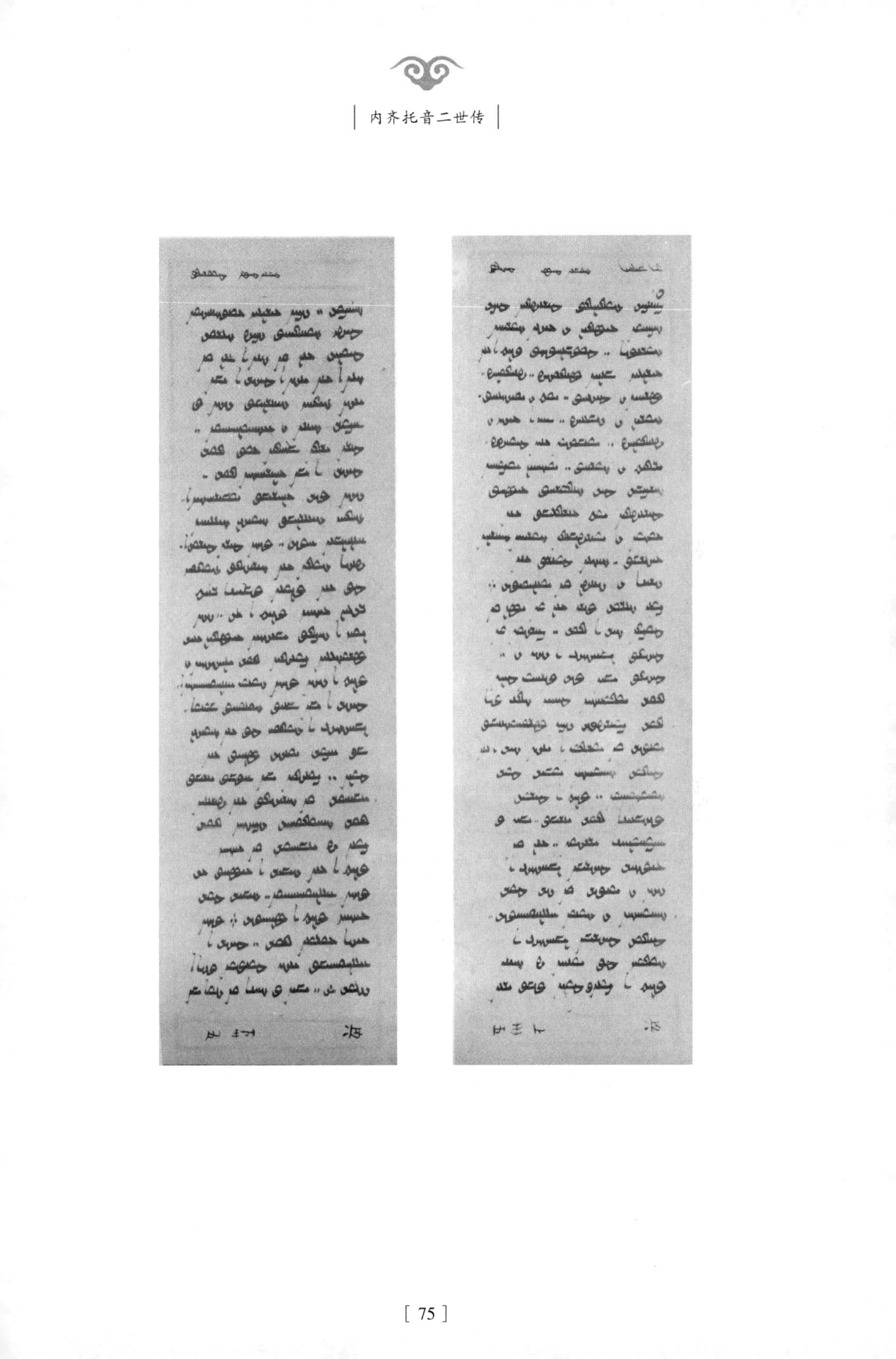

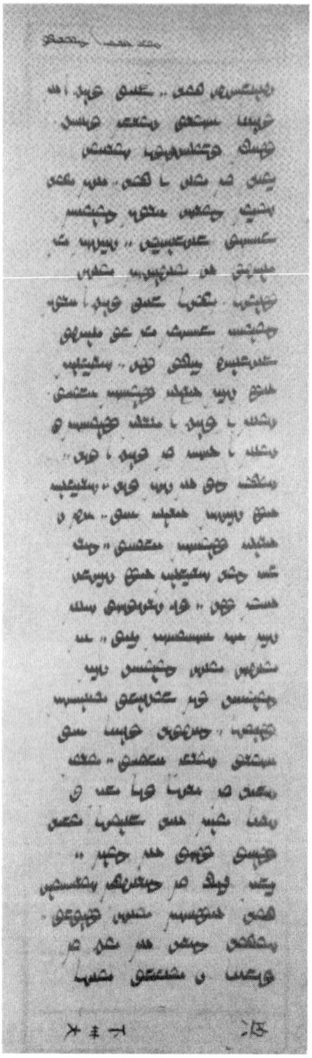

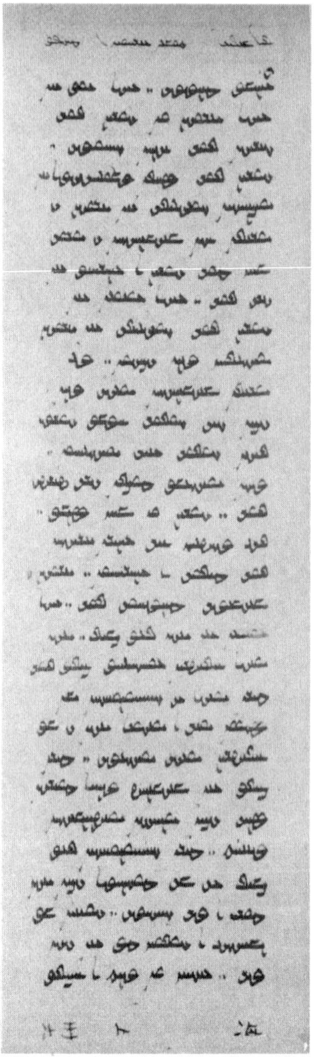

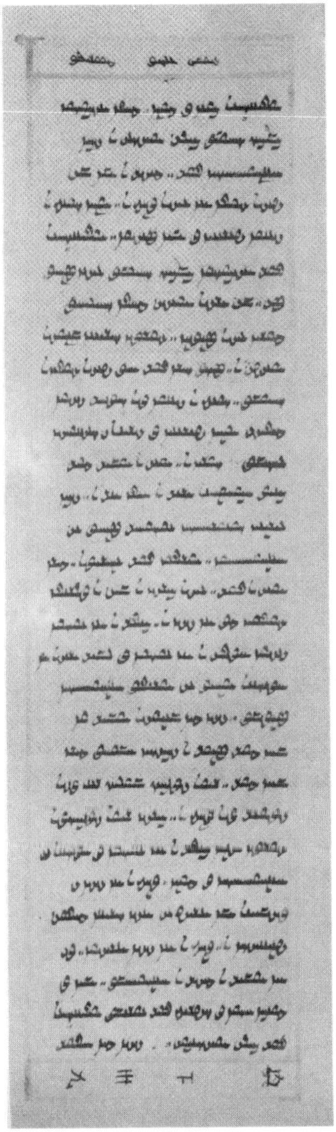

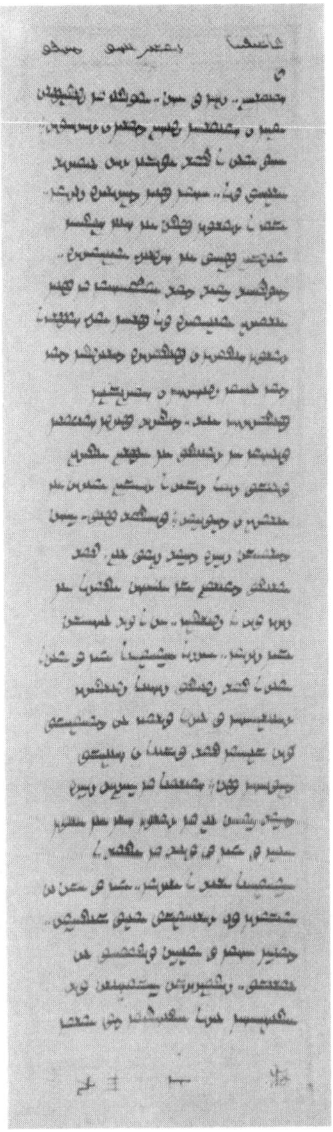

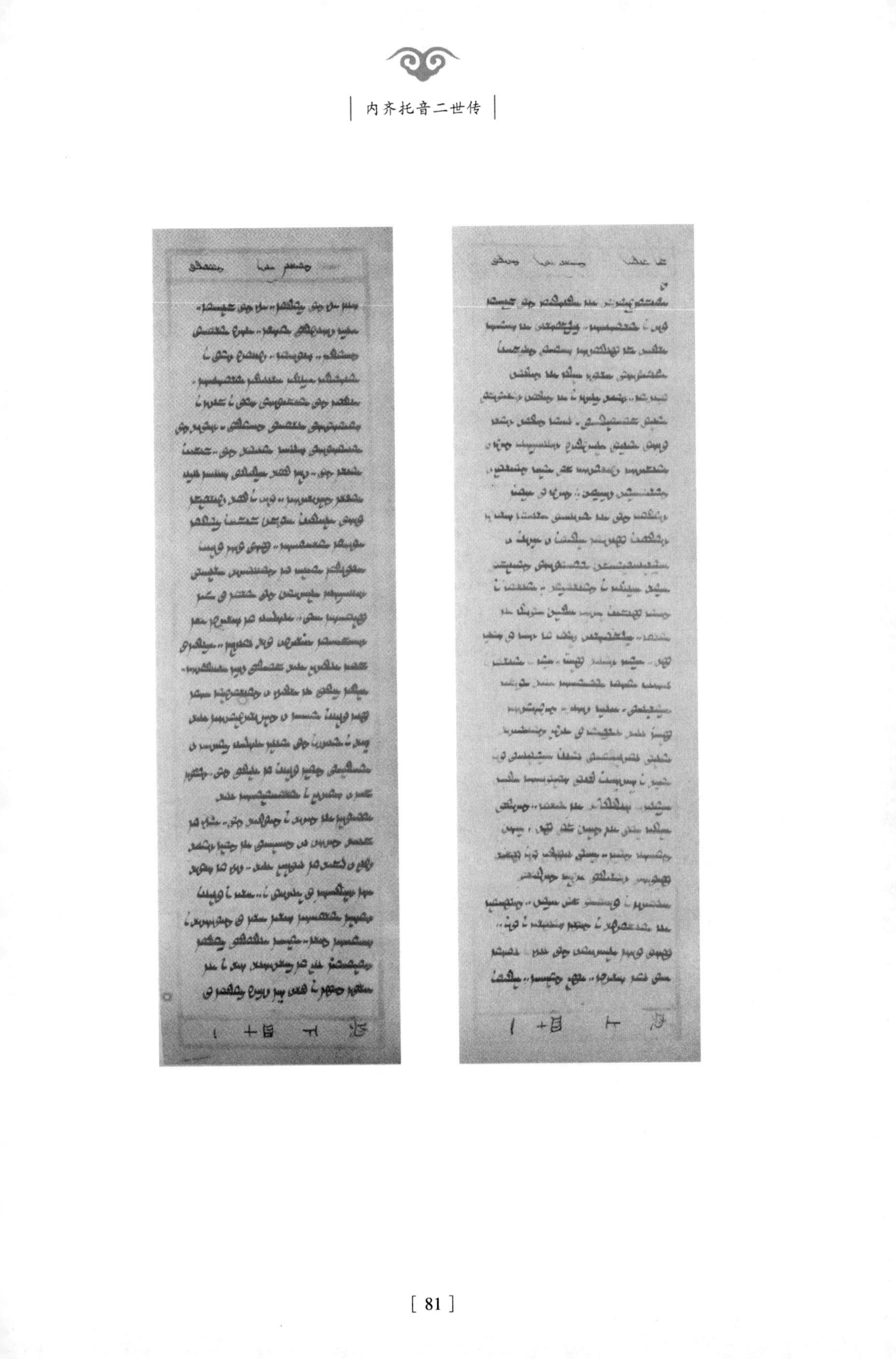

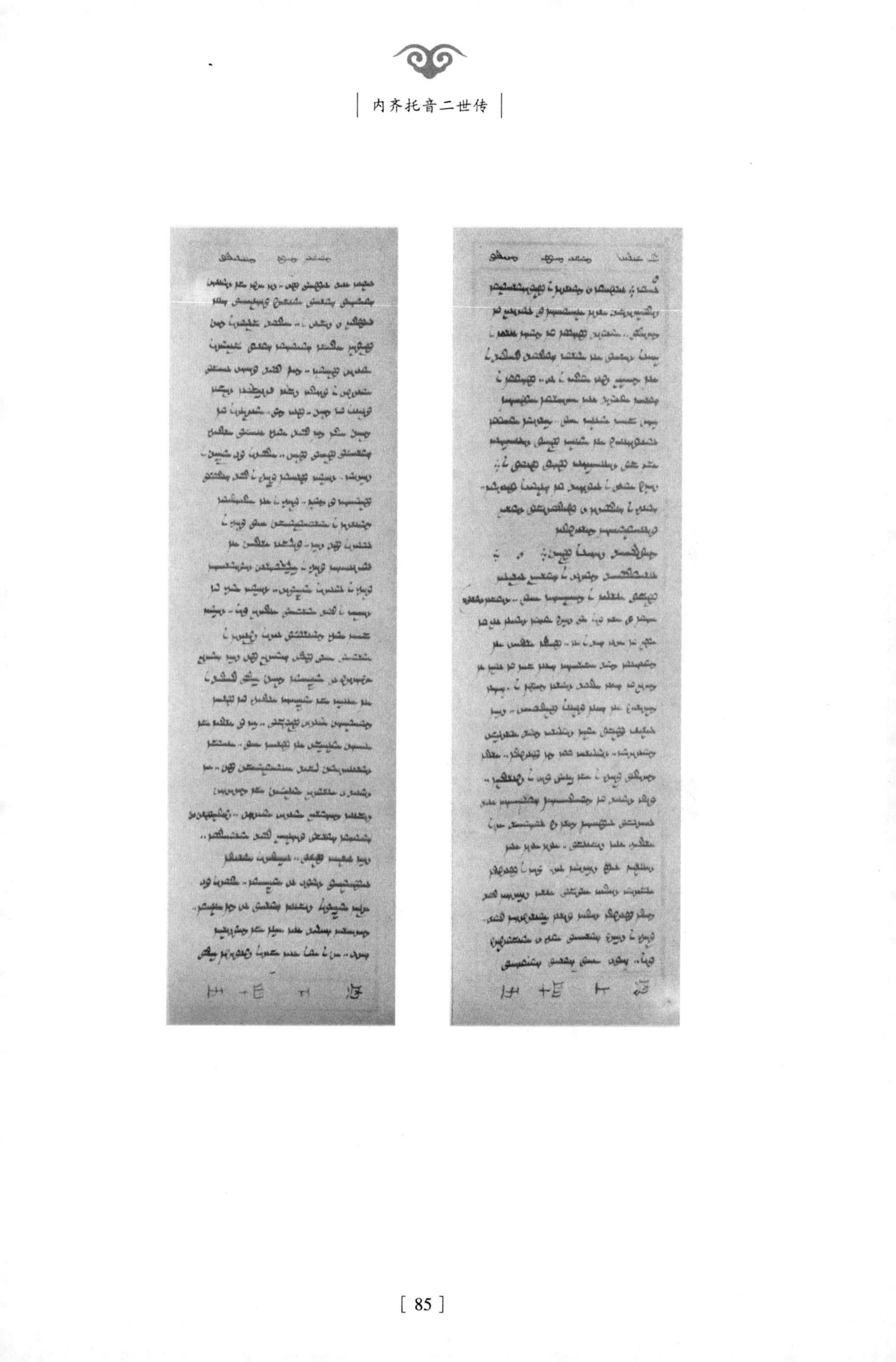

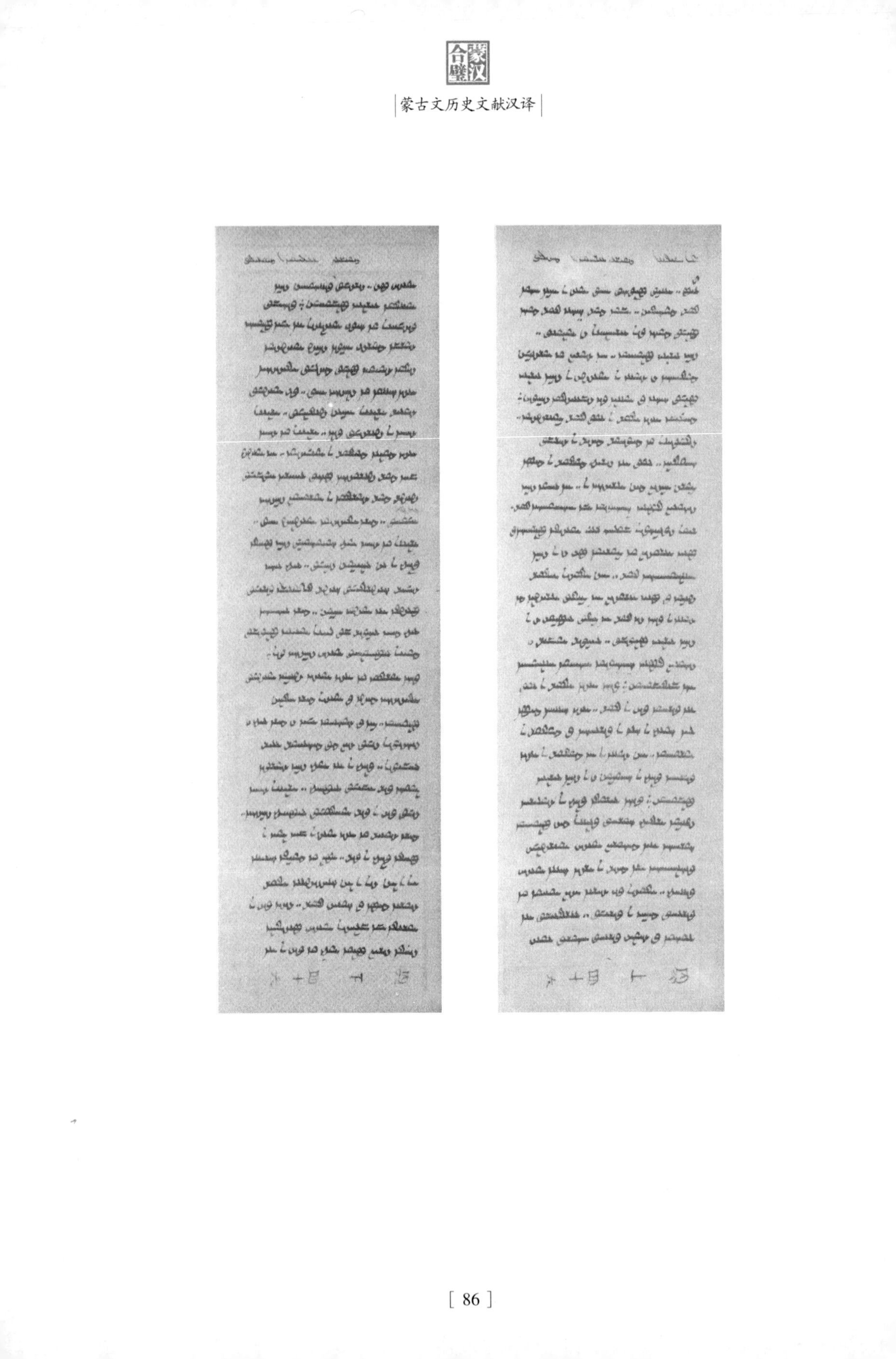

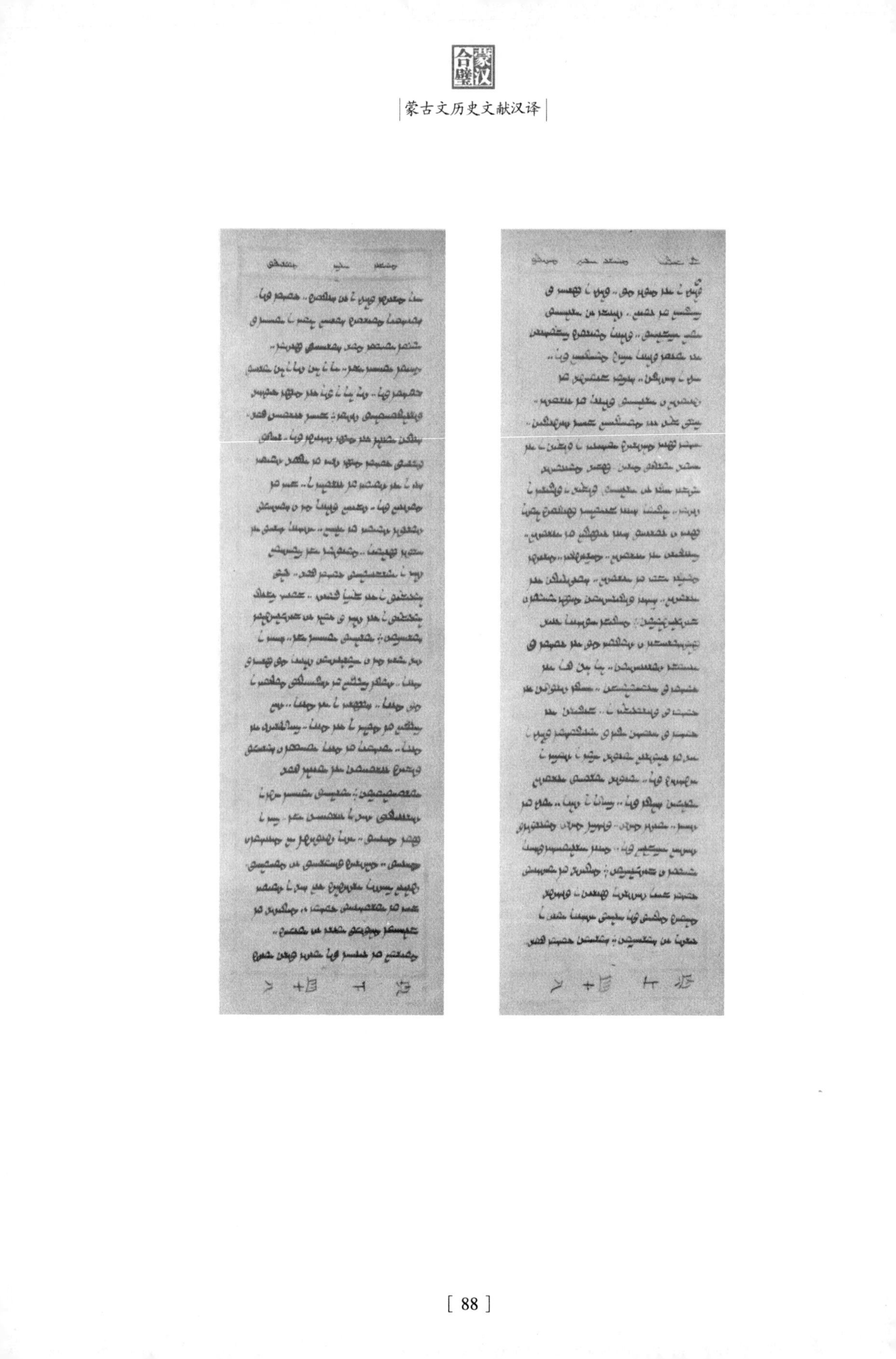

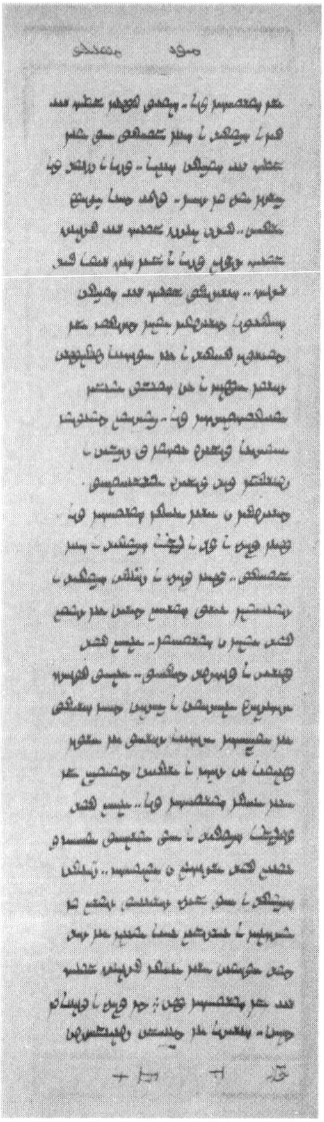

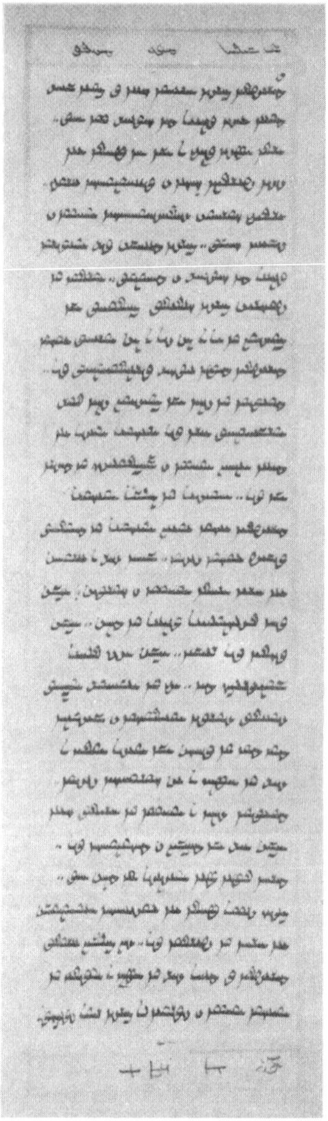

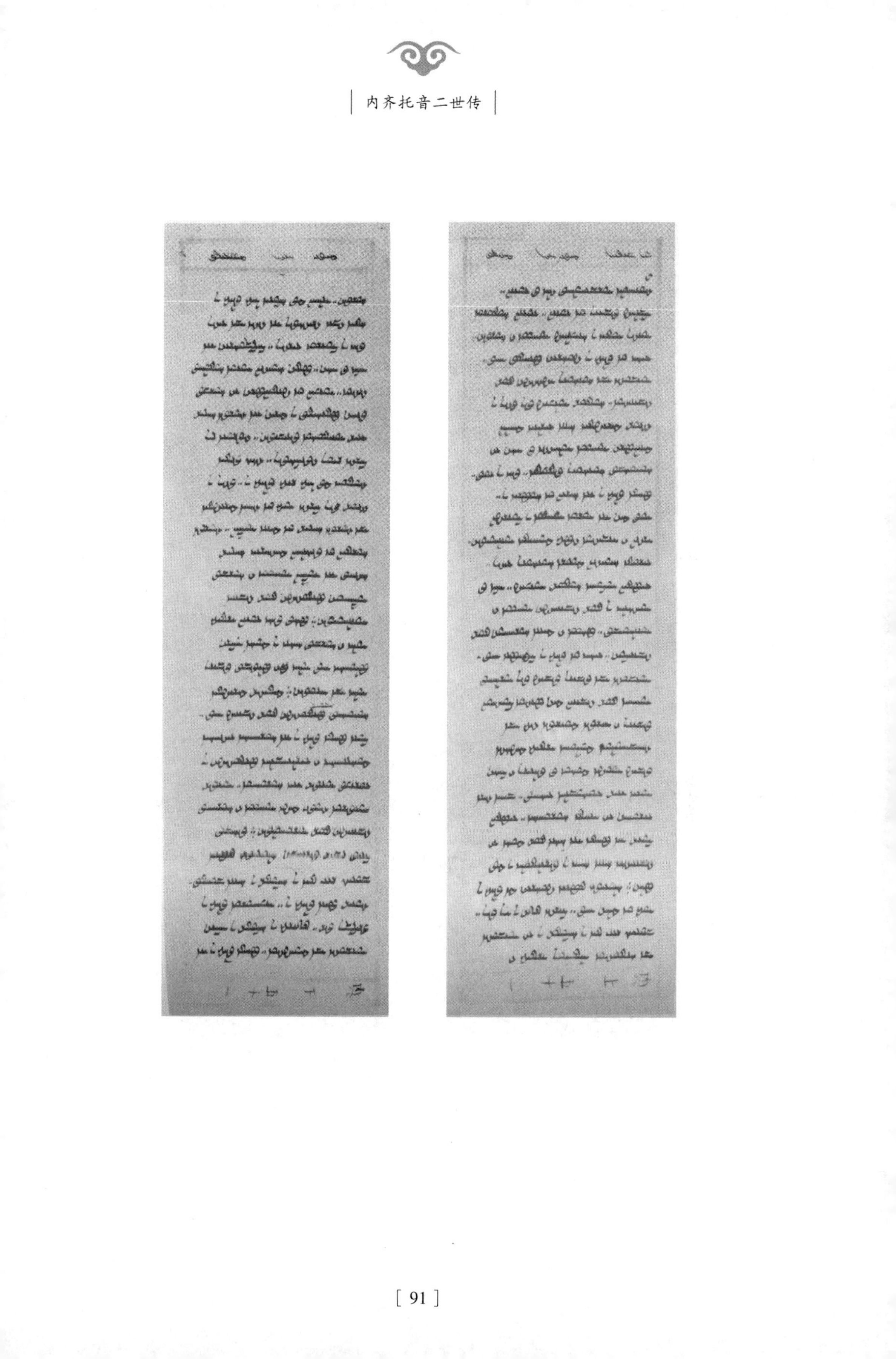

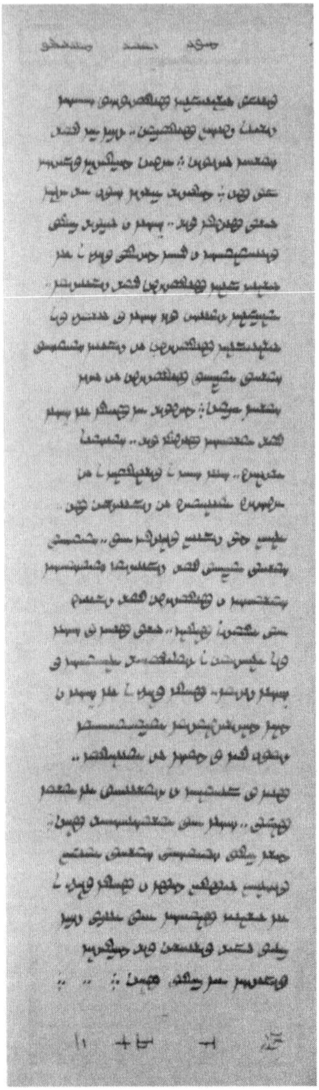

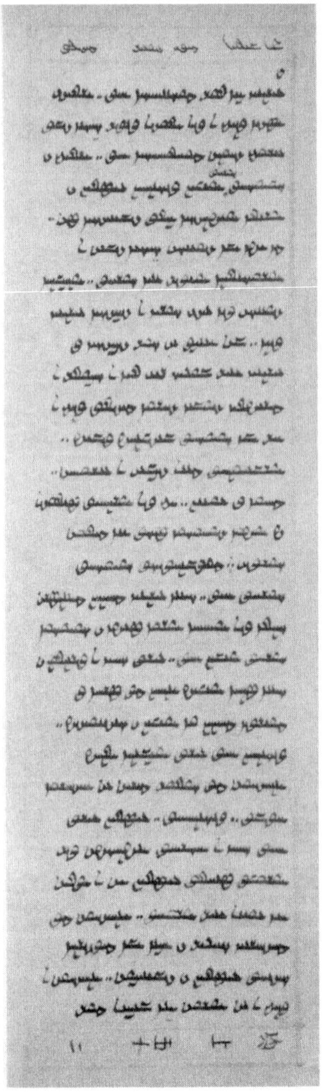

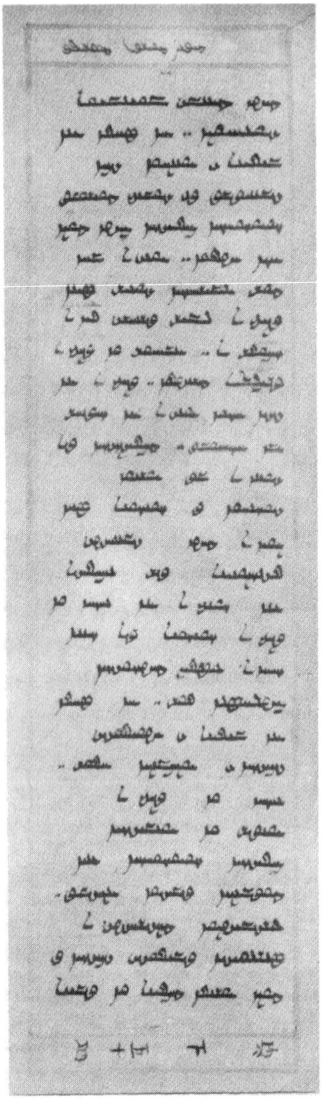

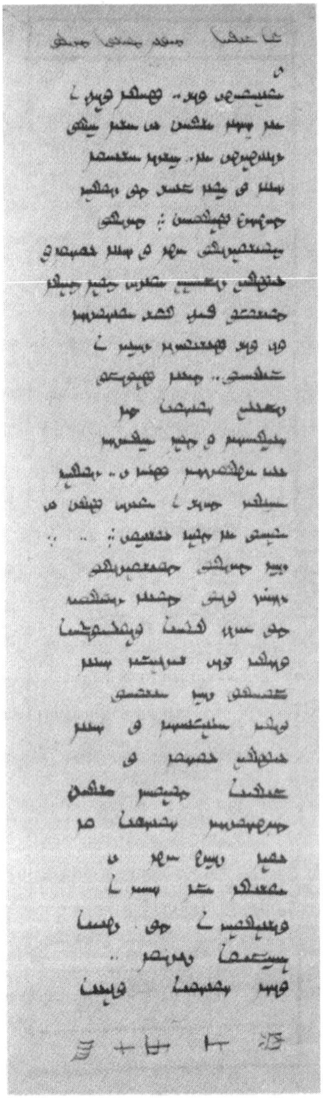

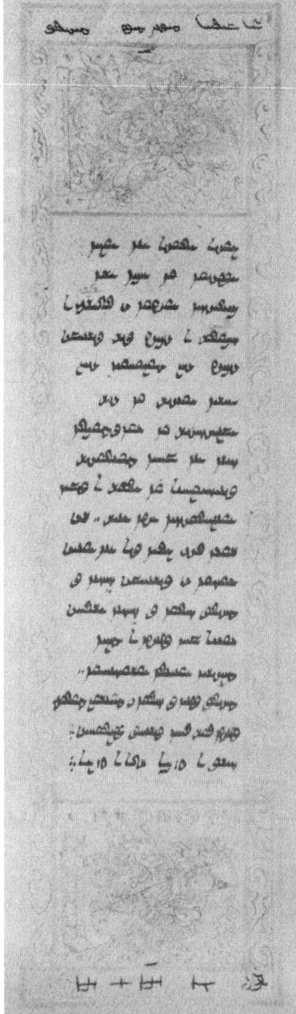